U0943064

普通高等教育“十一五”国家级规划教材修订版

新世纪高职高专物流管理专业系列教材

供应链管理

第2版

主　编　曹雄彬

副主编　刘连香　朱宇轩　何海军

参　编　沐　潮　刘飞驰

　　　　赵　霞　章冠球

主　审　姚和芳

机械工业出版社

本书是普通高等教育“十一五”国家级规划教材，紧扣高等职业教育的特点及人才市场对物流人才的需求状况，从价值链的节点入手来设置章节。全书共设10章，主要介绍了供应链管理的基础知识和供应链管理中的需求管理、采购管理、库存管理、客户管理、业务外包、财务管理、业务流程重组、网络优化、绩效评价的基本原理与基本方法等。每章均设置了导入案例、本章学习目标、本章小结、思考题和课后拓展案例，便于教学参考和学生自学。本书内容新颖、阐述简练，所选案例较为典型，注重对学生基本分析能力和实际操作能力的培养。

本书适合作为高职高专物流管理专业和相关专业的教师、学生的教科书和参考书，也可以作为企事业单位从事供应链管理人员的培训教材。

为方便教学，本书配备电子课件等教学资源。凡选用本书作为教材的教师均可登录机械工业出版社教材服务网 www.cmpedu.com 免费下载。如有问题请致信 cmpgaozhi@sina.com 或致电 010-88379375 咨询。

图书在版编目（CIP）数据

供应链管理/曹雄彬主编．—2版．—北京：机械工业出版社，2010.4（2021.3 重印）

普通高等教育“十一五”国家级规划教材修订版．新世纪高职高专物流管理专业系列教材

ISBN 978-7-111-30297-1

Ⅰ．①供…　Ⅱ．①曹…　Ⅲ．①物资供应－物资管理－高等学校：技术学校－教材　Ⅳ．①F252

中国版本图书馆 CIP 数据核字（2010）第 059156 号

机械工业出版社（北京市百万庄大街 22 号　邮政编码 100037）

策划编辑：王玉鑫　责任编辑：张　芳

封面设计：姚　毅　责任印制：常天培

北京盛通商印快线网络科技有限公司印刷

2021 年 3 月第 2 版第 7 次印刷

169mm×239mm · 14.5 印张 · 293 千字

标准书号：ISBN 978-7-111-30297-1

定价：39.00 元

电话服务	网络服务
客服电话：010-88361066	机　工　官　网：www.cmpbook.com
010-88379833	机　工　官　博：weibo.com/cmp1952
010-68326294	金　　书　　网：www.golden-book.com
封底无防伪标均为盗版	机工教育服务网：www.cmpedu.com

第 2 版前言

进入 21 世纪，物流业在我国成为发展最快的产业之一，并已经成为我国本世纪的重要产业和国民经济新的增长点之一。为促进物流业自身平稳较快发展和适应产业调整升级的需要，国务院于 2009 年颁布实施了《物流业调整和振兴规划》。为适应人才市场需求的变化以及教学需要，在新世纪高职高专物流管理专业规划教材编委会和机械工业出版社的倡导下，我们组织国家示范性高职院校的相关专家和骨干教师，根据高职高专的教学特点编写再版了这本《供应链管理》教材。本书着眼于我国物流企业管理的需要，结合企业实际深入浅出地介绍了供应链的相关知识；根据职业教育的特点，各章安排了导入案例、本章学习目标（包括学习、了解、掌握三个层级）、本章小结、思考题和课后拓展案例，并附赠电子课件。

《供应链管理》第 1 版由机械工业出版社在 2004 年 5 月出版。教材出版后受到了很多老师及学生的欢迎，出版社已加印 8 次，给编者以极大的鼓舞和激励。经过 5 年的教学实践，在广泛征求各方面意见和要求的基础上，现进一步充实、修订，由机械工业出版社再版，以谢广大读者。

本书由曹雄彬担任主编，刘连香、朱宇轩和何海军担任副主编，沐潮、刘飞驰、赵霞和章冠球参加了编写工作。具体编写分工如下：曹雄彬负责编写第一、二章，刘飞驰和赵霞负责编写第三章，刘连香负责编写第四、六章，朱宇轩负责编写第五章，何海军负责编写第七、八、十章，沐潮和章冠球负责编写第九章。本书电子课件由朱宇轩制作。全书由曹雄彬负责策划和统稿，姚和芳审定。本书在编写过程中，参考了大量书籍、文献、论文等，已尽可能详细地在参考文献中列出，在此对这些专家、学者表示深深的谢意。也可能有些资料虽引用了，却由于疏忽没有列出资料出处，在此表示万分歉意。

由于时间仓促和编者水平有限，书中难免有不妥之处，真心希望读者提出批评指正意见。

编　者

第 1 版前言

随着现代技术的迅猛发展、经济全球化趋势的加剧，各国都面临着前所未有的机遇和挑战。现代物流作为一种先进的组织方式和管理技术，被广泛认为是企业降低物资消耗、提高核心竞争力的重要手段，各企业急需大量的物流人才，为此，许多高职院校纷纷开设物流管理专业。为适应教学需要，在新世纪高职高专物流管理专业规划教材编委会和机械工业出版社的倡导下，由湖南铁道职业技术学院、深圳职业技术学院、广州航海高等专科学校、广东金融高等专科学校、湖南机电职业技术学院的相关专家和教师根据高职高专的教学特点组织编写了本书，以此向广大师生介绍供应链管理的有关原理和基本方法。

参加本书编写的有：曹雄彬（第一章）、李可媛（第二章）、刘飞驰（第三章）、赵霞（第四章、第十章）、章冠球（第五章、第八章）、齐绍琼（第六章）、沐潮（第七章、第九章）。曹雄彬负责全书结构的策划和最后统稿。并编写第二章、第三章和第八章的部分内容。本书在编写过程中，参考了不少资料，编者已尽可能详细地在参考文献中列出，在此对这些专家学者表示深深的谢意。可能有些资料也被引用了，而由于疏忽没有指出资料出处，在此表示万分歉意。

由于编者水平有限，加之供应链管理是一个新领域，对它的认识和研究都还不够深入，因此在本书的叙述中难免出现错误，编者真心希望读者提出批评、指正意见。

编　者

目　录

第一章 供应链管理基础

导入案例

我国某特钢集团公司在产品、技术、人才方面，正在努力和国际先进水平接轨，但企业内部经营水平的提升需要更加高效的业务流程和体制的支持，同时，激烈的市场竞争也需要他们提高整体经营效率。为此，该集团公司启动了"企业价值创造"项目，开始对公司整个供应链体系进行评估，并拟应用企业价值创造方法（EVC）为客户服务。

公司参考国际钢铁行业较佳的管理模式，定位于细化公司业务流程的改革目标，设计了流程改革的目标管理模式，制定了改革途径和相应组织建设的要求，继而从战略层面开始评估流程改革对组织架构调整的要求，并设计提出一套组织变革解决方案。

整个价值创造的方法是：通过参照世界钢铁行业较佳的管理模式，发掘适合客户的管理方法，寻找有效的增加利润或降低成本的突破口，定义各流程层面的管理远景和管理模式，评估该改革对企业的总体效益；研讨流程目前存在的问题；根据所确定的管理模式，以 ERP 的主体功能作为参照和驱动力，对各目标业务流程进行定义和重新设计，推荐实施步骤；评估改革对于组织架构调整和变革管理的需求；推荐相关目标流程的绩效评估体系；根据 BPR 改革的规划，定义对所需 ERP 平台和其他 IT 解决方案的需求；协助 ERP 平台的确认，推荐首选平台和选型标准。

该公司通过实施 EVC/BPR 项目，参考世界水平的管理模式，紧密结合客户业务流程，设计了最有效的提高管理水平、增长利润和控制成本的管理模式。

本章学习目标

学习：供应链的含义，供应链的特征，供应链的类型，供应链管理的概念、特征和作用，供应链管理的实施原则、步骤和基本方法。

了解：供应链的基本含义及相关特征，供应链管理的基本概念及相关特征，不同供应链的识别，供应链管理的基本方法。

掌握：不同供应链类型的区分，以及相应的供应链管理实施的基本方法与实施步骤。

第一节　供应链概述

一、供应链的概念

供应链（Supply Chain）概念经历了一个发展过程。早期的观点认为供应链是制造企业中的一个内部过程，是指将采购的原材料和收到的零部件，通过生产的转换和销售等过程传递到企业用户的一个过程。这种观点局限于企业的内部操作，仅仅注重企业自身利益目标。随着企业经营的进一步发展，人们将供应链的概念范围扩大到与其他企业的联系，扩大到供应链的外部环境，将它定义为一个通过链中不同企业的制造、组装、分销、零售等过程将原材料转换成产品到最终用户的转换过程。例如，美国的史迪文斯（Stevens）认为："通过增值过程和分销渠道控制从供应商的供应商到用户的用户的流就是供应链，它开始于供应的源点，结束于消费的终点。"这样定义，既注意了供应链的完整性，也强调了供应链中所有成员操作的一致性和链中成员的关系。

其实，供应链是一个完整的始于原材料的供应商、止于最终用户的链，是由原材料供应商、制造商、仓库、外部供应商、运输公司、配送中心、分销商、零售商和顾客组成的链状结构。在供应链中，一方面，原材料和零部件的供应商、产品制造企业、运输和分销公司、零售企业以及售后服务企业作为经济实体和链中的供需节点向最终消费者提供产品和服务；另一方面，供应链又是在相互关联的业务流程及业务伙伴间所产生的，从产品设计到最终客户交付全过程中的物流、信息流和资金流。如今，供应链的概念更加注重围绕核心企业的网链关系，包括核心企业与供应商、供应商的供应商乃至与一切前向的关系，也包括与用户、用户的用户及一切后向的关系。从而对供应链的认识形成了一个网链的概念，像耐克、尼桑、麦当劳等公司的供应链管理都是从网链的角度来实施的。哈理森（Harrison）进而将供应链定义为："供应链是执行采购原材料，将它们转换为中间产品和成品，并且将成品销售到用户的功能网链。"这些概念同时强调供应链的战略伙伴关系问题。菲力浦（Phillip）和温德尔（Wendell）认为供应链中的战略伙伴关系是很重要的，通过建立战略伙伴关系，可以与重要的供应商和用户更有效地开展工作。

通过上述分析，人们将供应链定义为：供应链是围绕核心企业，通过对信息流、物流和资金流的控制，从采购原材料开始，制成中间产品以及最终产品，最后由销售网络把产品送到消费者手中的将供应商、制造商、分销商、零售商直到最终用户连成一个整体的网链结构和模式。它是一个范围更广的企业结构模式，包含所有加盟的节点企业，从原材料的供应开始，经过链中不同企业的制造、加工、组装和分销等过程直到最终用户。它不仅是一条连接供应商到用户的物料链、信息链、资金链，而且是一条增值链，物料在供应链上因加工、包装、运输等过程而增加其价值，给相关企业都带来收益，其结构模型如图 1-1 所示。

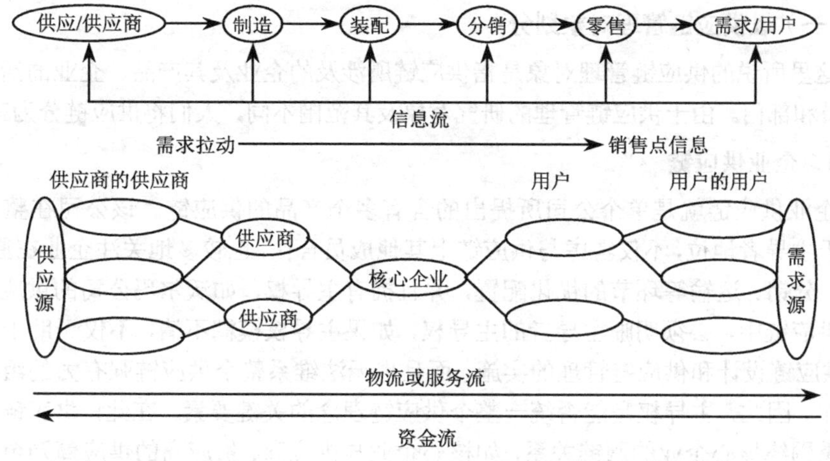

图 1-1　供应链结构模型

从图 1-1 中可以看出，供应链由所有加盟的节点企业组成（其中一般有一个核心企业），各节点企业在需求信息的拉动下，通过供应链的职能分工与合作，以资金流、物流或服务流为媒介实现整个供应链的不断增值。

二、供应链的特征

从供应链结构模型可以看出，供应链是一个网链结构，由围绕核心企业的供应商、供应商的供应商和用户、用户的用户组成。一个企业是一个节点，节点企业和节点企业之间是一种需求与供应关系。它是一个高度一体化的提供产品和服务的增值过程，具有物流、信息流和资金流三种表现形态，主要具有以下特征：

（1）复杂性　因为供应链节点企业组成的跨度（层次）不同，有生产型的、加工型的、服务型的，有上游的、下游的、核心层的等。即供应链往往是由多个、多类型甚至多国企业构成，所以供应链是一个复杂的网络，比一般的单个企业的结构模式更为复杂。

（2）动态性　为适应企业战略和市场需求变化的需要，供应链的节点企业甚至整个供应链结构都需要动态地更新，这就使得供应链具有明显的动态性。

（3）面向用户需求　供应链的形成、存在和重构，都是基于一定的市场需求，即最终用户需求而发生的；在供应链的运作过程中，用户的需求也是拉动供应链信息流、物流（产品/服务流）、资金流运转的驱动源。

（4）交叉性　供应链中的节点企业既可以是这个供应链的成员，同时又可以是另一个供应链的成员，众多的供应链形成交叉结构，增加了协调管理的难度。

三、供应链的类型

根据不同的划分标准，可以将供应链分为以下几种类型。

（一）以供应链管理对象划分

这里所说的供应链管理对象是指供应链所涉及的企业及其产品、企业的活动、参与的成员和部门。由于供应链管理的研究对象及其范围不同，人们将供应链分为三种类型。

1．企业供应链

企业供应链就是单个公司所提出的含有多个产品的供应链。该公司在整个供应链中处于主导者地位，不仅考虑与供应链上其他成员合作，也较多地关注企业在原料购买、生产、分销、运输等环节的优化配置，并且拥有主导权，如沃尔玛公司的供应链。在这样的供应链中，必须明晰主导者的主导权，如果主导权模糊不清，不仅无助于供应链计划、供应链设计和供应链管理的实施，而且也无法维系整个供应链强有力的组织和有效的运作。因此，主导权是能否统一整个供应链理念的关键要素。在此，供应链的概念更加注重围绕核心企业的网链关系，如核心企业与供应商、供应商的供应商乃至一切前向的关系，与用户、用户的用户乃至一切后向的关系。这里的单个公司通常是供应链中的核心企业（Focal Company），它对整个供应链起关键影响作用。就核心企业而言，供应链包括其上游的供应商及其下游的分拨渠道，供应链管理包括对信息系统、采购、生产调度、订单处理、库存管理、仓储管理、客户服务、包装物及废料的回收处理等一系列的管理活动，供应商网络则包括所有为核心企业直接或间接提供投入的企业。

2．产品供应链

产品供应链是与某一特定产品或项目相关的供应链，如某种品牌饮料的供应链。再如，一个生产汽车的公司其供应商网络可能包括上千家企业，有为其供应钢材、塑料等原材料的，有为其供应变速器、刹车等复杂装配件的等。基于产品供应链的供应链管理是对由特定产品的顾客需求所拉动的整个产品供应链运作的全过程的系统管理。采用信息技术是提高产品供应链的运作绩效、新产品开发以及完善产品质量的有效手段之一。在产品供应链上，系统的广告效应和行业的发展会引导市场对该产品的需求。而仅仅在物流运输、分销领域进行供应链管理的改进是收效甚微的。例如，衬衣制造商是供应链的一部分，它的上游是化纤厂和织布厂，下游是分销商和零售商，最后到最终消费者。按定义，这条供应链的所有企业都是相互依存的，但实际上它们彼此却并没有太多的协作，要关注的则是围绕衬衣所连接的供应链节点及其管理。

3．基于供应链合作伙伴关系（供应链契约）的供应链

基于供应链合作伙伴关系的供应链管理主要是针对这些职能成员间的合作进行管理，是对由供应商、制造商、分销商、顾客等组成的网络中的物流、信息流、资金流进行管理的过程。供应链的成员可以定义为广义的买方和卖方，只有当买卖双方组成的节点间产生正常的交易时，才发生物流、信息流、资金流的流动和交换。表达这种流动和交换的方式之一就是契约关系，供应链上的成员通过建立契约关系来协调买方和卖方的利益。还有一种方式则是将供应链合作伙伴关系建立在与竞争对手结成的战略合作基础上的供应链。

以上三种供应链管理对象的区分意义是彼此相关的，在有些方面是相互重叠的，然而这对于考察供应链和研究不同的供应链管理方法是有帮助的。

（二）以网状结构划分

供应链以网状结构划分，有发散型的供应链网（“V”形供应链）、会聚型的供应链网（“A”形供应链）和介于上述两种模式之间的供应链网（“T”形供应链）三种。

1．“V”形供应链

“V”形供应链是供应链网状结构中最基础的结构。物料以大批量的方式存在，经过企业加工转换为中间产品，再提供给其他企业作为它们的原材料，如石油、化工、造纸和纺织企业。生产中间产品的企业往往客户要多于供应商，呈发散状。这类供应链在产品生产过程中每个阶段都有控制问题。在这些发散网络上，企业生产大量的多品种产品，因而其业务非常复杂。为了保证满足客户需求，需要库存作为缓冲，这种缓冲是用来确保工厂满足不确定需求和确保工厂有能力生产而设定的，这样会占用大量的资金。由订单和物料驱动的控制系统不能应用在这样的工厂，这种供应链常常应用于本地业务而不是为了全球战略。对这些“V”形结构的成功计划和调度主要依赖于对关键性的内部能力瓶颈的合理安排，它需要供应链成员制订统一、详细的高层计划。

2．“A”型供应链

当核心企业为供应链网络的最终用户服务时，它的业务本质上是由订单和客户驱动的。在制造、组装和总装时，他们会遇到一个与“V”型结构供应链相反的问题，即为了满足相对少数的客户需求和客户订单，需要从大量的供应商手中采购大量的物料。这是一种典型的会聚型的供应链网，即形成“A”字形状。这方面的例子很多，如航空工业（飞机制造）、汽车工业、重工业等企业，这些企业是受服务驱动的，他们集中精力在重要装配点上的物流同步上。物料需求计划（ERP）成了这些企业进一步发展的阶梯。来自市场缩短交货期的压力，迫使这些组织寻求更先进的计划系统来解决物料同步问题。他们拥有策略性的，由需求量预测决定的公用件、标准件仓库。这种结构的供应链在接受订单时要考虑供应提前期及其能保证按期完成的能力，因此关键之处在于精确地计划和分配满足该订单生产所需的物料和能力，考虑工厂真实可用的能力、所有未分配的零件和半成品、原材料和库中短缺的关键性物料以及供应的时间。此外，还需要辨别关键性的路径。对供应链系统中所有的供应链节点都必须要详细考虑，这就需要关键路径的供应链成员紧密地联系和合作。

3．“T”形供应链

介于上述两种模式之间的是“T”形供应链。这种模式在接近最终用户的行业中普遍存在，如医药保健品、汽车备件、电子产品、食品和饮料等行业；在那些为总装配提供零部件的公司也同样存在，如为汽车、电子器械和飞机主机厂商提供零部件的企业。这些公司从与它们的情形相似的供应商公司采购大量的物料，并给大量的最终用户和合作伙伴提供构件和套件。这种企业根据现存的订单确定通用件，并通过对通用件的制造标准化来减少复杂程度。这种网络将在现在和将来的供应链中面临最复杂的挑战，因为“T”型供应链是供应链管理中最复杂的，这类企业往往投入大量的金钱用于供应链的解决方案，需要尽可能限制提前期来稳定生产而无需保有大量库存，预测和需求管理总是此种供应链成员考虑的一个重点。显然，与前两类结构不同的是，这种供应链多点控制因素变得很重要。例如，在哪里生产最好，在哪里开展促销活动，采取什么决策影响分销成本等。从控制的角度来说，按相似产品系列进行汇集的办法常常是最成功的。管理这种组织的最好方法是减少产品品种和运用先进方法，或者利用先进的计划工具来维护和加强供应链控制水平。

（三）以两类产品划分

根据产品的生命周期、需求稳定程度及可预测程度等可将产品分为两大类，即功能型产品（Functional Products）和创新型产品（Innovative Products）。这两种不同类型的产品在需求上的比较见表 1-1。

表 1-1　两种不同类型产品在需求上的比较

需 求 特 征	功能型产品	创新型产品
产品寿命周期/年	>2	1～3
边际贡献率（%）	5～20	20～60
产品多样性	低	高
预测的平均边际错误率（%）	10	40～100
平均缺货率（%）	1～2	10～40
季末降价率（%）	0	10～25
按订单生产的提前期	6 个月～1 年	1 天～2 周

由表 1-1 可以看出，功能性产品一般用于满足用户的基本需求，变化较少，具有稳定的、可预测的需求和较长的寿命周期，但它们的边际利润较低，如日用百货等。创新型产品对市场来说较新，需求的不确定性很高，需求一般不可预测，寿命周期也较短，如时装等。创新型产品一旦畅销，其单位利润就会很高，随之会引来许多仿造者，从而基于创新的竞争优势会迅速消失。因此，这类产品无论是否畅销，其生命周期均较短。为了避免低边际利润，许多企业通过在式样或技术上的革新来寻求消费市场，从而获得高的边际利润。正因为这两种产品的不同，才需要有不同类型的供应链去满足不同的管理需要。

1．功能型供应链

对于功能型产品而言，由于市场需求比较稳定，比较容易实现供求平衡。对各成员来说最重要的是如何利用供应链上的信息协调他们之间的活动以使整个供应链的费用降到最低，从而提高效率。重点在于降低其生产、运输、库存等方面的费用，即以最

低的成本将原材料转化成产品。

2. 创新型供应链

对于创新型产品而言，市场的不确定性是问题的关键。因而，为了避免供大于求造成的损失，或供低于求而失去的机会收益，管理者应该将其注意力集中在市场调查及其费用上。这时管理者们既需要利用供应链中的信息，还要特别关注来自市场的信息。这类产品的供应链应该考虑的是供应链的响应速度和柔性，只有响应速度快、柔性程度高的供应链才能适应多变的市场需求，而实现速度和柔性的费用则退为其次。

（四）以分布范围划分

1. 公司内部供应链

在每个公司里，不同的部门在物流中都参与了增值活动。例如，采购部门是资源的来源部门，制造部门直接增加产品价值，管理客户订单和送货的是配送部门，一般产品的设计和个性化产品的设计是由工程设计部门完成的，他们也参与了增值活动。这些部门被视作供应链业务流程中的内部顾客和供应商。公司内部供应链管理主要是控制和协调物流中各部门之间的业务流程和活动。

2. 集团供应链

一个集团可以在不同的地点进行制造并对过程实现集中控制，而通过自有的区域和本地仓库网络配送产品。这种情况由于业务活动涉及许多企业（或部门），成为一种形式上的集团供应链。在集团供应链中，每个公司都有自己的位置，各个公司均有一个物流流向下游的客户供给链和从上游流下的供应商的供应链。大量的信息需要快速地传递，供应链上业务流程也必须集成。如今，企业要更有效地运作和保持竞争力，就必须有效地管理集团内的公司及其供应商和客户，增强通过信息技术与客户和供应商沟通的能力。

3. 扩展的供应链

扩展的供应链表现为参与从原材料到最终用户的物流活动的公司日益增多，这种趋势在生产最终商品公司的供应和配送活动中尤为明显。在一个复杂的网络中，通常包含着几层供应商节点，这些供应商在供应链中从事着增值活动，同样地，复杂的分销商网络把产品带到更远的消费者手中。随着供应链的延伸，供应商和最终用户之间的距离在拉大，产品和制造的个性化以及供应商与客户的关系却更加紧密；另一方面，供应商和客户之间交易成本的增加是供应链管理的主要压力。交易成本增加的主要原因是供应链过于分散和冗长。过去在一个公司里，业务流程通常在销售、设计、制造和采购等部门进行，而现在它们之间却缺乏及时沟通，由此产生的沟通障碍在业务流程中会造成不必要的延迟以及成本的上升。这种沟通障碍也使公司很难对客户的需求和市场变化作出快速反应。而扩展的供应链正是在个性化生产、提前期的缩短和业务量的增加等因素影响下，迫使公司实现物流同步，成为一个联结着供应商和分销商的复杂供应链。有时人们把集团供应链和扩展供应链又称为产业供应链。

4．全球网络供应链

互联网应用以及电子商务的出现，彻底改变了传统的商业方式，也改变了现有供应链结构。它转换、削减、调换在传统销售、交易方面投资的实体资产；通过省略销售过程的中间商来压缩供应链的长度；创建了在电子化市场上运作的扩张性企业、联合制造业和跨部门集团；在贸易伙伴间进行实时数据存取、传递。图 1-2 所示的是基于互联网的全球网络供应链。

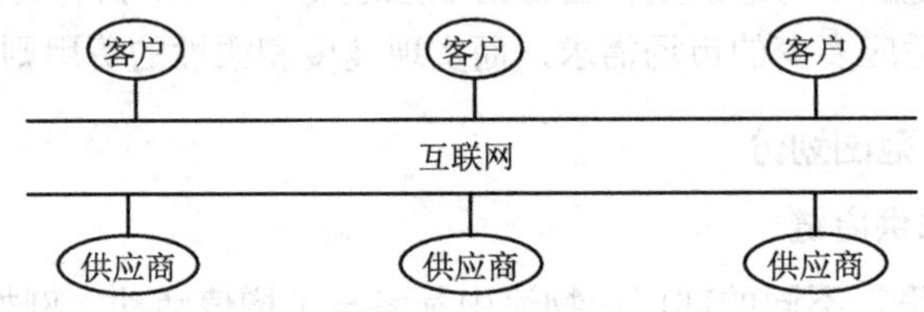

图 1-2　基于互联网的全球网络供应链

在网络上的企业都具有两重身份，既是客户，同时又是供应商，它们不仅是进行网上交易，更重要的是构成该供应链的一个元素。在这种新的商业环境下，所有的企业将面临更为严峻的挑战，它们必须在提高客户服务水平的同时努力降低运营成本；必须在提高市场反应速度的同时给客户以更多的选择。同时，互联网和电子商务也将使供应商与客户的关系发生重大改变，其关系将不再仅仅局限于产品的销售，更多的将是以服务的方式满足客户的需求来替代将产品卖给客户。越来越多的客户不仅以购买产品的方式来实现其需求，而是更看重未来应用的规划与实施、系统的运行与维护等，本质上讲他们需要的是某种效用或能力，而不是产品本身，这将极大地改变供应商与客户的关系。企业必须更加细致、深入地了解每一个客户的特殊要求，才能巩固与客户的关系，这是一种长期的有偿服务，而不是产品时代的一次性或多次性的购买。

在全球网络供应链中，企业的形态和边界将产生根本性的改变，整个供应链的协同运作将取代传统的电子订单，供应商与客户之间信息交流层次的沟通与协调将是一种交互式的协同工作。此时，有可能会出现新的组织模式，即虚拟企业。它是由若干成员企业为共同获得某个市场机会的优势而组成的暂时的经营实体，是企业之间的动态联盟。机会一旦消失，虚拟企业即告解散。它不是一个具有独立法人资格的企业，而是各成员企业的全部或部分资源动态组合而成的一种组织，是企业之间的动态联盟，是全球网络供应链资源整合的一种形式。成员企业可以集中精力发展其关键资源、核心能力，成员间优势互补、风险共担、成果共享，并且可以根据市场机会，借助全球网络供应链迅速实现企业资源的重组，创造出具有高弹性的竞争优势。这不仅有利于企业的发展，而且增强了市场竞争的理性，减少了由于盲目性导致稀缺资源的浪费，促进了整个社会资源的优化配置。在虚拟企业中，传统的企业隔离墙被打破，计算机网络是各成员企业获得市场机会信息，作出快速反应，并进行企业间相互联系、紧密合作的主要技术手段。虚拟企业是网络经济时代的一大创新。一些新型的、有益于供应链的代理服务商将替代传统的经销商，并提供新兴业务，如交易代理、信息检索服务等，将会有更多的商机等待

人们去发现。

（五）其他划分

1．稳定的供应链和动态的供应链

根据供应链存在的稳定性划分，可以将供应链分为稳定的和动态的供应链。基于相对稳定、单一的市场需求而组成的供应链稳定性较强，而基于相对频繁变化、复杂的需求而组成的供应链动态性较强。在实际管理运作中，需要根据不断变化的需求，相应改变供应链的组成。

2．平衡的供应链和倾斜的供应链

根据供应链容量与用户需求的关系可以划分为平衡的供应链和倾斜的供应链。一个供应链具有一定的、相对稳定的设备容量和生产能力（所有节点企业能力的综合，包括供应商、制造商、运输商、分销商、零售商等），但用户需求处于不断变化的过程中，当供应链的容量能满足用户需求时，供应链处于平衡状态；而当市场变化加剧，造成供应链成本增加、库存增加、浪费增加等现象时，企业则不是在最优状态下运作，供应链则处于倾斜状态。

3．有效性供应链和反应性供应链

根据供应链的功能模式来划分，可以将供应链分为有效性供应链和反应性供应链。有效性供应链主要体现供应链的物理功能，即以最少的成本投入将原材料转化成零部件、半成品、产品以及供应链中的运输等。反应性供应链主要体现在供应链的市场中介功能，即把产品分配到满足用户需求的市场、对未预知的需求作出快速反应等。

第二节　供应链管理概述

一、供应链管理的概念

供应链管理作为管理学的一个新概念，已经成为管理哲学中的一个新元素。但在各种文献中，并没有关于供应链管理的明确定义或有关活动的清晰描述。

哈兰德（Harland）将供应链管理描述成对商业活动和组织内部关系、直接采购者的关系、第一级或第二级供应商、客户关系和整个供应链关系的管理。斯科特（Scott）与威斯布鲁克（Westbrook）将供应链管理描述成一条连接制造与供应过程中每一个元素的链，包含了从原材料到最终消费者的所有环节。因而，供应链管理的广义定义，包含了整个价值链，它描述了从原材料采购到使用结束，整个过程中的采购与供应管理流程。巴茨（Baatz）进一步将供应链管理扩展到物资的再生或再利用过程。供应链管理主要集中在如何使企业利用供应商的工艺流程、技术和能力来提高竞争力，在组织内实现产品设计、生产制造、物流和采购管理功能的协作。当价值链中的所有战略组织集成

为一个统一的知识实体，并贯穿整个供应链网络时，企业运作的效率将会进一步提高。

但是，由于广义供应链管理描述的价值链非常复杂，企业无法获得供应链管理提供的全部利益。因而，产生了第二种较狭义的供应链管理定义：在一个组织内集成不同功能领域的物流，加强直接战略供应商通过生产制造商与分销商到最终消费者的联系，通过利用直接战略供应商的能力与技术，尤其是供应商在产品设计阶段的早期参与，使之成为提高生产制造效率和竞争力的有效手段。

第三种供应链管理的定义，出现在研究批发商和零售商中的运输及物流文献中，它强调地理分布与物流集成的重要性。毫无疑问，物流是商业活动中一个重要的功能，而且它已经发展成为供应链管理的一部分。产品的运输和库存是供应链管理最原始的应用场所，但不是供应链管理定义中至关重要的组成部分。

2001 年，我国发布实施的《物流术语》国家标准（GBFFl8354—2001）对供应链的定义是：“生产及流通过程中，涉及将产品更新换代或服务提供给最终客户的上游或下游企业，所形成的网络结构。”并将供应链管理定义为：“利用计算机网络技术全面规划供应链中的商流、物流、信息流、资金流等，并进行计划、组织、协调与控制等。”

总部设于美国俄亥俄州立大学的全球供应链论坛（Global Supply Chain Forum，GSCF）将供应链管理定义为：“为消费者带来有价值的产品、服务以及信息的、从源头供应商到最终消费者的集成业务流程。”Cavinato、Kotzab 与 Schnedlitz 将供应链管理定义为销售商和供应商之间的一种特殊战略伙伴形式，并对整个渠道的运营有着积极的影响，他们认为供应链管理的关键是活动的集成。事实上，贝克特尔（Bechtel）和贾亚拉姆（Jayaram）认为供应链管理是供应链活动在“纯理念”和“纯集成”之间的一种集成—— 连续统一体，整个供应链管理系统是一条由终端客户驱动的无缝需求管道。

由此看来，供应链管理是利用系统的观点通过对供应链中的物流、信息流、资金流进行设计、规划、控制与优化，以寻求建立供、产、销企业以及客户间的战略合作伙伴关系，最大限度地减少内耗与浪费，实现供应链整体效率的最优化，并保证供应链中的成员取得相应的绩效和利益，来满足顾客需求的整个管理过程。同时它又是一种集成的管理思想和方法，贯穿于供应链中从供应商到最终用户的物流、信息流、资金流的计划和控制等管理职能。这个定义包含了以下 4 个方面的内容：

1）供应链管理把对成本有影响、在产品满足顾客需求的过程中起作用的每一方面都考虑在内，从供应商和制造工厂经过仓库和配送中心到零售商和商店，实际上，在一些供应链分析中，有必要考虑供应商的供应商及顾客的顾客，因为他们对供应链的业绩是有影响的。

2）供应链管理的目的在于追求效率和整个系统费用的有效性，使系统总成本达到最小。这个成本包括从运输和配送成本到原材料、在制品和产成品的库存成本，因此，供应链管理的重点不在于简单地使运输成本达到最小或减少库存，而在于采用系统方法来进行供应链管理。

3）因为供应链管理是围绕着把供应商、制造商、仓库和商店有效地结合成一体这

一问题来展开的，因此它包括公司许多层面上的活动，包括战略层面、战术层面和操作层面。

4）供应链管理的目标是提高顾客的满意程度，即做到将正确的产品或服务（Right Product or Service），按照合适的状态与包装（Right Condition and Packaging），以准确的数量（Right Quantity）和合理的成本费用（Right Cost），在恰当的时间（Right Time）送到在指定地方（Right Place）的确定的用户（Right Customer）。

二、供应链管理的特征

供应链管理作为一种新型的管理模式，它的特点可以从与传统管理方法和与传统物流管理的比较中显现出来。

1．与传统的管理方法相比较

供应链管理主要致力于建立成员之间的合作关系，与传统的管理方法相比，它具有如下特点：

（1）以顾客为中心　在供应链管理中，顾客服务目标的设定优先于其他目标，它以顾客满意为最高目标。供应链管理本质上是满足顾客需求，它通过降低供应链成本的战略，实现对顾客的快速反应，以此提高顾客满意度，获取竞争优势。

（2）跨企业的贸易伙伴之间密切合作、共享利益和共担风险　在供应链管理中，人们把供应链中所有节点企业看做一个整体，因此供应链中的企业已超越了组织机构的界限，改变了传统的经营意识，建立起新型的客户关系，使企业意识到不能仅仅依靠自己的资源来参与市场竞争，提高经营效率，而要通过与供应链参与各方进行跨部门、跨职能和跨企业的合作，建立共同利益的合作伙伴关系，追求共同的利益，发展企业之间稳定的、良好的、共存共荣的互助合作关系，建立一种双赢关系。

（3）集成化管理　即应用网络技术和信息技术，重新组织和安排业务流程，实现集成化管理。离开信息及网络技术的支撑，供应链管理就会丧失应有的价值。可见，信息已经成为供应链管理的核心要素。通过应用现代信息技术，如商品条码技术、物流条码技术、电子订货系统、POS（Point of Sales）数据读取系统等，使供应链成员不仅能及时、有效地获得客户的需求信息，而且能对信息作出及时响应，满足客户的需求。信息技术能缩短从订货到交货的时间间隔，提高企业的服务水平。信息技术的应用提高了事务处理的准确性和速度，减少了人员，简化了作业过程，提高了效率。

（4）供应链管理是对物流的一体化管理　物流一体化是指不同职能部门之间或不同企业之间通过物流合作，达到提高物流效率、降低物流成本的目的。供应链管理实质上是通过物流将企业内部各部门及供应链各节点企业联结起来，改变了交易双方利益对立的传统观念，在整个供应链范围内建立起共同利益的协作伙伴关系。供应链管理把从供应商开始到最终消费者的物流活动作为一个整体进行统一管理，始终从整体和全局上把握物流的各项活动，使整个供应链的库存水平最低，实现供应链整体物流最优化。在供应链管理模式下，库存不是必要的，而是变成了一种平衡机制，供应链管理更强调零库存。供应链管理使供应链成员结成了战略同盟，它们之间进行信息交换与共享，使得供应链的库存总量大幅降低，减少了资金占用和库存维持成本，还避免了缺货现象的发生。

总之，通过供应链管理可以更好地了解客户，为他们提供个性化的产品和服务，使资源在供应链上合理流动，缩短物流周期，降低库存，降低物流费用，提高物流效率，从而提高企业的竞争力。

2．与物流管理相比较

物流已经发展成为供应链管理的一部分，它改变了传统物流的内涵，因此，与物流管理相比，供应链管理具有如下特点：

（1）供应链管理的互动性　从管理的对象来看，物流是以存货资产作为管理对象的，供应链管理则是对存货流动（包括必要的停顿）中的业务过程进行管理，它是对关系的管理，因此具有互动的特征。兰博特教授认为，必须对供应链中所有关键的业务过程实施精细管理，主要包括需求管理、流程管理、采购管理等。有些企业的供应链管理过程，还包括从环保理念出发的商品回收渠道管理，如施乐公司。

（2）供应链管理成为物流的高级形态　事实上，供应链管理是从物流的基础上发展起来的，在企业运作的层次来看，从实物分配开始，到整合物资管理；再到整合信息管理，通过功能的逐步整合形成了物流的概念。从企业关系的层次来看，则有从制造商向批发商和分销商再到最终客户的前向整合，以及向供应商的逆向整合。并且，通过关系的整合形成了供应链管理的概念。从操作功能的整合到渠道关系的整合，使物流从战术的层次提升到战略高度。所以，供应链管理看起来是一个新概念，实际上它是物流在逻辑上的延伸。

（3）供应链管理决策的发展　供应链管理决策和物流管理决策都是以成本、时间和绩效为基准点的。供应链管理决策在运输决策、选址决策和库存决策的物流管理决策的基础上，增加了关系决策和业务流程整合决策，成为更高形态的决策模式。物流管理决策和供应链管理决策的综合目标，都是最大限度地提高客户的服务水平，供应链管理决策形成了一个由客户服务目标拉动的空间轨迹。供应链管理的概念涵盖了物流的概念，用系统论的观点看，物流是供应链管理系统的子系统。所以，物流的决策必须服从供应链管理的整体决策。

（4）供应链管理的协商机制　物流在管理上是一个计划的机制，在传统的物流模式中，主导企业通常是制造商，他们力图通过一个计划来控制产品和信息的流动。与供应商和客户的关系本质上是利益冲突的买卖关系，常常导致存货或成本向上游企业的转移。供应链管理同样制订计划，但目的是为了谋求在渠道成员之间的联合和协调。美国联合技术公司为了提高生产周期的运营效率，在Internet上公布生产计划，使其供应商能够更加迅速地对需求变化作出反应。供应链管理是一个开放的系统，它的一个重要目标就是通过分享需求和当前存货水平的信息，来减少或消除所有供应链成员企业所持有的缓冲库存，这就是供应链管理中“共同管理库存”的理念。

（5）供应链管理强调组织外部一体化　物流更加关注组织内部的功能整合，而供

应链管理认为只有组织内部的一体化是远远不够的。供应链管理是一个高度互动和复杂的系统工程，需要同步考虑不同层次上相互关联的技术经济问题，进行成本效益权衡。例如，要考虑在组织内部和组织之间，存货以什么样的形态放在什么样的地方，在什么时候执行什么样的计划；供应链系统的布局和选址决策，信息共享的深度；实施业务过程一体化管理后所获得的整体效益如何在供应链成员之间进行分配；特别是要求供应链成员在一开始就共同参与制定整体发展战略或新产品开发战略等。跨边界和跨组织的一体化管理使组织的边界变得更加模糊。

（6）供应链管理对共同价值的依赖性　随着供应链管理系统结构复杂性的增加，它将更加依赖信息系统的支持。如果物流管理是为了提高产品面向客户的可行性，那么供应链管理则是首先解决供应链伙伴之间信息的可靠性问题。所以，有时也将供应链看做协作伙伴之间信息增值交换的一系列关系。Internet 为提高信息可靠性提供了技术支持，但如何管理和分配信息则取决于供应链成员之间对业务过程一体化的共识程度。所以，与其说供应链管理依赖网络技术，还不如说供应链管理是为了在供应链伙伴间形成一种相互信任、相互依赖、互惠互利和共同发展的价值观和依赖关系，而构筑的信息化网络平台。

（7）供应链管理是“外源”整合组织　供应链管理与垂直一体化物流不同，它是在自己的“核心业务”基础上，通过协作的方式来整合外部资源以获得最佳的总体运营效益。除了核心业务以外，几乎每件事都可能是“外源的”，即从公司外部获得的。著名的企业如 Nike 公司，通常外购或外协所有的部件，而自己集中精力于新产品的开发和市场营销。这一类公司有时也被称为“虚拟企业”。实际上一台标准的苹果机，其制造成本的90%都是外购零部件的成本。表面上看这些企业是将部分或全部的制造和服务活动，以合同形式委托其他企业代为加工制造，但实际上是按照市场的需求，根据规则对由标准、品牌、知识、核心技术和创新能力所构成的网络系统整合或重新配置社会资源。垂直一体化以拥有资源为目的，而供应链管理则以协作和双赢为手段。所以，供应链管理是资源配置的优先方法。供应链管理在获得外部资源配置的同时，也将原先的内部成本外部化，通过清晰的过程进行成本核算和成本控制，可以更好地优化客户服务和实施客户关系管理。

（8）供应链管理是一个动态的响应系统　在供应链管理的具体实践中，应该始终关注对关键过程的管理和测评。高度动态的市场环境要求企业管理层能够经常对供应链的运营状况实施规范的监控和评价，如果没有实现预期的管理目标，就必须考虑可能的替代供应链并作出适当的应变。

三、供应链管理的作用和优势

供应链管理主要针对现代环境下传统企业存在的主要问题和受到的压力，例如：

1）由于日益激烈的竞争压力，需要极大程度地改进生产过程和向客户提供产品的过程，以增加利润。

2）越来越多的生产过程由一些独立的生产商和供货商结合进行。

3）市场形势变得越来越残酷无情。

4）世界经济趋于成熟，对“地区性”产品的需求量增加。

5）对特殊客户的特殊服务，如快速、可靠供货的竞争压力越来越大等。

成功的供应链应该能够协调并整合供应链中所有活动，最终成为无缝连接的一体化过程。它连接供应链管道中的各参与者，这些参与者包括供应商、配送服务提供商、承运人、第三方物流公司、信息系统供应商等。这种供应链侧重于客户的实际需求，不再以生产为导向，取而代之采取市场导向进行生产活动。通过实施市场导向，这些优秀的企业控制原材料、成品、包装材料的流动达到最小化，从而降低库存、降低整个供应链的成本。

供应链管理的作用主要在于：

1）供应链管理能有效地消除重复、浪费与不确定性，减少库存总量，创造竞争的成本优势。通过实施供应链管理，企业可以有效地减少供应链成员企业之间的重复工作，剔除流程中的多余步骤，从而使供应链流程简单化、高效化、低成本。同时，通过建立共享的电子数据交换系统，又可以有效地减少因信息交换不充分所带来的重复与浪费，有效消除“需求放大”效应。此外，供应链成员企业之间实现了全流程的无缝作业，可以大大提高接口工作效率，减少失误与浪费。

不确定性是库存存在的根本原因，过多的库存经常是防备需求或供应的时间、数量或质量不确定性的发生。供应链管理通过对组织内部业务流程的重构，使各成员企业建立战略合作伙伴关系，实现信息共享、物流畅通，提高客户反应速度，从而有效地消除不确定性。供应链通过整体协调运作，在加快物流速度的同时，也有效减少了各个环节上的库存量，避免了许多不必要的库存成本，消除了非供应链合作关系中上下游企业之间的成本转嫁，从整体意义上减少了库存总量，大幅度削减了总库存成本。另外，当供应链规模日益扩大、结构日趋繁杂时，供应链上发生信息错误的机会也随之增多。例如，当管理人员依据市场信号作出预测并调整生产时，相关信息会在供应链中传递。由于每一环节都可能作出同样的预测和调整，不知不觉中夸大了市场需求信息；或者企业出于种种原因下不了订单，供应商会因得不到可靠信息而无法安排生产。这种对市场的不确定感将会传染给供应链上的所有成员。供应链管理通过一定的方法能有效监察信息在漫长的供应链流程中的完整性，防止因信息错误而损害供应链的效能。高效的供应链管理能将分布在天涯海角的业务点连成一体，将企业数据进行统一集中式存储，并随时分发给供应链上的所有成员，确保各地员工之间以及员工与客户间沟通顺畅，共享企业信息，并能随时查阅库存、策划、产品及订货等资料，打破地域限制，作出正确的商业决策；另外，还能使企业准确掌握生产及订单的处理状况，使企业充分掌握从原料、元器件直至制成品的全过程，以及营销送货等情况，并将制造及分销程序妥善地结合起来，为客户提供更佳的服务，提高供应链内部整体的工作效率。这些效果的取得往往是通过企业资源计划（ERP）实现的。

2）供应链管理能优化链上成员组合，快速客户反应，创造竞争的时间和空间优势。供应链通过在全球范围内优化选择链上成员企业，不仅可以实现相互间的优势互补，更重要的是能够最大限度地减少产品销售、服务提供的空间距离和时间距离，实现对客户需求的快速、有效反应，大幅度地缩短从订货到完成交货的周期。此外，供应链管理以Internet/Intranet作为技术支撑，使其成员企业能够实时获取并处理外部信息及链上信息，从而提高整个供应链对客户需求快速有效反应的能力，实现供应链各环节的即时出售、即时制造、即时供应。也就是说，通过供应链各成员企业的优化组合，使需求信息获取与随后作出的反应尽量接近实时情况和最终客户，将客户需求的提前期减少到最低限度，从而获取市场竞争的时间和空间优势。

3）供应链管理通过建立成员企业之间的战略合作伙伴关系，充分发挥链上企业的核心能力，创造竞争的整体优势。当今的国际市场竞争是全方位的竞争，很多企业已经感到单靠自己的努力在日益激烈的市场竞争中力不从心，有必要集合多个企业结成有机整体，共同参与竞争。而需要联盟的，首先是与本企业业务内容相关的上下游企业。实施供应链管理，可使原来客观存在的供应链有机地连接起来，使“链”上的每一个企业都受益，也就是说，企业通过合作竞争，实现了“共赢”。供应链管理与传统上所讲的渠道成员之间的“纵向一体化”联合是不同的。通常所说的纵向联合指上游供应商与下游客户之间在所有权上的纵向合并，以前人们认为这是一种理想的渠道战略，但现在企业更加注重发挥核心业务的优势，纵向合并则失去了魅力，因此“资源外购”或“业务外包”成为当今企业发挥专业能力的一种策略。例如，汽车制造商以前可能自己生产一辆汽车所需的所有零部件，但现在则将这些零部件的生产任务包给其他专业性制造商，自己只是将这些成品零部件进行组装。

过去，供应商与下游顾客（如分销商、零售商）之间的对抗多于合作，直至今日，许多企业仍然想把自己的成本降低或利润增加计划建立在损害供应链与其他成员的利益的基础之上。这些企业没有认识到将自己的成本简单地从上游转移到下游并不能增加自身的竞争力，因为所有这些成本都要转嫁给最终消费者。因此，世界级的企业并不这样做，而是力图通过增加整个供应链提供给消费者的价值、减少整个供应链的成本的方法来增强整个供应链的竞争力。它们知道，真正的竞争不是企业与企业的竞争，而是供应链与供应链的竞争。随着全球竞争加剧、经济不确定性增强、信息技术高速发展、消费者需求个性化增加，供应链开始走向全球化，企业要想在激烈的竞争中谋生存、求发展，就必须采取相互合作的竞争策略。所以，供应链管理在企业战略管理中的地位更加突出，是企业提高整体竞争力的一个十分有效的手段。

企业实行供应链管理的好处主要表现在以下方面：

1）节约交易成本。用互联网整合供应链将大大降低供应链内各环节的交易成本，缩短交易时间。

2）降低存货水平。通过扩展组织的边界，供货商能够随时掌握存货信息，组织生产，及时补充，因此企业没有必要维持较高的存货水平。

3）降低采购成本，促进供货商管理。由于供货商能够方便地取得存货信息和采购信息，采购管理人员都可以从这种低价值的劳动中解脱出来，从事具有更高价值的工作。

4）减少循环周期。通过供应链的自动化，预测的精确度将大幅度的提高，这将导致企业不仅能生产出需要的产品，而且能缩短生产的时间，提高顾客满意度。

5）收入和利润增加。通过组织边界的延伸，企业能履行合同、增加收入并维持和增加市场份额。

第三节　供应链管理的原则、步骤和方法

一、供应链管理的实施原则和步骤

根据 Mercer 管理顾问公司的报告，有近一半接受调查的公司经理将供应链管理作为公司的十项大事之首。调查还发现，供应链管理能够提高投资回报率、缩短订单履行时间、降低成本。

1．供应链管理的实施原则

Andersen 咨询公司提出了供应链管理的 7 项原则：

（1）根据客户所需的服务特性来划分客户群　传统意义上的市场划分基于企业自己的状况，如行业、产品、分销渠道等，然后对同一地区的客户提供相同水平的服务。供应链管理则强调根据客户的状况和需求，决定服务方式和水平。

（2）根据客户需求和企业可获利情况设计企业的物流网络　企业物流网络的设计是以客户需求为基础的，并能够反映企业的获利情况。一家造纸公司发现两个客户群存在截然不同的服务需求，大型印刷企业允许较长的提前期，而小型的地方印刷企业则要求在 24 小时内供货，于是它要建立 3 个大型分销中心和 46 个紧缺物品快速反应中心。

（3）倾听市场的需求信息　在企业销售计划和运营计划建立过程中，必须监测整个供应链的状况，及时发出需求变化的早期警报，并据此安排和调整计划。可见，市场的需求信息成为拉动供应链的重要原动力。

（4）运用时间延迟策略　由于市场需求的剧烈波动，客户接受最终产品和服务的时间越早，需求量预测就越不准确，企业不得不维持较大的中间库存。为此，企业可以将最终产品和服务定型的时间向后延迟，以提高产品和服务的柔性。例如，一家洗涤用品企业，在实施大批量客户化生产的时候，先在企业内将产品加工结束，然后在零售店里根据客户需要完成不同产品的最终包装。

（5）与供应商建立双赢的合作策略　迫使供应商相互压价，固然能使企业在价格上获益，但与供应商相互协作则可以降低整个供应链的成本，企业将会获得更大的收益，而且这种收益将是长期的。

（6）在整个供应链领域建立信息系统　信息系统首先应该处理日常事务和电子商

务，然后支持多层次的决策信息，如需求计划和资源规划，最后应该根据大部分来自企业之外的信息进行前瞻性的策略分析。

（7）建立整个供应链的绩效考核准则　供应链的绩效考核准则应该建立在整个供应链上，而不仅仅是局部的个别企业的孤立标准。供应链是否具有竞争优势，是否能够生存和发展的最终验收标准是客户满意度。

2．供应链管理的实施步骤

Kearney 咨询公司强调，在实施供应链管理时，首先应该制订可行的计划。这项工作可以分为 4 个步骤：

1）将企业的业务目标同现有能力及业绩进行比较，首先发现现有供应链的显著弱点，经过改善，迅速提高企业的竞争力。

2）同关键客户和供应商一起探讨，评估全球化竞争环境和新技术的竞争压力，建立供应链的远景目标。

3）制订从现实过渡到理想供应链目标的行动计划，同时评估企业实现这种过渡的现实条件。

4）根据优先级安排上述计划，并且承诺相应的资源。

根据实施计划，首先定义长期的供应链结构，使企业在与正确的客户和供应商建立的正确的供应链中处于正确的位置。然后重组和优化企业内部及外部的物流、信息流和资金流。最后在供应链的重要领域，如库存、运输等环节提高质量和生产率。实施供应链管理需要耗费大量的时间和财力，在美国也只有不足 50%的企业在实施供应链管理。Keamey 咨询公司指出，供应链可以耗费整个公司高达 25%的运营成本，而对于一个利润率仅为 3%～4%的企业而言，哪怕降低 5%的供应链耗费，也足以使企业的利润翻番。

二、供应链管理的基本方法

（一）QR（Quick Response）

1．QR 的概念

QR 是指在供应链中，为了实现共同的目标，零售商和制造商建立战略伙伴关系，利用 EDI 等信息技术，进行销售时点的信息交换以及订货补充等其他经营信息的交换，用多频度、小数量配送方式连续补充商品，以实现缩短交货周期、减少库存，提高客户服务水平和企业竞争力的供应链管理方法。这种新的合作方式意味着双方都要告别过去的敌对竞争关系，要以战略伙伴关系来提高向最终用户的供货能力，同时降低整个供应链的库存量和总成本。因此，只有当贸易双方用技术来有效地管理彼此间的商品流和信息流，并在管理中接受这种新的“开放”关系的时候，快速反应才能真正发挥作用。

从字面上看，“快速反应”会使人们想到“更快地做事”，从某种意义上讲，这是正确的。但它最重要的作用是，在降低供应链总库存和总成本的同时提高销售额。所以成功的“快速反应”伙伴关系将提高供应链上所有伙伴的获利能力。

快速反应业务成功的前提是零售商和厂商建立良好的关系。实现这种关系的方法之一就是建立战略伙伴关系，包括确定业务合作关系并采用双方互利的业务战略。战略伙伴关系要求厂商高级经理之间进行沟通和接触，然后将这种关系由上往下渗透到整个组织中，同时要求多个部门都参与规划和执行各阶段的工作。并不是所有的贸易伙伴都能变成战略伙伴。

2．QR 的优点

（1）快速反应对厂商的优点

1）更好的顾客服务。快速反应零售商可为店铺提供更好的服务，最终为顾客提供更好的店内服务。由于厂商送来的货物与承诺的货物是相符的，厂商能够很好地协调与零售商间的关系。而长期的良好顾客服务将会增加市场份额。

2）降低了流通费用。由于集成了对顾客消费水平的预测和生产规划，就可以提高库存周转速度，需要处理和盘点的库存量就减少了，从而降低了流通费用。

3）降低了管理费用。因为不需要手工输入订单，所以采购订单的准确率提高了。额外发货的减少也降低了管理费用。货物发出之前，仓库对运输标签进行扫描并向零售商发出提前运输通知，这些措施都降低了管理费用。

4）更好的生产计划。由于可以对销售进行预测并能够得到准确的销售信息，厂商可以准确地安排生产计划。

（2）快速反应对零售商的优点

1）提高了销售额。条形码和 POS 扫描使零售商能够跟踪各种商品的销售和库存情况，这样零售商就能够做到：①准确地跟踪存货情况，在库存真正降低时才订货；②降低订货周期；③实施自动补货系统（也称厂商补货系统），使用库存模型来确定什么情况下需要采购，以保证在顾客需要商品时可以得到现货。

2）减少了削价的损失。由于拥有更准确的顾客需求信息，店铺可以更多地储存顾客需要的商品，减少顾客不需要的商品的存货，这样就减少了削价带来的损失。

3）降低了采购成本。商品采购成本是企业完成采购职能时发生的费用，这些职能包括订单准备、订单创建、订单发送及订单跟踪等。实施快速反应后，上述业务流程大大简化了，采购成本降低了。

4）降低了流通费用。厂商使用 SCM（物流条形码）标签后，零售商可以扫描这个标签，这样就减少了手工检查到货所发生的成本。因为 SCM 支持商品的直接出货，即配送中心收到货物后不需要检查，可立即将货物送到零售商的店铺。

5）加快了库存周转。零售商能够根据顾客的需要频繁地小批量订货，也降低了库存投资和相应的运输成本。

6）降低了管理成本。管理成本包括接收发票、发票输入和发票例外处理时所发生的费用。由于采用了电子发票及 ASN，管理费用大幅度降低了。

总之，采用了快速反应的方法后，虽然单位商品的采购成本会大幅增加，但通过频繁地小批量采购商品，顾客服务水平就会提高，零售商就更能适应市场的变化，同时

其他成本也会降低（如库存成本、清仓削价成本等），从而提高利润。

3．QR 成功的条件

QR 的成功实施必须具备以下 5 个条件：

1）改变传统的经营方式，革新企业的经营意识和组织。

2）开发和应用现代信息处理技术，包括商品条形码技术、物流条形码技术（SCM）、电子订货系统（EOS）、POS 数据读取系统、电子支付系统（EFT）等。

3）与供应链各方建立（战略）伙伴关系。

4）改变传统的对企业商业信息保密的做法。将销售信息、库存信息、生产信息、成本信息等与合作伙伴交流分享，并在此基础上，要求各方在一起发现问题、分析问题和解决问题。

5）供应方必须缩短生产周期和商品库存。缩短商品的生产周期，进行多品种、少批量生产和多频度、小数量配送，降低零售商的库存水平，提高顾客服务水平。

（二）ECR（Efficient Consumer Response）

1．ECR 的含义

ECR 是由生产厂家、批发商、零售商等供应链节点组成各方相互协调和合作，更好、更快并以更低的成本满足消费者需要为目的的供应链管理系统。它的优点在于供应链各方为了提高消费者满意这个共同的目标进行合作，分享信息和诀窍；是一种把以前处于分离状态的供应链联系在一起来满足消费者需要的工具。

2．ECR 的特征

(1)管理意识的创新　传统产销双方的交易关系是一种此消彼长的对立型关系，即交易各方以对自己有利的买卖条件进行交易。简单地说，是一种“赢—输型”关系。ECR 要求产销双方的交易关系是一种合作伙伴关系。即交易各方通过相互协调合作，实现以低的成本向消费者提供更高价值服务的目标，在此基础上追求双方的利益，这是一种双赢型关系。

(2) 供应链整体协调　传统流通活动缺乏效率的主要原因，在于厂家、批发商和零售商之间存在企业间联系的非效率性和企业内采购、生产、销售、物流等部门或职能之间存在部门间联系的非效率性。ECR 要求消除各部门、各职能以及各企业之间的隔阂，进行跨部门、跨职能和跨企业的管理和协调，使商品流和信息流在企业内和供应链内顺畅地流动。

(3) 涉及范围广　既然 ECR 要求对供应链整体进行管理和协调，ECR 所涉及的范围必然包括零售业、批发业和制造业等相关的多个行业。为了最大限度地发挥 ECR 所具有的作用，必须对关联的行业进行分析研究，对组成供应链的各类企业进行管理和协调。

3．ECR 的问题及难点

(1) ECR 带来的问题　其问题主要表现在：

1）批发商。引入 ECR 后，批发商感到的威胁最大。虽然批发商的分销规模很大，但他们无法有效地管理分销系统，他们的商品都存放在各地的仓库或成百上千的货车上，当货物在不同地点移动时损耗很大。另外，大多数批发商发生的成本比行业的经营成本低，这种差异是由于各种促销和数量折扣引起的，而 ECR 的目的是减少这些折扣，这就使批发商无利可图。

2）食品杂货连锁店。与批发商相比，大的零售连锁店可以以更低的成本采用 ECR。由于这些连锁店提高了效率，他们可采取大部分的促销战略，这样连锁店就可以利用财务上的优势从独立店及批发商的手中获取更高的市场份额。

3）鲜活产品。食品超市和其他零售商的区别是，是否提供鲜活食品。由于这些鲜活食品部门目前没有采用 ECR，所以一些食品零售商不愿完全接受 ECR。

4）促销和每日低价。与零售商所进行的促销不同，ECR 带来的好处来自商品在供应链上的更通畅的流动。这种通畅的物流可通过更少的促销活动来实现。所以，采用每日低价策略的零售商更有可能在 ECR 模式下获得成功。

（2）实施 ECR 的难点　美国食品营销研究所认为，如果在全美国都采用 ECR 的话，每年可为食品行业的后勤系统节约 300 万美元左右的没有附加价值的系统成本。普通商品的零售商已经在 20 世纪 90 年代初采用了快速反应的战略。例如，沃尔玛等大型连锁店很早就意识到了有效供应链的价值，其他的零售商也很快采用了有效的供应链战略。但在食品行业，由于普便倾向于贸易促销，所以 ECR 的实施遇到了前所未有的障碍，即使仓储店等零售商已经增加了食品的经营，食品零售业还是没有意识到这一点。

1）制造商的问题。很多问题都归咎于食品的制造商，每当他们要增加销售额，就增加食品超市的商品库存和陈列。对食品生产商的销售代表来说，一旦销售额下降了，最简单的办法就是打一个电话给零售商，然后以极低的价格送去一卡车产品。所以，一些大的零售商采用 ECR 后，却发现节约的成本并不能弥补营业利润下降带来的损失。

2）技术方面的障碍。除了贸易促销以外，食品行业实现 ECR 还面临着一些技术问题。和其他零售商相比，食品行业的信息系统一直比较落后，大多数食品超市及其供应商还没有为实施 ECR 做好充分的准备。Cleveland 咨询协会对 61 家大型食品制造商的调查表明，虽然大多数制造商声称已经认识到了供应链集成的价值，但是并没有采取实际的行动。尤其值得一提的是，由于目前 EDI 还没有得到广泛的实施，系统的集成程度很低，所以实时决策还是不可能的。

4．QR 与 ECR 的比较

（1）QR 和 ECR 的差异　普通商品（QR 的主要实施对象）和干货食品（ECR 的主要实施对象）之间最重要的差别在于商品的特性，它们在价值、周转率和品种上具有本质差异。

1）普通商品的单品数量非常多，产品生命周期短、季节性强、库存周转慢、存货削价幅度大、毛利高；而食品的单品数量少，商品单价低、周转快。所以超市可以以低毛利有效地经营。

2）在这两种不同的零售业中，某种单品缺货所带来的成本也不一样。对普通商品

来说，如果消费者不能发现所期望的颜色和规格，就可能换一家店铺。店铺就会损失这件商品的销售额，同时会损失潜在的其他购买和未来的购买。对食品来说，如果消费者不能发现一种特定的商品，他会买另一种规格或一种替代品，采购也可能延期到下一次。除非这种情况频繁地发生，否则消费者不会换店铺。

3）由于所处的环境不同，改革的重点也有所不同。对于食品行业（ECR）来说，改革的重点是效率和成本；对于普通店铺（QR）来说，改革的重点是补货和订货的速度，目的是最大程度地消除缺货，并且只在有商品需求时才去采购。

（2）QR 和 ECR 的共性

1）共同的外部变化。实施 QR 和 ECR 的主要行业都受到了两种重要的外部变化的影响。一是经济增长速度的放慢加剧了竞争，因为零售商必须生存并保持顾客的忠诚度；二是零售商和供应商之间的交易平衡发生了变化，由于通信技术的发展及向传统领域之外扩张的欲望，零售商变得越来越向全国化甚至是国际化方向发展，交易平衡的重心已偏向零售商。

2）面对共同的恶劣关系。在引入 QR 和 ECR 之前，两个行业都陷入了同样的困境：供应商和零售商或批发商的关系非常恶劣，几乎到了互不信任的地步，两者都各自追求自己的目标，而忘记了经营的真正目的——满足顾客的需要。

3）共同的威胁。供应商和零售商都受到了新的贸易方式的威胁。对于零售商来说，威胁主要来自大型综合超市、廉价店、仓储俱乐部以及折扣店等新型零售形式，他们采用新的低成本进货渠道。这些新的竞争者把精力集中在每日低价、绝对的净价采购及快速的库存周转等策略上。对于供应商来说，压力来自自有品牌商品的快速增长，这些商品威胁了他们的市场份额。

4）共同的目标。上述的威胁迫使这两个行业必须采取行动。尽管按照各环节自己的业绩测量标准，这两种供应链都认为他们是有效率的，但是从整个供应链来说，他们的效率都非常低。在这两种供应链中，他们都混淆了两个基本的概念：效率和效果，效率是正确地做事，效果是做正确的事。事实上，QR 和 ECR 的起源是一样的，两个系统的低效率都是由于各个业务部门追求各自的、常常是相互矛盾的目标而造成的。只有大家都能够集中于一个共同的目标，以最低的总成本向消费者提供他们真正想要的商品，整个系统的高效率才能实现。

5）共同的战略。QR 和 ECR 都重视供应链的核心业务（包括补货、品种管理、产品开发、促销等），对业务进行重新设计，消除资源的浪费。

6）共同的错误。供应商与零售商都常常错误地认为，QR 和 ECR 是技术方面的战略。虽然技术在战略的实施中所扮演的角色是非常重要的，但是它本身并不能保证战略的实现。只有信息在整个系统快速、准确和及时地流动，再加上营销、商品购销、店内经营和后勤等方面的有效运作，零售商和制造商才能获得成功。

（三）CM（Category Management）

1. CM的含义

商品分类管理（Category Management，CM），又称品种管理，是分销商或供应商的一种业务过程，通过把商品类别作为战略业务单位进行管理，有效地满足顾客需求，从而提高分销商（主要是指零售商）或供应商（主要指厂商）的商品类别效率与赢利能力，是ECR的核心组成部分。

CM以商品类别为管理单位，寻求整个商品类别全体收益最大化。具体来说，企业对经营的所有商品按类别进行分类，确定或评价每一个类别商品的功能、作用、收益性、成长性等指标，在此基础上，结合考虑各类商品的库存水平和货架展示等因素，制订商品品种计划，对整个商品类别进行管理，以便在提高消费者服务水平的同时增加企业的销售额和收益水平。

2. CM的作用

CM的参与者主要是批发商、零售商连锁店、制造商等。CM可以为这些实体带来以下好处：

1）每种商品更高的品种销售额和更高的总销售额，提高分销商的市场份额，增加品种销售量，并提高供应商的品牌份额。

2）提高系统总效率，加快供应商和分销商的库存周转。

3）分销商可获得更多的品种和商店利润，供应商可获得更高的品牌利润。

4）提高对客户的服务质量（不仅是供应商对分销商，还包括分销商对消费者），既能减少出现缺货的情况，同样也能提高服务质量。

5）加强分销商的商店特许经营权及分销商和供应商的品牌特许经营权，提高消费者对商店和品牌的忠诚度。

6）提高营销效率。供应商可获得机会通过成功的促销来提高营销活动的投资回报率，分销商则可获得提高广告效率的机会。

7）强化分销商与供应商的合作关系。双方通过互相合作，关注顾客价值的传递，从而减少冲突，促进双方战略性的对话。

8）分销商也可受益于改进的货架展示，供应商可尽早发现产品问题并以最低成本改进这些问题。

9）提高新产品的顾客价值。

10）提高分销商和供应商的资产收益率。

3. 实施CM的障碍

实施CM存在许多潜在的障碍，常见的有：

1）企图绕过核心要素建立CM。有些企业在未明确CM战略实质，未掌握业务过程之前就急于转变它们的组织结构、信息系统、报酬制度和业务评价方法，因而不得不重复工作，支付昂贵的修改费用，导致更长时间的实施过程。

2）缺乏强有力的领导。供应商和分销商的高级管理层都应规范其新的经营行为，并且意识到在变化的业务过程中坚持长期合作的重要性。管理层应对内部系统和报酬系统重新设计，这一任务十分艰巨，而成功地开展CM必须依靠这些变化。

3）缺乏业务流程改进技术。CM 的实施要求对关键的业务流程（包括订货周期、新产品上市等）重新设计规划，从而使企业在稳固的基础上产生预期的结果。这些技术并不复杂，但许多销售和促销部门却并没有掌握和运用这些技术。

4）不切实际的期望。CM 要求有大量的投资和足够的耐心，要经历一定的时间才能使CM产生回报，因此常常会导致企业的工作中心发生偏离，甚至丧失中心。

5）只顾眼前利益。分销商和供应商有时不愿意为实现长远目标而放弃一些短期利益。

6）缺少正确的数据。分销商和供应商要制定顾客导向的战略，必须了解消费者的购买行为。然而，有些数据（如毛利润、某一销售渠道的市场份额等）由于不能反映经营的总体情况而容易产生误导。

7）将老方法带进新过程。在实施CM的过程中，许多分销商和供应商总想保留一些老习惯，这些老习惯很可能会阻碍CM的实施进程。

8）缺少贸易伙伴的认可。分销商和供应商总想在未得到贸易伙伴的全力支持下匆忙实施CM。其结果只能是，他们不得不在实施品种业务计划过程中支付高额成本。这些品种业务计划也往往因为缺少贸易伙伴的参与而水平较低。

9）CM 技术水平参差不齐。实施 CM 的供应商或分销商往往会因为其贸易伙伴的能力不能满足要求而倍感头痛。

10）一次包括了太多的商品类别。一旦公司对新的管理方法有一个清楚、长期的方案，应先从几个商品类别做起，再逐步扩展到其他的商品类别。

（四）ERP（Enterprise Requirement Planning）

1．ERP 的由来

现代企业的竞争已经不是单一企业与单一企业之间的竞争，而是一个供应链与另一个供应链之间的竞争，即企业不但要有领先的资源，还必须把经营过程中的相关各方如供应商、制造工厂、分销网络、客户等纳入一个紧密的供应链中，才能在市场竞争中获得优势。ERP 系统正是适应了这一市场竞争的需要，实现了对整个企业供应链的管理。

前面介绍的三种供应链管理方法都只是着眼于某个行业或某个企业就其物流方面的供应链的整合管理，实质上供应链管理应跳出物流的圈子，把供应链各成员的人力、物力以及财力等各种资源都进行综合化、集成化管理。

ERP 正是这种集成化管理的代表技术，其核心管理思想就是实现对整个供应链的有效管理。它是建立在信息技术基础上的，以系统化的管理思想为企业决策层及员工提供决策运行手段的管理平台。ERP 系统反映了信息时代对企业合理调配资源、最大化地创造社会财富的要求。它是一种将企业所有资源进行整合集成管理，将企业的物流、资金流和信息流进行全面一体化管理的信息系统。一般企业的管理主要包括生产计划（计划、制造）、流通管理（分销、采购、库存管理）、财会管理（会计核算、财务管理）和人力资源管理。ERP针对这些子系统提供了通用的功能模块，即生产计划管理模块（包括主生产计划、物料需求计划、能力需求计划、控制和制造标准）、流通管理模块（包括分销管理、采购管理、库存管理）、辅助管理模块（包括财会管理、人力资源管理）。

2．ERP的实施方法

ERP虽然是从库存控制、MRPⅡ发展而来的，但它的实施是企业管理方式的全面变革，涉及企业的库存控制、供应链管理、客户服务、基准评价等一系列问题，而这些远非通过单纯的结构调整所能做到，必须通过管理模式、管理组织、流程和手段的改革才能得以实现。因此，企业在实施ERP过程中，更希望通过引入既先进又适合自身情况的管理模式来规范企业的业务流程。

（1）最高管理层的积极参与　企业在引进ERP系统时要避免这样一个误区，即认为ERP纯粹是一个技术问题，是技术人员的任务，而与管理人员无关。实际上，实施ERP的过程是一个全面的变革过程，它既是技术的引进，更是管理方式的革命。因此，ERP的实施必须要有企业最高管理层的重视和亲自参与，参与变革、选择软件和技术方案等。

1）参与变革。企业最高领导在ERP实施过程中一般要进行“3R”变革。“3R”的内容是：实现企业管理思想的革命（Revolution）、实现管理模式的重组（Reengineering）和实现管理手段的改造（Reform）。

2）参与选择ERP管理软件。企业在引进ERP软件时关注的不仅仅是软件本身的功用性和信息技术的特性，尤其要注重软件所体现的管理思想、内置的应用模型和业务流程，因为这才是ERP的灵魂所在。企业的ERP软件必须从应用模型和技术手段两方面妥善解决分布式应用和体系化管理要求，实现总部与分支机构之间的实时、动态的信息交换，使公司财务、销售、库存信息得到及时准确的传递，在整个公司内实现财务、采购、销售流程的统一化和标准化。要统一协调与供应商和客户的业务，快速处理企业范围内的采购、调配和送货，解决对总部下属单位的资金、物流的实时监控和管理，使企业逐步走向虚拟、敏捷和互动的高级形态。

3）参与选择技术方案。正确的技术方案是ERP软件运行的载体和基石。一个优秀的应用模型如果没有建立在相应的技术框架之上，其管理作用将无从发挥，势必流于形式。

（2）建立管理信息系统　包括建立决策信息支持系统、人力资源管理信息系统、物流管理信息等。

1）决策信息支持系统。在客户需求多元化的时代，企业如何才能通过科学的手段来分析、预测市场和规避风险，适应市场的快速变化，是企业经营者时时关注的问题。面对纷繁复杂的信息，怎样对数据进行有效采集、加工并准确传递给企业的决策层，以实现科学和动态的决策，是ERP应用的关键环节。决策信息支持系统（DSS）应建立在财务、供应链、制造以及人力资源系统之上，运用数据库技术和在线分析工具，为企业决策人员提供强有力的依据。

2）人力资源管理信息系统。传统的人事档案管理已经不能满足企业的要求，企业越来越关注如何增强学习能力，最大限度地提升人员能力和工作绩效。人力资源和知识资源的结合形成了企业的智力资本，这是知识经济时代企业可持续发展的重要资本。一个全面的人力资源管理系统一般包括这几个方面：人力资源战略及政策、招聘管理、员工培训、能力开发、绩效考核、升迁计划、知识管理等。

3）物流管理信息。物流信息是指与物流活动（如运输、保管、包装、装卸、流通加工等）有关的信息。在物流活动的管理与决策中，如运输工具的选择、运输路线的确定、每次运送批量的确定、在途货物的追踪、仓库的有效利用、最佳库存数量的确定、库存时间的确定、订单管理等，都需要详细和准确的物流信息。物流信息是运输管理、库存管理、订单管理、仓库作业管理等物流活动的保证。

（3）做好前期准备工作　ERP 系统的实施要精心策划，科学组织，一抓到底，方能达到目的。在实施 ERP 之前，企业需要做好以下准备工作：

1）知识更新。ERP 是信息技术和管理技术的结合，这就要求企业决策者和管理者，甚至是普通员工，要不断学习、研究，了解现代企业管理思想、方法以及计算机技术和通信技术的最新发展，用现代管理理论和信息技术武装头脑，开拓眼界。

2）规范数据。数据规范化是实现信息集成的首要条件。ERP 作为一种管理信息系统，处理的对象是数据，因此，要求数据必须规范化，要有统一的标准，确保数据记录及传输的及时、准确和完整。

3）机构重组。这是 ERP 系统实施过程中难度最大的环节，企业必须在业务流程和组织机构方面加以调整和变革，实行机构重组。

4）全体动员。ERP 对企业各层次的信息实现集成化，涉及企业的方方面面，涉及企业的每一名员工，这就要求全体员工积极参与并各负其责。

5）理论培训。ERP 作为管理技术和信息技术的有机结合体，其在管理上所反映出的思想和理论，通常要比实际运作中的先进，这就要求企业各级管理层要不断学习先进的管理理论，对 ERP 项目实施所涉及的人员进行不同层次、不同程度的软件具体功能的培训。

6）风险控制。ERP 系统的内容庞大，模块繁多，模块间的关联也比较复杂，其实施周期长、难度大，相应的实施风险也很大。企业需要对从 ERP 系统选型到系统上线的全过程存在的种种风险有系统性的认识，从而建立起一整套行之有效的项目和风险管理机制。

（4）拟定实施办法和程序　ERP 项目包含的内容很广，因此实施时要有总体规划，按管理上的急需程度、实施中的难易程度确定优先次序，在效益驱动、重点突破的原则指导下，分阶段、分步骤实施。ERP 实施过程一般可以划分为以下几个步骤：

1）成立专门机构。为了顺利实施 ERP 系统，在企业内部应成立三级专门机构，即领导小组、项目小组和职能小组。ERP 的实施关系到企业内部管理模式的调整、业务流程的变化及相关人员的变动，所以必须由最高决策层组成的领导小组统一部署。领导小组负责 ERP 计划的制订、重大问题的决策及政策的制定等。项目小组负责公司领导层和各部门的协调，其负责人一般应由公司高层领导担任。负责人要有足够的权威和协调能力，同时要有丰富的项目管理和实施经验。职能小组是实施 ERP 系统的核心，负责保证 ERP 系统在本部门的顺利实施，由各部门的关键人物组成。同时，应考虑请外部咨询顾问以及系统集成商共同参加，他们的主要作用是将 ERP 系统的知识和项目实施经验传授给企业，使企业能够通过“知晓——接受——拥有”的过程，最终实现企业自身持续改善的目的。

2）准备基础数据。ERP 系统可实现企业数据的全局共享，它必须在准确、完整的数据基础上运行，才能发挥实际作用。所以在实施 ERP 项目时，要花费大量时间准备基础数据，如基本产品数据信息、客户信息、供应商信息等。

3）进行原型测试。在通过系统培训、全面了解 ERP 的基础上，结合本企业的具体情况和需求，进行适应性实验，验证系统对具体问题解决的程度，以确定二次开发的工作量。原型测试的数据可以是模拟的，不必采用企业实际的业务数据。

4）建立实施文档。为了保证 ERP 的实施达到满意、快速、安全的效果，使实施方案起到事半功倍的作用，企业要在各个实施步骤建立规范和详尽的实施文档，从而更准确地反映用户需求，更高效地完成阶段任务，更稳健地达到实施目标。

5）进行系统调整。由于多元化集团公司涉及不同行业，行业之间在管理要求、应用模式、业务流程等方面存在很大差异，单一、固定化的软件包无法套用到所有行业。任何一个 ERP 系统内含的先进管理模式也未必完全符合特定企业的管理要求，因此，需要考虑行业背景与行业管理模式对软件功能作适当调整，以适应特定行业管理上的特殊要求。

6）开展模拟运行。在完成了用户化和二次开发后，就可以用企业实际的业务数据进行模拟运行。这时可以选择一部分比较成熟的业务进行试运行，实现以点带面、由粗到细，保证新系统运行平稳过渡。

7）进行系统切换。经过一段时间的试运行后，如果没有发生什么异常现象，就可以替换原来的业务系统。只有这样，整个 ERP 系统才能尽快走出磨合期，完整并独立地运作下去。

本 章 小 结

供应链是围绕核心企业，通过对信息流、物流、资金流的控制，从采购原材料开始，制成中间产品以及最终产品，最后由销售网络把产品送到消费者手中的将供应商、制造商、分销商、零售商直到最终用户连成一个整体的网链结构和模式。

供应链是一个网链结构，由围绕核心企业的供应商、供应商的供应商和用户、用户的用户组成。一个企业是一个节点，节点企业和节点企业之间是一种需求与供应关系。

它是一个高度一体化的提供产品和服务的增值过程，具有物流、信息流和资金流三种表现形态，主要有复杂性、动态性、面向用户需求、交叉性等特征。

供应链管理是利用系统的观点通过对供应链中的物流、信息流、资金流进行设计、规划、控制与优化，以寻求建立供、产、销企业以及客户间的战略合作伙伴关系，最大限度地减少内耗与浪费，实现供应链整体效率的最优化并保证供应链中的成员取得相应的绩效和利益，来满足顾客需求的整个管理过程。同时它又是一种集成的管理思想和方法，贯穿于供应链中从供应商到最终用户的物流、信息流、资金流的计划和控制等管理职能。

供应链管理主要致力于建立成员之间的合作关系，与传统的管理方法相比，它具有如下特点：以客户为中心；跨企业的贸易伙伴之间密切合作、共享利益和共担风险；集成化管理；供应链管理是对物流的一体化管理。与物流管理相比较，供应链管理具有以下特点：供应链管理的互动性；供应链管理成为物流的高级形态；供应链管理决策的发展；供应链管理的协商机制；供应链管理强调组织外部一体化；供应链管理对共同价值的依赖性；供应链管理是“外源”整合组织；供应链管理是一个动态的响应系统等。

供应链管理的基本方法主要有：QR（快速反应）、ECR（有效客户反应）、CM（商品分类管理）、ERP（企业资源计划）等几种，不同的供应链类型可能有不同的管理方法。

思考题

1．如何理解供应链的含义及其特征？
2．如何理解供应链管理的特征？
3．供应链的类型划分有哪些？
4．供应链管理有何作用？
5．QR与ECR有何异同？

课后拓展案例

戴尔供应链：为直线模式铺路

2001年，对于许多IT企业而言不是一个好年头，似乎唯有戴尔公司一枝独秀，在风吹雨打中岿然不动。据美国权威的IDC公司报告，戴尔公司2001年第一季度的计算机销售额在全球独占鳌头，市场占有率达到了13.1%，颇有“沉舟侧畔千帆过”的味道，难怪戴尔公司CEO迈克尔·戴尔看似木讷的脸上会有一股难以掩饰的笑容。

那么，戴尔到底为什么赢得了市场？答案是戴尔公司实行的“直线订购模式”（Build-to-order Model）。在由迈克尔·戴尔亲撰的《戴尔战略》一书中，戴尔本人把公司的成功归功于直线模式（Direct Model）。而在背后支撑这种模式的，则是公司先进的基于现代信息技术基础上的供应链管理。

从 1984 年迈克尔·戴尔创立戴尔计算机公司开始，戴尔公司就一直采用直线模式，这种模式如今已经成了美国计算机业的一个典范。戴尔公司不是以技术见长的公司，然而戴尔用这个模式，硬是把公司从原来的一个小作坊式的小企业，发展成为如今全球领先的计算机公司。需要指出的是，直线模式并不等于直销，直线模式的真正核心在于直销背后的一系列包括采购、生产、配送等环节在内的快速反应。直销可以被模仿，但直线模式却是很难被模仿的，这也是为什么戴尔公司能在竞争激烈的计算机市场中保持领先的奥妙所在。

戴尔公司利用一切先进的通信方法和自己的顾客保持联系，了解每一个顾客的独特需求，细分产品以满足不同顾客的不同要求。互联网是戴尔公司用来直接面对顾客的好工具，顾客可以在网上直接指定自己需要的计算机类型和计算机零件，还可以指定送货方式及付款方式。通过互联网，戴尔公司可以全面地了解和把握市场需求，这种了解和把握会贯穿了公司的每一个业务部门，从研发、生产到销售都需要遵循顾客的喜好，这样才能做到和顾客的需求同步。许多公司的生产过程都是优先于销售，在接到订单前早已经生产好了产品，等着顾客来购买，这样很容易造成产品的库存积压。而戴尔公司的方式则是先了解顾客的需求，然后再生产。实现这种方式需要有一套很好的供应链管理系统，一旦解决了供应链系统，直线模式就能发挥最大的威力，使顾客得到最大的满意度，同时也可以大大降低产品的积压。戴尔公司的存货期只有 6 天，而中国最优秀的计算机生产企业的存货期也要 30 天，这个对比可以很好地说明直线模式的强势。在计算机技术日新月异、计算机价格直线下跌的时代，库存管理几乎成了计算机制造企业的财务生命线，产品库存给企业造成的压力也越来越大。戴尔公司的直线模式是根据客户的具体需求，而不是根据市场的预测制订生产计划的，这种现做现卖的方式使戴尔公司在库存上占有很大的优势，这是戴尔之所以能保持良好的财务状况的主要原因之一。

直线模式是一个听起来非常诱人的管理模式，似乎也非常容易理解，但是要实现这个模式却是非常难的。怎样正确地处理每一个客户的信息需求？怎样把了解到的客户信息迅速传到生产部门？怎样迅速采购到顾客指定的零件？怎样减少材料库存，同时又不降低生产速度？这些都是一条流畅的供应链需要解决的问题。在戴尔直线模式的背后，是其出色的供应链管理，它能在收到顾客个性化需求的订单后，立即向不同的供应商采购材料，迅速转入生产，再交给快递公司分发送货。在整个过程中，戴尔能保证公司的实际材料库存量始终保持在最低水平，从而使产品的价格更具有竞争力。

戴尔公司的供应链管理有两个难点，一是客户服务，二是物料配送。怎样解决这两个难题，是整条供应链管理的关键。客户服务要面对面地处理好所有客户的要求，对一个公司来说有很大的难度。戴尔公司充分利用了互联网的特点，通过互联网，公司能和大部分的客户建立联系，并且能够和每一个客户都维持一对一的详尽对话，尽可能多地搜集到客户信息和客户要求；客户也能通过互联网发送各自的订单，提出自己的服务要求。在戴尔的公司内部，有一个专门处理客户信息的系统，它能对不同的客户信息进

行分类，对客户的订单进行处理，并且自动传递到采购和生产部门。网上订单处理，既加快了速度，又加强了数据处理的准确性，为公司下一步的采购和生产做好铺垫。在客户服务这一点上，还要提到的是售后服务和技术支持。在这一点上，戴尔采取的是外包的方式，并且用一系列的制度来保证服务品质，控制外包厂商的技术水平。外包可以有效地节约公司成本，对公司的业务重点作出细分。

物料配送物流成本每年大概要花费公司运营成本的 74%，2000 年戴尔公司花在物料上的资金是 210 亿美元，这笔费用只要下降 0.1%，就能带来很大的收益。为了消减物流成本，戴尔在物流管理上下了很大的工夫。戴尔公司和供应商建有非常严密的网络，每一个供应商都和戴尔联在网上。通过电子网络，戴尔公司和上游配件制造商组成了一个虚拟企业，在这个虚拟企业中，供应商变成了戴尔公司的一个零件提供部门，互相之间联系紧密。当戴尔接到客户从网上发出的购买计算机的电子订单以后，公司的配置中心会把整张订单分解成一张张的零件采购订单，通过网络发给配件供应商，各个供应商在收到订单以后，马上会组织生产，在指定的期限内发货给戴尔公司。收到零件以后，戴尔公司只需在生产车间进行组装，就可以把成品包装发送了。

有时戴尔公司也会面对原料不足的情况，这时戴尔公司就会马上和供应商取得联系，确认对方是否可能增加下一次发货的数量，如果问题涉及硬盘之类的通用部分，公司会与后备供应商商量。如果穷尽所有供应渠道仍然无法解决问题，公司采购部门就与销售和营销人员磋商，协助把需求转向其他方面。所有这一切过程，都会在几个小时内完成。

问题讨论：

1）戴尔公司在激烈竞争的市场中取胜的关键是什么？

2）试讨论戴尔公司供应链管理与传统企业供应链的主要区别。

第二章　供应链管理中的需求管理

导入案例

夏普公司是一家总部位于日本大阪的全球化电子消费品公司，共有66 000名员工服务于分布在全球30个国家的生产工厂、销售公司、技术研发机构和信贷公司。夏普公司作为推出电子计算器和液晶显示器等电子产品的创始者，始终勇于开创新领域，运用领先世界的液晶、光学、半导体等技术，在家电、移动通信、办公自动化等领域实现丰富多彩的“新信息社会”。

但是，面对着竞争日益复杂的电子消费品市场，夏普公司越来越感觉到电子消费品市场的快速变化，特别是电子消费品的生命周期越来越短，电子消费品的市场普及率越来越接近饱和状态，企业的经营风险加大。与此同时，客户对电子消费品个性化的需求越来越高。因此，如何在竞争激烈和快速变化的市场中寻求一套实时的决策系统就显得尤为重要。特别是通过提高对商品的预测准确率来降低企业的库存，减少交货期的延误，从而保住大量的有价值的客户。

夏普公司在对其整个供应链进行了全面诊断之后，提出了对包括订单管理、生产制造、仓库管理、运输和开票等全流程在内的整体无缝链接，并结合信息系统的实施，建立起供应和需求一体化的结构，尤其是通过对系统数据的分析、定时的链接和灵活的处理，使决策者能够比过去更加方便、有效地协调人员、设备资源和流程配置，以更加准确地满足市场的需求。夏普公司通过对供应链的一体化管理，不仅降低了库存的水平，加快了库存的周转率，降低了物料管理的成本，而且大大提升了供应链上的价值。

供应链管理另外一个目标是提高客户的满意度。通过对供应链的整合，夏普公司对客户的交货率得到很大程度的提高，货物的交付比过去更加及时和准确。同时，供应链计划体系可以充分考虑各方面因素，如运输成本、订单执行等，从而制定出资源平衡和优化的需求预测。

本章学习目标

学习：需求管理的定义、必要性、方式和方法，预测的概念、种类、方法及组织管理，协同预测等相关知识。

了解：需求管理在供应链管理中的重要作用，供应链的整体观念，预测的方法，并对协同预测有更深的认识。

掌握：预测的方法及相关的组织管理。

第一节　需求管理概述

许多人都认为，物流是指以下过程：预测客户需要与需求；为满足这些需要和需求获取必要的资本、物资、人员、技术和信息；为满足客户要求优化商品或服务生产网络；利用网络及时满足客户要求。由此看来，预测客户需要与需求，也就是需求管理，是现代物流过程的首要程序。另外，从客户角度来看，物流可以定义为对整个供应链系统进行计划、协调、操作、控制和优化的各种活动及其过程，其目标是要将顾客所需的正确的产品（Right Product）能够在正确的时间（Right Time）、按照正确的数量（Right Quantity）、正确的质量（Right Quality）和正确的状态（Right Status）送到正确的地点（Right Place），即“6R”，并使总成本最小。

一、需求管理的定义

需求管理是指以用户为中心，以用户的需求为出发点，集中精力来估计和管理用户需求，并试图利用该信息制定生产决策，以实现用户效用最大化的一种活动。对这一定义的理解要注意以下几点：

1）需求管理中的需求不同于经济学中的需求，它除了包含消费者对产品的需求量与价格之间的对应关系外，还要明确用户需求产品的种类、性能、数量、时间和地点，以便在正确的时间、正确的地点以正确的成本向正确的消费者提供正确数量、正确状态的正确商品。

2）用户效用的最大化是指企业以最有效的方式、以最低的成本和价格向用户提供最能满足其个性化需求的产品。

由此可知，需求管理的本质是在整个供应链中促进企业能力的提高——尤其是通过客户获得生产信息——来协调与产品流、服务流、信息流和资金流相关的活动，所期望的最终结果是为最终用户和消费者创造更多价值。

最理想的需求管理要求企业根据用户的具体需求，而不是根据市场的预测制订生产计划。这就要解决一系列问题：怎样正确处理每一个客户的信息需求？怎样把了解到的客户信息迅速传递到生产部门？怎样迅速采购顾客指定的零件？怎样减少材料库存，同时又不降低生产速度？这些都是一条流畅的供应链需要解决的问题。

二、需求管理的必要性

1．提高整个供应链的效益

传统的供应链通常以生产或装配为起点，以将产品销售给消费者或企业购买者为

终点。大部分供应链的关注点与产品流问题有关，主要涉及技术、信息交换、存货周转率、运送速度和稳定性以及运输等问题。尽管如此，还是由生产商（常常是远离最终用户和消费市场）来决定销售什么，何时、何地销售以及销售多少，这似乎反映了生产和需求之间在消费上的分离。在该模式下，其生产过程优先于销售，企业在接到订单前早已生产好了产品，只等着顾客来购买，因此很容易造成产品的库存积压。而需求管理是指以用户为中心，以用户的需求为出发点，集中精力来估计和管理用户需求，并试图利用该信息制定生产决策，即公司先了解顾客的需求，然后再生产。虽然实现这种方式需要有一套很好的供应链管理系统，但一旦解决了供应链系统，需求管理就能发挥最大的威力，使顾客拥有最大的满意度，同时也可以大大减少产品的积压和降低库存成本。因此，对需求管理的任何关注都将为整个供应链创造效益。

例如，对于计算机制造业来说，在计算机技术日新月异、计算机价格直线下跌的时代，库存管理几乎成了计算机制造企业的财务生命线，产品库存给企业造成的压力也越来越大。只有根据客户的具体需求，而不是根据市场预测制订生产计划，以需定产，计算机制造公司才能在库存上占有较大优势，进而保持良好的财务状况。

2．满足多样化和个性化的需求

如今，消费者性能价格比意识日益增强，他们要求企业能够提供更丰富和个性化的特殊产品，他们强调时间并且需求多变，传统的供应链很难适应需求的这种变化。根据需求管理理念，企业应利用一切先进的通信方法和自己的顾客保持联系，了解每一位顾客的独特需求，细分产品以满足不同顾客的不同要求。通过互联网，公司可以全面地了解和把握市场需求，这种了解和把握会贯穿公司的每一个业务部门，从研发、生产到销售都需要遵循顾客的喜好，这样才能做到和顾客的需求同步。出色的供应链管理，不仅能以需求为起点，而且能在收到顾客个性化需求的订单后，立即向不同的供应商采购原料，迅速转入生产，再交给快递公司分发送货。在这个过程中，公司既满足了顾客的个性化需求，又能将实际原料库存量始终保持在较低水平，从而提高产品的价格竞争能力。

3．实现物流与客户服务的互动

竞争常常被简单地理解为价格竞争。价格竞争固然重要，但在许多市场上，客户服务是非常重要的竞争形式。因为客户服务事实上是驱动物流供应链发动的燃料，需求管理要求将正确的产品、在正确的时间、以正确的品质、无破损地送达正确的客户，这同时也是承认客户服务重要性的物流系统原则。例如，如果一个企业能够在较短的时间内，可靠地将产品提供给客户，客户通常就能够使存货成本最小化。因为这种成本最小化使客户得到更多利润，反过来又使企业更具有竞争力，所以企业应当将购买者的存货成本最小化看得和保持产品低价格同样重要。

客户服务要面对面地处理好所有客户的要求，这一点对一个企业有很高的难度。但在计算机广泛应用和网络高度发展的今天，企业可以充分利用互联网的特点，通过互联网，企业能和大部分的客户建立联系，并且能够和每一个客户都维持一对一的详尽对

话，尽可能多地搜集到客户信息和客户需求；客户也能够通过互联网发送订单，提出自己的服务要求。在企业内部，可设立一个专门处理客户信息的系统，该系统能对不同的客户信息进行分类，对客户的订单进行处理，并且将它们自动传递到采购和生产部门。网上订单处理，既加快了速度，又加强了数据处理的准确性，为企业下一步的采购和生产做好铺垫。这一切为有效的需求管理提供了可能和保障。

三、需求管理程序

围绕有效需求管理满足客户需求和解决客户问题这一共同目标，使渠道成员一体化的需求管理程序有：

1）收集和分析有关消费者及其产生问题以及他们未满足的需求的信息。

2）识别需求链需要的伙伴。

3）将需要的职能交给能够最有效、高效率执行的渠道成员。

4）与供应链其他成员共享关于客户和消费者、可获得的技术、物流挑战与机遇的信息。

5）开发能够解决客户问题的产品和服务

6）开发和实施最好的物流、运输、分销方法，并以适宜的方式为消费者运送产品和提供服务。

四、需求管理的几种方法

（一）在时间上重新规划企业的供应流程，以充分满足客户的需要

推迟制造（Postponed Manufacturing）是供应链管理中实现客户化的重要形式，其核心的理念就是改变传统的制造流程，将最能体现顾客个性化的部分推迟进行。美国 Benetton 制衣公司就是应用该方法的典型例子。Benetton 制衣公司将某些生产环节推迟到最接近顾客需求的时间才进行生产。对毛衣而言，顾客需求变化最快的主要是衣服的花色，而尺寸变化则相对较小。所以 Benetton 制衣公司在生产毛绒衫时，先以一定规模生产的方式将其制成白毛衣（不染色），然后等到快要投放市场之前再染色（而不是像传统上那样先染色再针织），这样来保证衣服的花色符合当时的最新潮流，以满足顾客需要。又如圆领衫生产，在大量生产模式下，圆领衫的生产是采用同一花色，大量生产不同型号的衣服，其结果是街上人们所穿的圆领衫千篇一律，没有新鲜感；而实际上，人们对圆领衫型号的要求只有大、中、小几种，而上面所印的图案和文字才真正反映了人们不同的兴趣和爱好。新的廉价的速热印花技术，使人们对不同图案的爱好得到了满足。在新的生产模式下，服装厂生产出来的只是不同型号的没有印花的圆领衫，而在销售过程中，可以根据顾客的不同要求，现场将顾客喜爱的图案和文字印在圆领衫上，甚至可以印上本人的照片，这样顾客拿到的就是一件非常满意的圆领衫。总之，在对供应系统的设计中，应该对整个生产制造和供应流程进行重构，使产品的差异点尽量在靠近最终顾客的时间点完成，从而充分满足顾客的需要。这种对传统的制造流程进行重构的做法实际上与当前流行的企业经营过程重构

（Business Process Reengineering，BPR）是一致的。

（二）在地理上重新规划企业的供销厂家分布，以充分满足客户需要，并降低经营成本

这里要考虑的是供应厂家和销售厂家的合理布局，因为它对生产体系快速准确地满足顾客的需求、加强企业与供应和销售厂家的沟通与协作、降低运输及储存费用等起着重要的作用。例如，传统的美国公司生产打印机时，是在美国本土生产主机部分，考虑到各国电源和插头类型的不同而将插头部分放在其他国家生产，然后将插头运回美国，在美国本土装配储存，最后运往其他国家。显然，这种运作方式在储存和运输上都有一些浪费。而美国惠普（HP）公司的做法则不同。例如，它给中国生产打印机时，是将打印机插头的生产放在深圳，当中国某地需要打印机时，打印机和插头分别从美国本土和深圳运往目的地，在那里的零售店组装，使打印机与插头的装配放在最接近客户的地点进行。这时，产品的储存和运输就与传统上单纯的储存和运输不同，这里的储运是增值的（Value-added Warehousing）。我国某机床厂也是通过供应系统的合理设计来满足客户需要并降低成本的。例如，该厂有很多用户在江苏省，为了降低成本和缩短交货期，它就在江苏省设立了一些供应配套厂，主要为其生产各种卡具和夹具。当该厂的机床主体部分生产完工后，首先发往江苏省的配套厂，并在此与卡具和夹具组装、试车。由于距离江苏省的用户很近，因此可以很方便地进行修改、调整，最后将组装好的机床和工装运往江苏省的用户。

合理布局供应系统时需要考虑总装厂与目标市场的距离以及总装厂与其零部件厂之间的距离。总装厂距离目标市场较近，可以迅速了解市场的变化以及顾客的需求，并且能够大大降低运输及储存费用。总装厂与零部件供应厂家距离较近，可以使零部件供应商迅速了解总装厂在生产环节的改变及其在需求上的变化，并且便于它们之间的信息沟通和合作关系的发展，同时也减少了储运成本。所以，当企业打算在其他地点开发新市场时，通常在新市场附近建设新的总装厂，并要求长期合作的零部件供应厂家在附近投资协作配套厂，或在当地与适当的厂家合作。例如，德国大众汽车公司为了开发中国市场，在上海投资，合资建立了上海大众汽车有限公司。上海大众轿车所需的国产零部件约70%由上海的企业（含上海大众）供货，30%由外地企业供货。而东风汽车公司神龙轿车已定点的零部件企业有44%在湖北省，38%在以上海为中心的华东地区。我们还可以作以下比较，日本丰田汽车公司总装厂与零部件厂家之间的平均距离为5.3km，日产汽车公司总装厂与零部件厂的平均距离为183.3km，克莱斯勒公司为875.3km，福特公司为818.8km，通用公司为687.2km。从各大汽车公司总装厂到各零部件厂的平均距离可以看到，合理的布局起着十分重要的作用。丰田汽车公司这种平均距离较近的优势，充分地转化为管理上的优势。该公司的零部件厂家平均每天向总装厂发运零部件8次以上，每周平均42次。日产汽车公司周平均发运零部件次数为21次，只是丰田公司的一半。美国通用汽车公司零部件厂的发运频率仅为每天1.5次，每周平均为7.5次。显然，日本汽车公司的平均存货成本要低于美国汽车公司。由于丰田、日产公司的零部件协作

企业离公司总装厂相距较近，这给各企业管理人员、工程技术人员之间的相互沟通带来便利。丰田公司总装厂与零部件厂人员年平均面对面的沟通次数为7 236人次/天，日产公司为3 344人次/天，通用公司为1 107人次/天，克莱斯勒公司为757人次/天。每年在丰田汽车公司总部技术中心进行交流的零部件厂家的工程师约有350人次，平均每个零部件厂占6.8人次，日产公司平均每个零部件厂占1.9人次，而通用公司则仅为0.17人次。丰田公司这种频繁的人员交流为总装厂和零部件厂的充分沟通和协作创造了条件，便于双方解决在新车型开发、技术改造和生产中遇到的问题，从而有助于加快新产品开发、提高产品质量和降低经营成本。

（三）在生产上对所有供应厂家的制造资源进行统一集成和协调，使它们作为一个整体来运作，以充分满足客户的需要

企业往往有很多的供应厂家，为了满足某一个具体的用户目标，就必须对所有这些供应厂家的生产资源进行统一集成和协调，使它们能作为一个整体来运作。这是供应链管理中的重要方法。中国香港立丰（Li&Fung）公司就是这方面的典范。

立丰公司是全球供应链管理中著名的创新者。它地处中国香港，为全世界约26个国家（以美国和欧洲国家为主）的350个经销商生产制造各种服装。虽说是“生产制造”，它却没有一个车间和生产工人。它在很多地区和国家拥有7 500个生产服装所需要的各种类型的生产厂家（如原材料生产运输、生产毛线、织染、缝纫等），并与它们保持非常密切的联系。该公司最重要的核心能力之一，就是它在长期的经营过程中所掌握的、对其所有供应厂家的制造资源进行统一集成和协调的技术，它对各生产厂家的管理控制就像管理自家内部的各部门一样熟练自如。下面以该公司接受欧洲零售商10 000件服装的订单为例来说明它处理订单的管理过程。为了这个客户，立丰公司可能向韩国制造商购买纱，而在中国台湾纺织和染色。由于日本有最好的拉链和纽扣，但大部分在中国制造，那么公司就找到YKK（日本最大的拉链制造商），向中国的工厂定购适当数量的拉链。考虑到生产定额和劳动力资源，立丰选择泰国为最好的加工地点，同时为了满足交货期的要求，在泰国的5个工厂加工所有的服装。5周以后，10 000件服装全部送达欧洲，如同出自一家工厂。在这个过程中，立丰公司甚至还帮助该欧洲客户正确地分析市场消费者的需要，对服装的设计提出建议，从而最好地满足订货者的需要。现在，人们在服装上越来越爱赶时髦，衣服的式样或颜色变化很快。因此，订货者从自身的利益出发，常常是提前10周订货，但很多方面如颜色或式样等却无法确定下来，只能在交货前5周才能确定衣服的颜色，而衣服的式样甚至在交货前3周才能知道。面对这些高要求，立丰公司能依靠它与其供应商网络之间的相互信任以及高超的集成协调技术，向纱生产商预订未染的纱，向有关生产厂家预订织布和染色的生产能力。在交货前5周，立丰从订货者那里得知所需颜色后，迅速通知有关织布厂和染色厂，最后再通知整衣缝制厂：“我还不知道服装的特定式样，但我已为你组织了染色、织布和裁剪等前面工序，你有最后3周的时间制作这些服装。”最后的结果当然是令人满意的。按照一般的情况，如果让最后的缝纫厂自己去组织前面这些工序的话，交货期可能就是3个月，而不是5周。显然，交货期的缩短，以及衣服能跟上最新的流行趋势，全靠立丰公司对所有生产厂家的统一协调控制，使之能像一个公司那样行动。总之，它所拥有的市场和生产信息、供应厂家网络以及对整个供应厂家的协调管理技术是其最重要的核心能力。这种能力使它能像大公司一样思考和赢利，而像小公司一样灵活自如。

五、需求信息的战略运用

世界权威的《财富》杂志，将供应链管理能力列为企业一种重要的战略竞争资源。在全球经济一体化的今天，从供应链管理的角度来考虑企业的整个生产经营活动，形成这方面的核心能力，对企业提高竞争力将是十分重要的。为配合竞争需要，有必要对需求信息进行战略运用。

当企业意识到需要改善需求管理时，许多问题就产生了。首先是缺乏部门之间的协调，导致它们对需求信息很少具有或根本没有一致的响应；其次，过多强调需求预测，不注重合作和根据计划产生的战略及生产作业计划；第三是需求信息过多地用于策略和生产作业而不是战略目的。事实上，在许多情况下历史业绩并不能很好地说明未来，需求信息应当用来产生共同的、现实的未来企业远景预测。最重要的是应当了解可能的需求情况，并预测它们与产品供应方的关系。最终结果将是市场所需要的产品以适当的可获性更好地满足需求。

越来越多有说服力的证据表明，了解和管理市场需求是企业成功的重要决定因素。但遗憾的是，很少有企业成功地将需求管理和企业战略联系在一起。表2-1提供了如何战略性地运用需求信息来增强一个企业的成长力、资产组合、定位和投资战略的实例。由此可以看出，需求信息的有效应用能够帮助企业在许多重要的方面支配战略资源。

表2-1　需求信息的战略运用

战　略	如何利用战略管理的实例
成长战略	● 对整个行业产量进行“假定方案”分析，来测量具体的合并与收购对市场占有率如何起杠杆作用 ● 分析行业供给、需求来预测兼并重组后的产品价格体系和市场经济状况的变化 ● 运用需求资料为被兼并公司建立人员配置模型
投资组合战略	● 管理当前投资组合中的成熟产品，使其在整个生命周期达到时间最优化 ● 在产品生命周期基础上制定新产品开发或推广战略 ● 平衡结合新产品需求与持续“现金流”的需求和风险 ● 通过需求预测确保投资组合多样化
定位战略	● 根据需求与产品经济管理每一个渠道的产品销售 ● 根据需求在相应的物流中心管理产成品的定位，以减少劳动资金 ● 确定每个渠道的供应能力
投资战略	● 根据对潜在产品和当前成熟产品的需求进行预测来管理资本投资、销售支出与研究开发预算 ● 决定是否增加生产能力

第二节　需求预测

一、预测的概念及步骤

（一）预测的概念

预测是指对未来环境所作出的估计。它以过去为基础推测未来，以昨天为依据估算今后，以已知预计未知。预测是联系过去和未来的桥梁。计划是对未来行动的部署，预测是对未来事件的陈述，是计划工作的一个环节。预测要说明的问题是：将来将会怎样，即在一定的条件下，如果不采取措施和行动，估计将会发生什么样的变化。预测的作用在于：第一，帮助我们认识和控制未来的不肯定性，使对未来的无知降到最低限度；第二，使计划的预期目标同可能变化的周围环境与经济条件保持一致；第三，事先了解计划实施后可能产生的结果。对于一个组织来讲，无论是制订计划，还是作出决策，都必须对未来的状况作出估计，并以这种估计作为计划和决策的依据。

（二）预测的重要性

1）预测既是计划工作的前提条件，又是计划工作的结果。

2）预测是使管理具有预见性的一种手段。

3）预测有助于促使各级主管人员向前看，即为将来作准备。

4）预测有助于发现问题，从而集中力量加以解决。

5）预测工作在一定程度上决定了组织活动的成败。

（三）预测的步骤

（1）提出课题和任务　根据社会要求、一般情报和创造性思维，提出预测的课题，规定目标和任务、对象、基本假设，确定研究方法、结构和组织工作等。

（2）调查、收集和整理资料　把与预测对象有关的过去的、现在的资料尽量收集齐全。此外，还要大量收集预测的背景材料，并收集国内外同类预测研究的成果。

（3）建立预测模型　对于计量经济模式分析，建立表示因果关系的模型；对于时间系列分析，则抓住主要变动的成分找出数学模型。

（4）确定预测方法　可采取几种预测方法进行，以互相验证。

（5）评定预测结果　对预测结果再次征询专家意见，以检验预测结果，并进一步检验预测模型。

（6）将预测结果交付决策。

二、需求预测需考虑的因素

需求管理主要是指预测消费者或最终用户将要购买的产品数量。尽管预测是在整个供应链中制定，但最重要的预测是初始需求预测。在真正实现一体化的供应链方案中，所有其他的需求将直接来源于初始需求，或至少受其影响。供应链一体化管理的主要目标之一是促进所有的供应链决策实现预期的设定，同时满足市场初始需求。

（一）需求的性质

预测的需求可以分成相关需求和独立需求。相关需求是指某种物资的需求量与其他物资有直接的配套关系，当其他某种物资需求量确定后，就可以直接推算出来。企业内部的各种在制品、零部件等都属于相关需求。例如，轮胎装配到汽车上，轮胎的需求取决于汽车装配计划。相关需求关系可以分为垂直相关和水平相关两种。需求的垂直相关分为若干层次，如原材料供应商、零部件制造商、装配商和配送商等。而水平相关需求则是指在每一种物资中包括的附属物、促销品等。例如，购买一副羽毛球拍免费提供的羽毛球。

对基本物资的需求估计最初是通过使用预测、存货状况的需求计划来确定的。一旦采购或制造计划被确定，对零部件的需求（如在先前的例子中的轮胎和羽毛球）便可以直接进行计算，而不需要分别进行预测。因此，零部件项目的预测可以直接产生于基本物资的预测。如果基本物资的需求发生了实质性的变化，那么就有必要调整零部件的需求。一般而言，这种相关需求关系不会改变，所以通常说来没有必要对一种相关需求项目进行预测，因为它的有关内容最好还是通过基本物资来确定。

独立需求是指某种物资的需求量是由外部市场决定的，与其他物资不存在直接的连带关系。例如，对冰箱的需求有可能与对牛奶的需求无关。所以，对牛奶进行的预测对冰箱的预测不起任何作用。独立需求物资包括大多数产成品形式的消费品和工业物资，对它们应单独进行预测。

预测既强调时间，也强调数据。然而，当存在从属需求时，预测者应该利用这种关系，仅预测基本物资的需求。通常来说，只要有可能，应尽量利用相关性。

（二）需求预测内容的组成

物流需要用预测数量进行计划和协调。这种预测一般是每一个单位和配送点的月度数字或每周的数字。虽然这种预测数量一般是一个单一数值，但是该数值实际上由 6 部分组成，包括基本需求、季节因素、趋势因素、周期因素、促销因素和不确定性因素。

假定基本需求是平均销售水平，而其他部分则是乘以基本水平并进行了正负调整的指数或因素，由此产生的预测模型是：

$$F_t=(B_t+S_t+T+C_t+P_t)+I$$

式中 F_t——时期 t 的预测数量；

B_t——时期 t 的基本需求水平；

S_t——时期 t 的季节因素；

T——趋势因素，每一时期的增减数量；

C_t——时期 t 的周期因素；

P_t——时期 t 的促销因素；

I——不确定变数或随机数量。

虽然每项预测不一定都包含以上所有内容，但是了解每一项内容的特性，对于能够跟踪它们、并适当地结合它们进行预测是很有帮助的。各项内容的特征如下：

（1）基本需求　基本需求是不考虑其他所有因素时的数值。它预测的是没有季节因素、趋势值、周期因素和促销因素等成分的数量。基本需求以整个时期内的平均值表示。

（2）季节需求　季节因素通常以年度为基础。例如，圣诞节前玩具需求量较大，而在一年的前三个季度中需求量则相对较低。因此，可以说玩具的需求类型是在前三个季度中季节因素较低，最后一个季度呈现季节因素的峰值。当然，上面所指的是零售层次的季节因素。批发层次的季节因素先于消费需求大约一个季度。整个时期（如月份）的季节因素的平均值为 1.0，单个的月度季节因素的范围可以是 0～1.2。如果季节因素值为 1.2，则表明预计销售高于平均值 20%。

（3）趋势因素　趋势因素定义为在一个时期内，销售的长期总趋势。这种趋势值可以是正的、负的，也可以是正负不定的。正的趋势值意味着销售量随时间推移而增加，负的则表示销售量随时间推移而减少。例如，个人计算机的销售趋势是增长的；出生率的下降意味着随之而来的一次性尿布的需求将减少；由于人们的饮食习惯的变化，啤酒消费从增长趋势变化到一种不确定的趋势。不像其他的预测成分，趋势值会在以后各期影响到基本需求。这种特殊的关系表现如下：

$$B_{t+1}=B_t\times T$$

式中　B_{t+1}——在时期 $t+1$ 内的基本需求；

B_t——在时期 t 内的基本需求；

T——趋势指数。

趋势指数数值大于 1.0，意味着定期需求是增长的；趋势指数值小于 1.0，则意味着下降趋势。

（4）周期因素　周期因素的特点是其需求模式中的波动超过一年。这种周期因素可以是上升的，也可以是下降的。例如经济周期，一般每隔 3～5 年有一次经济从衰退到扩张的波动。住房需求通常就与经济周期以及由此产生的电器产品的需求联系在一起。

（5）促销因素　促销因素的特点是需求波动是由厂商的市场营销活动引起，如广告、促销等。这种波动的特点是促销期间销售量增加，此后随着促销售出库存后销售量下跌。促销可以是有规则的，如在每年的同一时间发生。从预测的角度看，有规则的促销因素成分类似于季节因素成分。不规则的促销因素成分在不同的时期内发生促销，所以必须对它进行分别跟踪。促销因素成分对于跟踪消费品行业来说特别重要，因为它对销售量具有很大的影响。在某些行业中，促销销售量甚至会占全年度销售量的 50%～80%。促销因素成分不同于其他预测成分，在很大程度上厂商在时间和规模上可以控制促销因素。

（6）不确定因素　不确定因素成分包括随机的或无法预计的、不适合归在其他类别的成分中的数量。由于它的随机性质，这种成分不可能事先预计。在展开一项预测过程时，其目标是要通过跟踪和预计其他成分，使随机成分的数量减少到最低限度。

三、预测的种类、方法与流程

（一）预测的种类

按时间的长短，预测可分为长期预测、中期预测和短期预测。事实上，不同方法制定的预测服务于不同的目的。

（1）长期预测　通常超过 3 年，用于长期的计划与战略问题，预测生产线或部门的销售额、每个周期的生产能力等。这些预测可能远远地超出了客户的需求，并涉及其他关键企业资源，如生产能力和期望的存货资产水平等。

（2）中期预测　通常 1～3 年，用于结果预算和销售计划的制订。同样，中期预测的也不仅仅是需求。多年预测的第一年可能是按月进行，而下面的几年可能以季度计。

（3）短期预测　短期预测对物流业务规划过程是最重要的，通常在几个月前进行需求预测，并且更加关注较短的时间间隔。短期预测需要预测出一定时期内实际物品的运送数量。

（二）预测的方法

预测从方法论上可以分为自顶向下方法（Top-down Approach）和自底向上方法（Bottom-up Approach）。

1．自顶向下方法（Top-down Approach）

自顶向下方法也称分解法。如图 2-1 所示，先展开全国层次的库存单位（Stock-keeping Units，SKU）预测，然后按照历史的销售模式把量分摊到各地。假定全国月度预测总计为 10 000 单位，厂商使用 3 个配送中心，历史上所占份额分别为 40%、30%、30%，预计每个配送中心的预测值分别为 4 000、3 000 和 3 000 单位。预测部门必须根据实际情况选择最佳的方法。自顶向下方法对于稳定的需求环境或当需求水平在整个市场统一变化时是适合的。

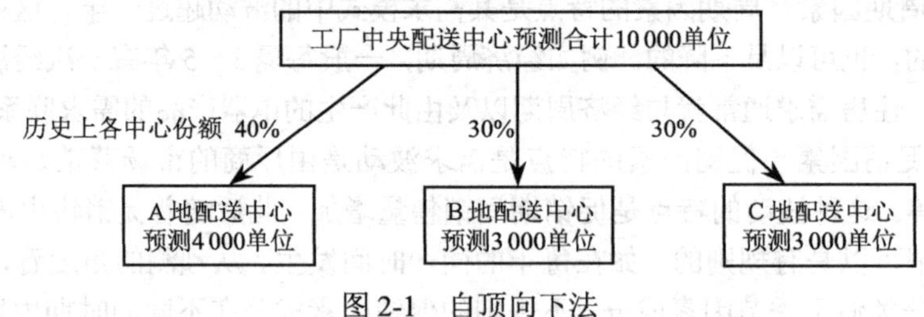

图 2-1　自顶向下法

2．自底向上方法（Bottom-up Approach）

自底向上方法是一种分权化预测方法，每个配送中心可独立地展开预测。每一个预测都能更精确地跟踪和考虑在特定市场内的需求波动。然而，自底向上方法需要更详细的记录，并且更难以结合系统的需求因素，如一次大型促销的影响。

预测部门对这两种方法进行选择时，可以结合它们各自的优、缺点。自底向上方法需要详细跟踪，而自顶向下方法的比例分配有难度。

（三）预测流程

物流计划和协调要求尽可能准确地估算各地区产品各种品种（SKU）的需求。虽然预测还不是一门精确学科，但是越来越多的企业正在实施综合预测流程，综合使用各种数据、高级的数理统计技术和决策支持工具，以及经过培训的预测人员。

正常的物流作业预测的时间一般是 1 年或 1 年以下，它取决于计划的预期用途。预测是以每天、每周、每月、每季、半年以及年度为基础的，最常见的是月。

有效的预测流程由若干个部分组成，图 2-2 显示了这些组成部分及相互关系。预测过程的基础是预测数据库，包括订单、订单历史以及获得订货的战术，如促销等。其他因素，如经济状况等环境因素也应考虑在内。为了有效地支持预测，数据库必须包括定时的历史与计划数据，以使得数据的处理、概括、分析和报告更加便利。这一特定的数据库要求满足灵活性、精确性、可维持性以及及时性的要求。

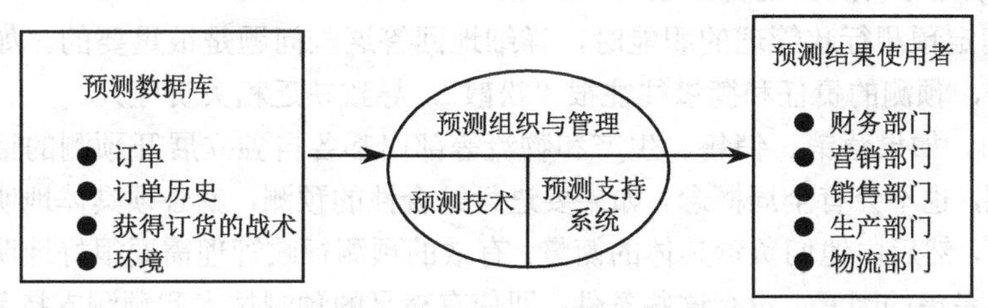

图 2-2　有效的预测过程

有效的预测过程必须开发一种支持用户需要（如财务、营销、销售、生产和物流等部门）的综合的、一致的预测系统。预测系统的用户特别要求精确、一致、详细、及时的结果。

有效的预测需要一个能结合了三个组成部分的流程：预测技术、预测支持系统及预测行政管理。

四、预测的支持系统及行政管理

（一）预测支持系统

预测支持系统包括收集和分析数据、进行预测，以及把预测结果传送到相关人员和计划系统的数据处理能力。它能对数据的维持和处理起到支持作用，并允许考虑外部的预测因素，如促销、罢市、价格变化、产品线变化、竞争对手的活动以及经济条件等的影响。该系统的设计必须能够考虑这些变化。例如，营销经理也许知道下一个月的促销计划有可能使销售量增加 15%。然而，如果对下个月的预测数据很难进行改变的话，调整工作就不能进行。因此，一个有效的预测过程必须包括一个支持系统，能够维持、更新和处理历史的以及预测的数据库。虽然不难理解具备这种调整的能力是必要的，但是，对于在多重地点的成千个 SKU 来说，则很难进行操作。不同 SKU 与地点的组合意味着有成千个数据点必须维持在一种有规则的基础之上。为了有效地实施这个功能，预测支持系统必须包括自动化的流程和处理例外情况的流程。

（二）预测行政管理

预测行政管理包括预测功能的组织、流程激发以及人事等方面的工作，并把它们和企业的其他功能相结合。其中，组织方面涉及每个人的责任与权力。具体包括：

1）谁负责开展预测？

2）预测的精确性和表现如何衡量？

3）预测表现如何影响工作表现的评估和奖励？

流程方面涉及每个人了解预测活动、信息系统和技术的相互影响。具体的问题包括：

1）预测分析人员了解其活动是如何影响物流协调需求的吗？

2）预测人员是否知道预测系统的能力，以及如何有效地使用这些能力？

3）预测分析人员是否知道技术的差别？

在确定预测行政管理的职能时，详细地回答这些问题是很重要的。如果这些问题不提出来，预测的责任和衡量往往很“松散”，导致缺乏相关责任人。

例如，如果营销、销售、生产和物流等部门都各自独立展开预测的话，就不存在综合预测，也不会有全局概念。如果要进行综合性的预测，就必须具体地明确各小组的预测责任，然后由他们负责具体的衡量。有效的预测行政管理需要很好地明确组织上和程序上要考虑的因素。没有这些条件，即使有充足的预测技术和预测支持系统，整个预测过程也将缺乏最佳的表现。

五、预测技术

（一）预测技术分类

从原则上来讲，预测的对象和期限不同，所用的预测技术也不同。大体有三大类预测技术：直观法预测、外推法预测和因果法预测。直观法预测是采用专家意见和特殊的信息对未来进行预测。直观法预测可能会考虑过去的情况，也可能根本不予考虑。外推法预测则完全把注意力集中在历史模式和模式的变化上来产生预测。因果法预测则是使用明确而又特定的有关变量的信息，来展开主导事件与预测活动之间的关系，如回归方法。

1. 直观法预测

直观法是指主要依靠人的经验和综合分析能力进行预测的方法。直观法预测主要依赖专家的意见，既费时又费钱。在缺少历史数据和需要做管理性判断的情况下，这类技术是理想的。以销售人员提供的数据为基础对一个新地区或一个新产品进行预测就是个例子。然而，直观法预测并不普遍用于对物流的预测，因为它需要时间。直观法预测需要通过调查、座谈和协商会议来展开。

2. 外推法预测

这是利用过去的资料来预测未来状态的方法。它是基于这样的认识：承认事物发展的延续性，同时考虑到事物发展中随机因素的影响和干扰。其最大优点是简单易行，

只要有有关过去情况的可靠资料就可以对未来作出预测。其缺点是撇开了从因果关系上去分析过去与未来之间的联系，因而长期预测的可靠性不高。外推法在短期和近期预测中用的较多。其中常用的一种方法是时间序列法。

时间序列技术是一种利用历史销售数据的统计方法，这些历史销售数据应当具有相对清楚而又稳定的关系和趋势。时间序列分析主要用于识别：①由于季节性因素使数据发生的系统性变动；②周期模式；③趋势值；④这些趋势的增长率。一旦确定了各项预测成分，时间序列技术就假定未来的变动类似于过去的变动，这意味着现有的需求模式将在未来得到延续。从短期来看，这种假定应该说是正确的。因此，这类技术最适合于做短期预测。然而，这一技术仅适用于相当稳定的需求模式，否则无法保证始终作出精确的预测。

当增长率或趋势值变化很大时，需求模式就会出现拐点（Turning Point）。因为时间序列使用历史的需求模式和各数据点的加权平均数，所以它们一般对拐点不敏感。因此，在有可能出现拐点的情况下，就必须结合使用其他方法。

时间序列技术包括分析历史数据类型和动态的各种方法。根据具体特征，可以使用各种变化复杂的技术。下面介绍 4 种时间序列技术，即移动平均、指数平滑、外延平滑和适应性平滑，这 4 种方法的难度渐次加深。

（1）移动平均　移动平均（Moving Average）是假设未来的状况与较近时期有关，而与更早的时期关系不大，使用的是最近时期销售量的平均数。一般情况下，如果考虑到过去几个月的数据，则取前几个月的平均值。

该平均数可以包括任何数目的前期时间，最常见的是 1 期、2 期、3 期、4 期和 12 期。1 期移动平均通过上一期销售量进行预计产生下一期的预测。以此类推，12 期的移动平均使用的是前 12 期的平均数。每一次可能得到一个新时期的实际数据，用它来替代最老一个时期的数据。因此，包括在平均数里的时期次数被看做一个常数。

尽管移动平均数很容易计算，但它们有几个限制。其中最重要的是，它们对变化反应迟钝或行动迟缓，而且必须维持和更新大量的历史数据来计算预测。除了基本成分，移动平均数不考虑前面所讨论的预测成分。

为了部分地克服以上缺陷，引入了加权移动平均，以此作为一种更精确的方法。该权数更强调最新的观测数值。指数平滑代表了加权移动平均的一种形式。

移动平均可以表示为如下的数学公式：

$$F_t = \sum S_{t-1}/n$$

式中　F_t——时期 t 的移动平均数；

S_{t-1}——时期 $t-1$ 的销售量；

n——总时期次数。

（2）指数平滑　指数平滑（Exponential Smoothing）是根据以前的需求水平和预测水平的加权平均数估算的未来销售量为基础的。指数平滑法只利用过去较近的一部分时间序列。当时间序列已表现出某种规律性趋势时，预测就必须考虑这些趋势的意义，因此要采用指数平滑法。指数平滑法是对整个时间序列进行加权平均，其中的指数为 0～1 之间的小数，一般取 0.7～0.8 左右。新的预测是因以往预测与实际实现的销售量之间的差别，而形成的原预测的增加部分的函数。调整的增量叫做阿尔发因素。该模型的基本公式如下：

$$S_{t+1}=\alpha Y_t+(1-\alpha)S_t$$

式中 S_{t+1}——时期 $t+1$ 的销售量预测值；

S_t——时期 t 的预测值；

Y_t——时期 t 的实际需求；

α——阿尔发因素或平滑常数（$0<\alpha<1.0$）。

指数平滑的主要优点在于它可以快速计算新的预测，无需大量的历史记录和是更新资料。因此，指数平滑高度适用于计算机化的预测。根据平滑常数的值，它还有可能监督和改变技术敏感性。

使用指数平滑法的关键在于选择恰当的阿尔发因素。如果使用的因素为 1，实际上是将最近时期的销售量用作下一时期的预测值。如果使用非常低的值，如 0.01，产生的预测效果是将预测下降到几乎是一种简单移动平均。大的阿尔发因素使预测对变化非常敏感，因而具有高度的敏感性；而小的阿尔发因素则对变动反应迟缓，因此对随机波动的反应减到最低限度。因此，指数平滑并不排除需要通过判断作出决策。在选择阿尔发因素的值时，预测者面临着排除随机波动，还是让预测对需求变化作出充分反应之间的优选问题。

（3）外延平滑 外延平滑（Extended Smoothing）可以外延到包括趋势值和季节波动等要考虑的因素。这类技术分别被称作趋势指数平滑和季节性指数平滑。该模型的基本公式如下：

$$S_{t+1}=Y_t+\lambda(Y_t-Y_{t-1})$$

式中 S_{t+1}——时期 $t+1$ 的销售量预测值；

Y_t——时期 t 的实际需求；

Y_{t-1}——时期 $t-1$ 的实际需求；

λ——预测系数。

式中λ称为预测系数，表示任一时期的预测值等于前一时期的实际需求量 Y_t 加上（或减去）一定比例的前两个时期的实际需求量之差（Y_t-Y_{t-1}）。如果$\lambda>0$，则以前的趋势将继续保持下去；如果$\lambda<0$，则以前的趋势将向反方向发展。

外延指数平滑在能够识别这些成分的具体数值时，便结合进了趋势和季节的影响。外延平滑的计算类似于基本平滑模型的计算，除非存在三种成分和三种平滑常数来表现基本、趋势和季节成分。

类似于基本指数平滑，外延平滑可以用最低限度的记录保存，迅速地计算新的预测。作出反应的技术能力取决于平滑常数值。较高的数值提供快速的反应，但会导致过度反应。外延技术的主要特点是，它们直接考虑趋势值的季节因素成分。虽然这肯定是一种优点，但它也是一种弱点。外延技术常常被认为过分敏感，因为人们没有能力正确

地细分第一项预测成分。这种过于敏感的反应会产生预测精度的问题。

（4）适应性平滑 适应性平滑（Adaptive Smoothing）对阿尔发因素的有效性进行定期考察。阿尔发因素可以在每一次预测结束时进行考察，以便确定能产生完美预测的精确数值。一旦得到确定，用于产生预测的阿尔发因素就相应被调整到将会产生精确预测的一个数值。于是，管理上的判断部分地被一种系统而又一致的阿尔发因素更新方法所取代。该模型的基本公式如下：

$$S_{t+1}=S_t+\beta(Y_t-S_t)$$

式中 S_{t+1}——时期 $t+1$ 的销售量预测值；

S_t——时期 t 的预测值；

Y_t——时期 t 的实际需求；

β——适应系数（$0<\beta<1.0$）。

上式中，β 称为适应系数，它决定了预测对过去的误差进行调整的速度，$0<\beta<1.0$。因此，在进行适应性预测条件下，下一个时期的预测值等于现期预测值加上（或减去）现期预测的一定比例的误差值。

在适应性预测条件下，通过数学推导可以证明，S_{t+1} 之值等于一系列过去需求量的加权平均数，加上前一时期的预测值，距离现在越远，权数呈几何级数递减，因而对当前预期的作用越来越小。

更复杂的适应性平滑还包括了一种自动跟踪信号，以控制误差。当误差过大而启动信号时，该常数就自动增加，使预测对近期的平滑作出更大的反应。如果近期的销售量变动较大时，所增加的反应将会减少预测的误差。随着预测误差的减少，跟踪信号会自动地将平滑常数返回到其原始数值上去。

适应性平滑技术可以对当前形势的敏感性进行调整。虽然适应性技术被用来对误差作出系统化调整，但缺点是，它们有时反应过度，把随机误差解释成为趋势值或季节因素。这种误解会进一步加大以后预测的误差。

3．因果法预测

因果法是研究变量之间因果关系的一种定量方法。变量之间的因果关系通常有两类：一类是确定性关系，也称函数关系；另一类是不确定性关系，也称相关关系。因果法预测就是要找到变量之间的因果关系，据此预测未来。需求预测因果关系分析法是基于市场营销活动中存在着各种变量之间的因果联系而提出的。它包括一元线性回归、多元线性回归、一元非线性回归等多种模型。这里只介绍一元线性回归法。

一元线性回归法，是指只有一个自变量对因变量产生影响，而且两者之间的关系可用回归直线来表示。其基本公式如下：

$$Y=a+bx$$

式中，Y 是因变量，即预测对象；x 为自变量，即影响因素；a、b 是回归系数，为两个待定参数。可以用最小二乘法进行求解，则有：

$$b = \frac{l_{xy}}{lxx} \qquad a = \overline{y} - b\overline{x}$$

（二）预测技术的选择

需求预测需要选择适当的数学和统计方法以得出阶段性预测。而有效地使用这些技术方法则需要结合实际特点与预测技术的能力。下面的标准可以评估一项预测技术是否适用：

1）精确性。

2）预测的时间范围。

3）预测值。

4）数据的可得性。

5）数据的类型。

6）预测者的经验。

可选择使用的各种预测技术都必须从定性和定量两个方面用以上标准来评估。预测技术的正确选择，与其说是一门科学，倒不如说是一门艺术。例如，移动平均法和指数平滑法基本上属于短期预测方法，人们可以利用这些方法对下一个时期的经济变量作出预测。当使用时间序列法，描点有助于预测方法的选择。一些定性方法可以很好地用于作出长期预测。有时，经理人员可能会使用不止一种预测方法来得到相互独立的预测结果。如果不同的预测方法得出大致相同的结果，经理人员就会对预测结果更加信任；相反，若得到的预测结果彼此相差较大，就表明还需要作出进一步分析以便查明原因。

第三节　协 同 预 测

随着时间推移，出现了大量的企业活动，试图在整个一体化供应链活动和过程中产生效率及有效性。它们被冠以如快速响应（Quick Response，QR）、电子数据交换（Electronic Data Interchange，EDI）、供应商管理库存（Vendor-managed Inventory，VMI）、连续补货计划（Continuous-replenishment Planning，CRP）和有效消费者响应（Efficient Consumer Response，ECR）等名称。这些活动每一个都没有达到预期的效果，特别在许多参与者之间整合供应链活动时更是如此。参与者之间的战略联盟、物流伙伴关系要求彼此公开更多的信息，打破传统的业务关系束缚，从“基于交易上”的业务关系向更为一体的、长期的“伙伴关系”转变。这种业务关系带给双方的明显利益，表现为系统的可靠性提高、顾客服务的改善以及更有效率的成本业绩。

目前在欧美地区，一些先导企业已经开始转变他们做生意的方式以及与贸易伙伴的合作方式，大量采用协同规划、预测和补货（Collaborative Planning, Forecasting and Replenishment，CPFR），旨在实现真正的供应链一体化。CPFR 已经被认为是企业规划、预测和补货模型的突破。利用这个方法，零售商、运输商、批发商和生产商能够利用可

得到的互联网技术在整个执行过程中来协调运营计划。

CPFR 是一种建立在贸易伙伴之间密切合作和标准业务流程基础上的经营理念。它应用了一系列技术模型，这些模型具有如下特点：

1）开放，但安全的通信系统。

2）适应于各个行业。

3）在整个供应链上是可扩展的。

4）能支持多种需求（如新数据类型、各种数据库系统之间的联结等）。

基于 CPFR 的供应链管理运作过程模型如图 2-3 所示。整个过程可分为 3 个阶段，共 9 个步骤。第一阶段为计划，包括①和②；第二阶段为预测，包括③～⑧；第三阶段为补给，包括⑨。

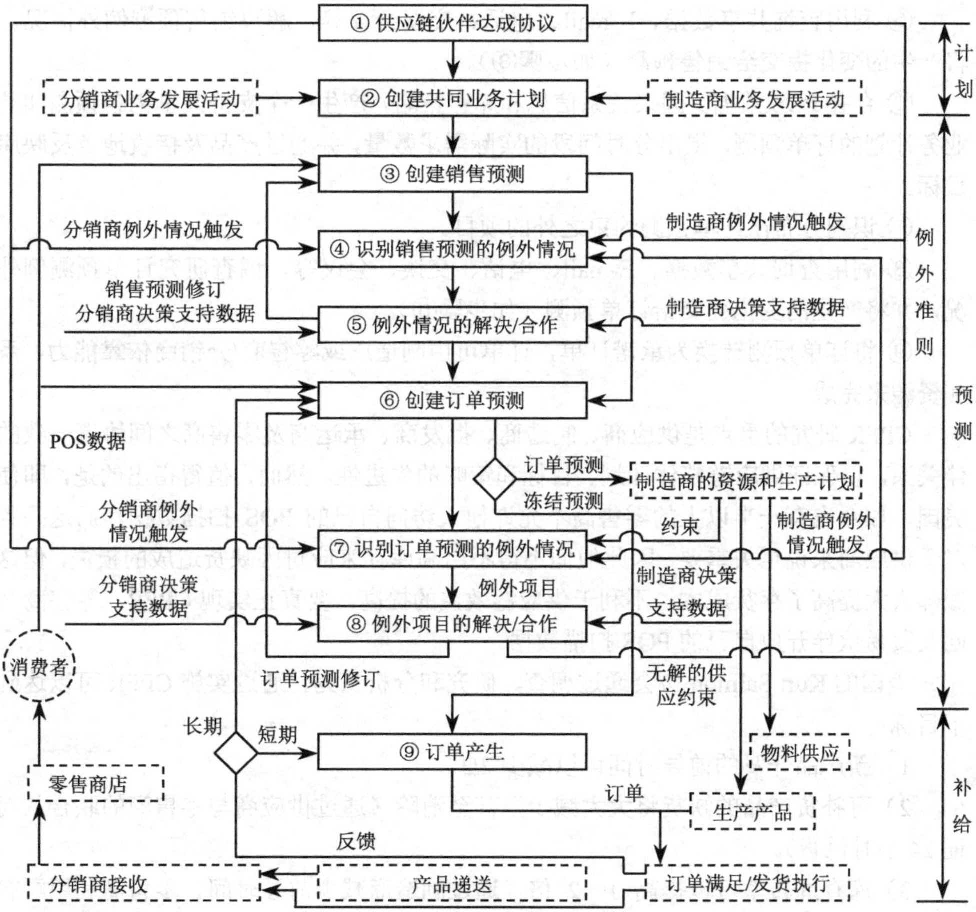

① 供应链伙伴达成协议
分销商业务发展活动
② 创建共同业务计划
制造商业务发展活动
计划
③ 创建销售预测
分销商例外情况触发
制造商例外情况触发
④ 识别销售预测的例外情况
例外准则
销售预测修订
分销商决策支持数据
⑤ 例外情况的解决/合作
制造商决策支持数据
⑥ 创建订单预测
预测
POS数据
订单预测
冻结预测
制造商的资源和生产计划
分销商例外情况触发
约束
制造商例外情况触发
⑦ 识别订单预测的例外情况
制造商决策支持数据
例外项目
分销商决策支持数据
⑧ 例外项目的解决/合作
消费者
订单预测修订
无解的供应约束
长期
短期
⑨ 订单产生
物料供应
零售商店
补给
订单
生产产品
反馈
分销商接收
产品递送
订单满足/发货执行
分销商/零售商行为
订单满足反馈共同行为
制造商/供应商行为

图 2-3　基于 CPFR 的供应链管理运作过程

具体步骤为：

① 建立供应链合作伙伴关系的指南和规则，共同达成一个通用业务协议，包括合作的全面认识、合作目标、机密协议、资源授权、合作伙伴的任务和成绩的检测。

② 供应链合作伙伴相互交换战略和业务计划信息，以发展联合业务计划。建立合作伙伴关系战略，定义分类任务、目标和策略，并建立合作项目的项目管理简况，如订单最小批量、交货期、订单间隔等。

③ 利用零售商 POS 数据、因果关系信息和已计划事件信息，创建一个支持共同业务计划的销售预测。

④ 识别分布在销售预测约束之外的项目，每个项目的例外准则需在步骤①中得到认同。

⑤ 利用查询共享数据、E-mail、电话、交谈会议等，解决销售预测例外情况，并将产生的变化提交给销售预测（如步骤③）。

⑥ 合并 POS 数据、因果关系信息和库存策略，产生一个支持共享销售预测和共同业务计划的订单预测，提出分时间段的实际需求数量，并通过产品及接收地点反映库存目标。

⑦ 识别分布在订单预测约束之外的项目。

⑧ 利用查询共享数据、E-mail、电话、交谈、会议等，调查研究订单预测例外情况，并将产生的变化提交给订单预测（如步骤⑥）。

⑨ 将订单预测转换为承诺订单，订单可由制造厂或零售商/分销商依靠能力、系统和资源来完成。

CPFR 研究的重点是供应商、制造商、批发商、承运商及零售商之间协调一致的伙伴关系，以保证供应链整体计划、目标和策略的先进性。然而，值得指出的是，即使在美国，如今也有一半以上的零售商不允许他人访问自己的 POS 扫描数据，而这些数据对于供应商来说至关重要，因此他们不得不用高库存来应付因缺货造成的损失，但这样做却大大提高了存货成本，不利于供应链效益的提高。要真正实现 CPFR，零售商必须向其贸易伙伴开放自己的 POS 扫描数据。

美国的 Kurt Salmon 协会通过调查、研究和分析认为，通过实施 CPFR 可以达到如下目标：

1）新产品开发的前导时间可以减少 2/3。

2）可补货产品的缺货将大大减少，甚至消除（通过供应商与零售商的联合从而保证 24 小时供货）。

3）库存周转率可以提高 1～2 倍（通过制造商减少前导时间、零售商利用顾客需求导向策略）。

4）通过敏捷制造技术，企业的产品中可以有 20%～30%是根据用户的特定需求而制造的。

本 章 小 结

需求管理是指以用户为中心，以用户的需求为出发点，集中精力来估计和管理用户需求，并试图利用该信息制定生产决策，以实现用户效用最大化的一种活动。

需求管理主要从以下几个方面进行组织：①在时间上重新规划企业的供应流程，以充分满足客户的需要；②在地理上重新规划企业的供销厂家分布，以充分满足客户需要，并降低经营成本；③在生产上对所有供应厂家的制造资源进行统一集成和协调，使它们能作为一个整体来运作，以充分满足客户的需要。

预测是指对未来环境所作出的估计。它以过去为基础推测未来，以昨天为依据估算今后，以已知预计未知。预测是联系过去和未来的桥梁。计划是对未来行动的部署，预测是对未来事件的陈述，是计划工作的一个环节。按时间的长短，预测可分为长期预测、中期预测和短期预测。

从原则上来讲，预测的对象和期限不同，所用的预测技术也不同。大体有三大类预测技术：直观法预测、外推法预测和因果法预测。直观法预测采用专家意见和特殊的信息对未来进行预测。直观法预测可能会考虑过去的情况，也可能对过去根本不予考虑。外推法预测则完全把注意力集中在历史模式和模式的变化上来产生预测。因果法预测，如回归方法，则是使用明确而又特定的有关变量的信息，来展开主导事件与预测活动之间的关系。

思考题

1．如何理解需求管理的定义？
2．如何理解需求管理的必要性？
3．如何理解需求管理的方法？
4．需求预测需考虑的因素有哪些？
5．简述基于 CPFR 的供应链管理的步骤。

课后拓展案例

Leola 加工公司的配送经理 Jennifer Roberts，越来越意识到公司在维持消费者期望的服务水平的同时，继续降低库存成本方面存在一个主要的问题，如下所述。

（1）**公司和产品**　成立于 1887 年的 Leola 加工公司，为商业性的面包商和消费者市场提供高质量的面粉。尽管商业性的消费者趋向于实施一贯的购买行为模式，并保持一定的品牌忠诚度，但Leola发现消费者的忠诚度是较低的，通常是在商店品牌的基础上优选知名品牌。面粉需求的季节性很强，每年的高峰期是在感恩节前，并在一、二月份期间迅速地走向萧条，为了抵消这种情况，Leola和它的主要超市连锁客户制定了特殊的协议以及销售促进计划。

位于宾夕法尼亚Leola总部的产品计划部门，要管理布法罗的工厂仓库和三个配送中心的存货，这三个配送中心位于宾夕法尼亚的华盛顿、俄亥俄的哥伦布和马萨诸塞的皮茨菲尔德。送货计划是在过去历史的基础上制定的，从来不进行预测，至少没有正式意义上的预测。配送中心（Distribution Center，DC）通过铁路从布法罗补充存货，交货周期典型地为7天。依据卡车的不同类型每车使用48～54个托盘，如果有紧急情况发生，卡车就要在一天的运输时间内运送18个托盘。

最近Leola有两次5磅[㊀]规模的袋装漂白面粉缺货，其一是由于加工过程中的问题导致，其二是由于营销发起“买一赠一”优惠促销活动而引发的。由于这些事情，计划的制订就有点过度谨慎，而且在DC内库存也过多。除此而外，其他两件事情也影响了DC的仓储能量：①为5家最大的超市连锁实施直接的工厂送货来进行存货补充；②价格的上涨使得Leola的面粉比全国品牌竞争者如Pillsbury或Gold Medal的要高。

（2）**当前的形势**　在皮茨菲尔得DC的1 500个托盘中，Leola只有396个托盘可以为公开订购服务，这致使公司要使用外部的480个托盘。由于面粉很容易破损，因此Leola宁愿增加额外的搬运费，把破损降到最低。DC要付给外部每托盘1.85美元运费时，就必须为每托盘增加4.25美元来进行额外的搬运，每卡车就要付225美元运输费。在其他DC也存在类似的情况。

（3）**可能的解决办法**　Jennifer Boberts一直在思索各种各样的方法来解决库存问题。她很清楚，产品需要在消费者制定购买决策的时候到位，但Leola不能容忍库存过量的情形，以及由此对设备和现金流带来的压力。

Jennifer的第一个想法是需要建立一个更为良好的信息系统，这个系统不仅提供及时和准确的信息，而且尽量在全组织内部进行信息分享。她的脑海里立即闪现出几个要解决的问题，然而在解决方法形成之前她需要有更多的信息。

问题讨论：

1）试分析Leola公司存在的主要问题。

2）如何评价Jennifer Robets考虑的替代解决办法？

3）你能提出什么样的额外解决办法？为什么？

㊀ 1磅（lb）=0.453 592 37kg

第三章　供应链管理中的采购管理

导入案例

96 年前，利丰贸易刚成立的时候，它只是充当客户和供货商之间买卖的中介人角色。由于利丰的创办人通晓英文，利丰贸易成为各厂家及海外买家的桥梁。随后，利丰贸易逐渐把简单的采购代理扩展到其他更广泛的业务。第一阶段，利丰贸易扮演采购公司，即地区性的货源代理商的角色，通过在亚洲的不同地区开设办事处来拓展业务。除了不时提供市场最新信息给买家之外，利丰贸易所提供的服务亦包括了对不同的厂家作出产品、生产力及质量方面的评估，然后向买家提供适合的厂家及供货商。利丰贸易也代表买家向厂家商讨价钱及进行商品品质方面的管理工作，以达到他们能以合理的价钱采购到所需的产品。另一方面，利丰贸易也协助工厂做生产管理，以及帮助买家监控工厂在劳工法例、生产环境及环保方面所作出的处理，以保证他们符合国际要求的标准。总括而言，作为一家采购公司，利丰贸易主要的目标是希望能够建立起与厂家及买家长期合作的伙伴关系而达到双赢的局面。

本章学习目标

学习：采购的基本概念、采购的重要性和采购的一般流程，供应链管理下的采购管理、基于供应链的物资采购管理模型和供应链管理的采购策略及供应链管理下的采购控制，供应商评估与选择、供应商管理。

了解：供应链管理环境下采购的一般流程与基本方法。

掌握：采购管理的一般流程及供应链环境下的采购控制方法，供应商选择与评估的基本方法及供应商管理方法。

第一节　采 购 概 述

采购管理包括选择采购员、选择供应商、采购洽谈、价格、采购量以及合同管理等。由于采购资金在总成本中占很大比重，使得采购在企业经营活动中占有重要地位。

一、采购的重要性

采购之所以重要，是因为采购质量关系到企业的产品质量和产品成本。随着社会分工的进一步细化，企业经营方式向专业化协作发展，采购的比重将呈现上升趋势，采购的地位会越来越重要。

1．采购的资金量大

在制造业中，企业的采购资金占最终产品销售额的40%～60%，这意味着在采购成本上减少不大的比例，就会对利润产生不小的影响，其增加利润的效果要远远大于在其他方面采取的措施。所以，采购自然成为降低成本的主要环节，表3-1。

表3-1 影响利润的因素比较表（单位：元）

	现　状	销售额（增加17%）	价格（增加5%）	工资（减少10%）	企管费（减少20%）	采购成本（减少8.3%）
销售额	100	117	105	100	100	100
采购成本	60	70	60	60	60	55
工资	10	12	10	5	10	10
企管费	25	25	25	25	20	25
利润	5	10	10	10	10	10

从表3-1中可以看出，增加利润的因素是很多的，但其中只有降低采购费用这一措施效果最明显，体现了其杠杆作用的原理。管理好采购这一重要环节，企业一大半的资金也就管理好了。

2．满足制造产品需求

企业生产部门对采购的要求不仅仅是数量，还有质量、性能与时间的要求。原材料和零部件的性能和质量直接关系到产品的性能和质量。例如，清晰度是电视机一项重要的质量指标，如果采购的显像管聚焦质量达不到要求，那么无论电视机设计得如何好，都很难得到满意的清晰度。时间要求是指当生产需要某些物资时能随时获得。采购部门为了满足这个需求，往往会采取早采购、多采购的办法来应付，这样会造成过量的库存和过多地占用流动资金。现代物流管理要求做到准时采购，即JIT采购。

3．采购的战略角色

在过去，采购历来是一项不起眼的工作，很少有总经理分管采购工作。一方面是由于对采购的重要性认识不足，另一方面的原因是社会经济的发展进程还没有达到这一步。然而在今天，每一个发展成熟的企业，都普遍意识到企业获得利润的空间在企业内部已经很小，要进一步提高资源的利用率，只能把注意力扩大到整个供应渠道上。这是因为：

1）传统的生产方式已经走到了尽头，大而全、小而全的企业结构已越来越不能满足变化的市场需求，社会呼唤生产方式的变革。

2）人们发现在供应链所包含的系统内，存在着巨大的改进空间，可以更好地利用资源，改进获利条件。虚拟企业、敏捷制造等新的概念预示着新的生产方式的出现，总的趋势是专业化分工协作，采购的重要性也由此上升到企业发展的战略高度。

十分典型的例子是我国的家电行业。在短短十几年的时间里，我国已发展成世界第一大家电生产国，但同时家电行业也进入微利时代。为了获得应有的利润率，有些成熟企业率先实施管理创新，如海尔、TCL等纷纷成立物流中心，投巨资开展网络营销，通过网上采购降低采购成本。

4．我国企业采购环节改进空间巨大

在计划经济条件下，由于物资短缺，采购是工厂管理的重要职能。供应部门的工作质量关系到工厂能否正常开工，因而企业十分重视采购工作，往往选派能力较强、有关系的人负责此项工作。但是，由于物资匮乏，即使是计划分配到的物资，也要四处走关系才能买到。所谓采购管理，主要是靠关系搞物资，尽可能多地囤积物资，不计算经济效益。

当前，我国经济已由卖方市场逐步转为买方市场，大多数商品供大于求，随之而来的是企业销售人员与采购人员在市场上的地位倒了过来。现在，国家对企业的计划没了，企业生产什么、生产多少全由自己做主，国家也不包销售。为了推销产品，销售成了最辛苦的工作。采购员倒成了上游企业销售员的“工作对象”，几乎不用外出奔波，就有人送货上门。这时销售似乎成了企业的头等大事。

在我国，无论是企业界还是管理学界，对采购管理长期以来没有足够的重视，在以往的管理文献中有关采购的内容很少，仅仅介绍ABC管理法、库存控制等，再就是在MRP、MRPII、ERP的供应链管理中顺便提到采购问题。但是在实践中，我国已有不少企业总结出了较为丰富的经验与理论，如邯钢、亚星等模式。

二、采购的一般流程

采购管理科学化，首先需要规范采购作业的行为模式。如果按照采购员个人的工作习惯随意操作，那么采购的质量就难以保证。所以，任何企业都需要规范采购的一般流程，消除采购中的“三不”现象（即不管是否为企业所需，不做市场调查和咨询，不问价格高低、质量好坏），以保证工作质量，堵住资金流失的漏洞。

通常的采购流程由以下7个步骤组成：

（1）采购申请　采购申请必须严格按生产或客户的需要，以及现有库存量，对品种、数量、安全库存量等因素进行科学的计算后才能提出，并且要有审核制度，规定哪些物资、多少金额的采购资金必须经过哪级主管的批准才有效。通过采购申请环节的控制，可以防止随意采购和盲目采购。

（2）选择供应商　在买方市场中，由于供大于求，市场上往往有多家供应商可供选择。此时买方处于有利地位，可以货比多家，还可以提出一些服务条件。所以，选好供应商是企业降低采购成本的主攻方向。此时，应该尽可能地列出所有供应商的清单，采用科学的方法挑选合适的供应商。

（3）价格谈判　价格一直是采购中的敏感问题，买方希望压低价格，而卖方又总是想方设法提高价格，所以价格谈判就成为采购员的一项重要任务，谈判也由此发展成为一项技能。由于价格问题是一种零和对策，一方所失就是另一方所得，从长远角度看问题，任何一方的暂时所得都未必是好事，所以此处我们不讨论讨价还价的技能。需要指出的是：

1）价格由市场供需矛盾决定，任何一方都不可能随意要价。

2）采购不仅仅是单一的价格问题，还有质量问题、交货时间与批量问题、包装与运输方式、售后服务问题等，需要综合权衡利弊，绝不能在价格上占一些小便宜，而在其他方面损失却很大。

（4）签发采购订单　采购订单相当于合同文本，具有法律效力。签发采购订单必须十分仔细，每项条款认真填写，关键处的用词须反复推敲，表达要简洁，含义要明确。对于采购的每项物品的规格、数量、价格、质量标准、交货时间与地点、包装标准、运输方式、检验形式、索赔条件与标准等都应该一一审定。

（5）跟踪订单　采购订单签发后并不是采购工作的结束，必须对订单的执行情况进行跟踪，防止发生对方的违约事件，以保证订单顺利执行，货物按时进库，保证供应。对订单实施跟踪还可以随时掌握货物的动向，万一发生意外事件，可及时采取措施，避免不必要的损失，或将损失减小到最低水平。

（6）接受货物　货物运到自己的仓库后必须马上组织人员对货物进行验收。验收是按订单上的条款进行的，应该逐条进行，仔细查对。除此以外，还要查对货损情况。如果货损超标，要查明原因，分清责任，为提出索赔提供证据。货物验收完毕才能签字认可。

（7）支付货款　支付货款以前必须查对支付发票与验收的货物清单是否一致，确认没有差错以后才能签字付款。

一般说来，企业按照上述的采购步骤进行采购，就不会发生大的失误。当然，要提高采购水平与质量，使企业在采购环节发掘更大的利润源泉，还有许多事情要做，其中供应商管理是最重要的一项工作。

第二节　供应链环境下的采购管理

一、供应链环境下采购管理的原理和特点

供应链采购是指供应链内部企业之间的采购，即供应链内部的需求企业向供应商企业采购订货，供应商企业将货物供应给需求企业。

供应链采购与传统的采购相比，物资供需关系没变，采购的概念没变，但是，由于供应链各个企业之间是一种战略伙伴关系，采购是在一种非常友好合作的环境中进行，所以采购的观念和采购的操作都发生了很大变化，见表 3-2。

表 3-2　供应链采购与传统采购的区别

项　　目	供应链采购	传 统 采 购
基本性质	基于需求的采购	基于库存的采购
	供应方主动型、需求方无采购操作的采购方式	需求方主动型、需求方全采购操作的采购方式
	合作型采购	对抗型采购
采购环境	友好合作环境	对抗竞争环境
信息关系	信息连通、信息共享	信息不通、信息保密
库存关系	供应方掌握库存，需求方可以不设仓库、零库存	需求方掌握库存，需求方设立仓库、高库存
进货方式	供应方小批量、多频次连续补充货物	大批量、少频次进货
双方关系	供需双方关系友好，责任共担、利益共享、协调性配合	供需双方关系敌对，责任自负、利益独享、互斥性竞争
货检工作	免检	严格检查

由表 3-2 可以看出，供应链采购具有以下特点。

（一）从采购的基本性质看

1．供应链采购是一种基于需求的采购

即需要多少就采购多少，什么时候需要就什么时候采购。采购回来的货物直接送到需求点进入消费。供应链采购在这一点上，与 JIT 采购相同，而与传统采购迥然不同。传统采购则是基于库存的采购，采购回来的货物直接进入库存等待消费。

2．供应链采购是一种供应商主动型采购

由于供应链的需求者的需求信息随时都会传送给供应商，所以供应商能够及时掌握用户需求信息，能够根据需求状况、变化趋势及时调整生产计划，及时补充货物，并且能主动跟踪用户需求，主动适时适量地满足用户需要。由于供需双方是一种友好合作的利益共同体，如果需求方的产品质量不好、销售不出去的话，供应商自己也会遭受损失，所以供应商会主动关心产品质量，自觉把好质量关，保证需求方的质量要求。因此，需求方完全可以不用操心采购的事情，只要按时支付货款就行了。所以，对需求方来说，这是一种无采购操作的采购方式，供应链采购看起来好像是供应商的事情而不是需求方的事情。

而传统采购则必须靠用户自己主动承担全部采购任务。因为供需双方的信息彼此都不知道，所以需求方必须主动去采购。这不仅要花费很多时间去调查供应商，调查产品、价格，然后选择供应商并与供应商洽谈、签订合同，而且还要联系进货，费时费力地进行严格的货检。对于需求方来说，这是一种全采购操作的采购方式，而供应商则完全出于一种被动、无关的地位。

3．供应链采购是一种合作型采购

供应链的供需双方为了产品能在市场上占有一席之地、获得更大的经济效益，分别从

不同的角度互相配合、各尽其力，所以在采购上也是互相协调配合，提高采购工作的效率，最大限度地降低采购成本，最好地保证供应。而传统采购是一种对抗性采购。由于双方是一种对抗性竞争关系，所以贸易双方互相保密，有较强的唯我主义，只顾自己获取利益，甚至还互相算计对方，因此贸易谈判、货物检验等都非常吃力，双方不是互相配合，而是互相不负责任，甚至是互相坑害，常常是以次充好、低价高卖，赚一笔是一笔。所以需求方必须时时处处小心，有时甚至是防不胜防。因此，花在采购上的人员、时间、精力和费用都很高。

（二）从采购环境看

供应链采购是一种友好合作的环境，而传统采购是一种利益互斥、对抗性竞争的环境。这是两种采购制度的根本区别。由于采购环境不同，才导致了许多观念上、操作上的不同，也导致了各自的优点和缺点。供应链采购的根本特征就是有一种友好合作的采购环境。这是它根本的特点，也是它最大的优点。

（三）从信息关系看

供应链采购另一个重要的特点就是供应链企业之间实现了信息连通、信息共享。供应商能及时掌握用户的需求信息，掌握用户需求变化的情况，能够根据用户需求情况和需求变化情况，主动调整自己的生产计划和送货计划。供应链各个企业可以通过计算机网络进行信息沟通和业务活动。这样，足不出户就可以很方便地利用计算机网络协调活动，进行相互之间的业务处理活动，如发送订货单、发送发货单、支付货款等。当然，要做到信息连通、信息共享，首先要求每个企业内部的业务数据要信息化、电子化，也就是要用计算机处理和存储各种业务数据。没有企业内部的信息网络，也就不可能实现企业之间的数据传递和数据共享。因此，供应链采购的基础就是要实现企业的信息化，也就是要建立企业内部网络（Intranet）、企业外部网络（Extranet），并且和互联网（Internet）连通，建立起企业管理信息系统。

（四）从库存关系看

供应链采购是由供应商管理用户的库存。这就意味着，需求方无需设库存，无需关心库存。这样做有很多好处：第一，用户零库存，可以大大节省费用、降低成本，专心致志地搞好销售工作，发挥核心竞争力，从而提高效率和企业的经济效益，也可以提高供应链的整体效益。第二，供应商掌握库存自主权，可以根据需求变动情况，适时地调整生产计划和送货计划，既避免盲目生产造成的浪费，也可以避免库存积压、库存过高所造成的浪费以及风险。同时由于这种机制把供应商的责任（产品质量好坏）与利益（销售利润的多少）相联系，因此加强了供应商的责任感，自觉提高了用户满足水平和服务水平，因此，供需双方都获得了效益。而传统的采购由于需求方设置仓库、管理库存，很容易一方面造成库存过高积压，另一方面又发生缺货、不能保证供应，同时还造成精力分散、工作低效率，服务水平、工作效率和经济效益都会受到严重影响。

（五）从进货方式看

供应链采购是由供应商负责送货，而且是连续小批量、多频次地送货。这种送货机制可以大大降低库存，可以实现零库存。因为它送货的目的是直接满足需要，需要多少就送多少，什么时候需要就什么时候送，不多送，也不早送。这样就没有过多的库存，可以降低库存费用，又保证满足需要，不缺货；还可以根据需求的变化，随时调整生产计划，可以不多生产、不早生产，因而节省了原材料费用和加工费用；同时由于紧紧跟踪市场需求的变化，所以能够灵活适应市场变化，避免库存风险。而传统采购是大批量、少频次地订货进货，库存量大、费用高、风险大。

（六）从双方关系看

在供应链采购活动中，供需双方是一种友好合作的战略伙伴关系，互相协调、互相配合、互相支持，有利于各个方面工作的顺利开展，可提高工作效率，实现双赢。而在传统采购中，供需双方是一种对抗性的买卖关系，一个赢，另一个必然输。双方互相防备，互相封锁，互相不信任，不配合，甚至互相坑害，所以工作效率极为低。

（七）从货检工作看

传统采购由于是一种对抗关系，所以货物常常会以次充好、低价高卖，甚至伪劣假冒、缺斤少两，所以买方进行货检的力度大、工作量大、成本高。而在供应链采购中，由于供应商自身责任与利润相连，可以自我约束、保证质量，因此可以免检，就大大节约了费用、降低了成本。

从以上的比较可以看出，供应链采购与传统的采购相比，无论在观念上、做法上都有很大区别，都有革命性的变化。供应链采购具有显著的优越性。基于供应链的采购管理模型如图 3-1 所示。

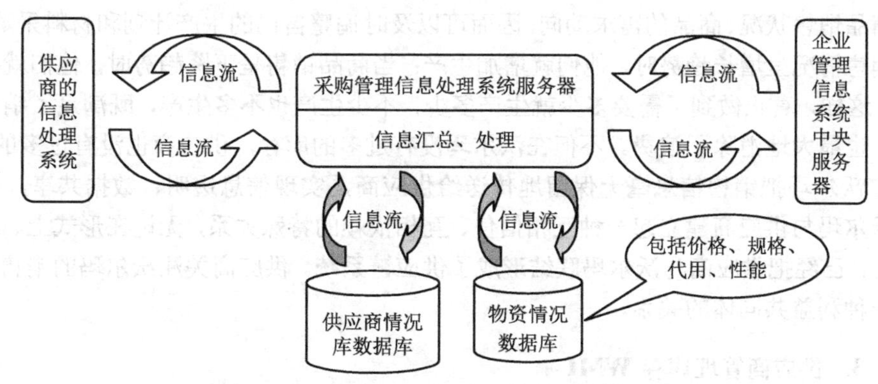

图 3-1　基于供应链的采购管理模型

二、案例：沃尔玛的供应链采购操作

沃尔玛公司是美国最大、最著名的零售公司，在全世界各国开设了 4 000 多家连锁店，遍及美国、加拿大、中国、德国、英国、韩国、墨西哥、波多黎各等国家。沃尔玛公司从20世纪80年代中期开始进行供应链采购管理。他们的做法是这样的。

1. 首先进行信息系统建设，为供应链采购管理打好基础

为了开展供应链采购，沃尔玛公司进行了一系列的信息系统建设，为实现信息传输、信息共享做好准备工作。包括：

1）于1983年开发POS系统，把销售信息用计算机管理起来。POS（Point of Sale，销售时点系统），是在超级市场出口处设立的用读卡方式或者条形码识别的方式输入销售信息记录的系统，每个顾客的购买时间、购买品种、购买数量、购买金额一瞬间就能顺利地输入计算机，并且所有的销售记录都存储在计算机磁盘中。

2）于1985年开始建立EDI系统，实现销售数据等信息的传递。EDI（Electronic Data Interchange），电子数据交换，是一种早期的电子商务形式。这个系统可以把电子数据或电子票据变成标准格式的数据，通过点对点方式或通过专用计算机网络传输给对方。

3）为了实现用EDI系统传输商品信息，为每种商品编制了标准化的识别码，同时还编制了各种商品数据的EDI传输数据格式。沃尔玛公司与行业内的其他商家一起成立VICS委员会（Voluntary Inter Industry Communications Standards Committee）来协商确定行业统一的EDI标准和商品识别标准。VICS委员会制定了行业统一的EDI标准，并确定商品识别标准采用UPC商品识别码。

2. 向供应商传送销售时点信息，实现销售信息共享

在信息系统建立起来以后，沃尔玛公司就利用基于行业统一标准设计出来的POS数据的输送格式，通过已经建立的EDI系统开始向供应商传送POS数据，让供应商随时掌握沃尔玛的销售情况。供应商根据沃尔玛传送来的POS信息，可及时了解沃尔玛的商品销售状况、商品的需求动向，因而可以及时调整自己的生产计划和材料采购计划。当销售情况呈增长趋势时，他们就增加生产；当商品销售呈下降趋势时，他们就减少生产。这样，真正做到了需要多少就生产多少，不少生产也不多生产，既满足了销售的需要，也最大地消除了浪费。不但在沃尔玛没有过多的库存，供应商也没有过多的库存。

沃尔玛把销售信息毫无保留地传送给供应商，实现信息透明、数据共享，也说明了沃尔玛与供应商建立起一种互相信任、互相依赖的特殊关系，无论在形式上、还是内容上，已经把供应商与沃尔玛联结形成了供应链系统。供应商关注沃尔玛的销售，形成了一种利益共同体的关系。

3. 供应商管理库存WMI

为了进一步加强供应链关系，实现资源优化配置，加强相互之间权利和责任的关系，合理分配利润，沃尔玛又实行让供应商管理库存的VMI制度。VMI，即Vendor Management Inventory，供应商管理库存。沃尔玛把商场里的库存，包括货架上所有没有卖出的商品都归于供应商所有。这样如果库存积压或者缺货，都由供应商承担损失。

而只把销售出去的商品作为沃尔玛的销售收入，实行利润分成。这样，沃尔玛就完全不用管理库存，也不要为每一种货物的采购订货操心，实行一种无采购操作的采购方式。供应商主动、自觉、适时适量地补充库存，而且精心操作，主动实行库存控制。因为无论库存积压、还是缺货，都会使供应商遭受损失，所以供应商为了避免损失、增加利润，更加精心地根据销售时点数据 POS 信息，认真研究销售变化动向，组织适时适量生产和供货，没有过多的积压库存。

4. 供应商主动实行的连续补充货物的 CRP 供货方式

CRP，即 Continuous Rep1enishment Program，连续补充货物程序。供应商为了实现自己的利润最大化，最大地消除浪费，实行小批量、多频次地连续补充货物的供货方式，销售一点就补充一点。这样既满足了需要，又使库存最小，不但降低了成本，又提高了效益。当然，多频次地送货可能会增加送货费用，这时可以采取联合送货方式降低送货成本。

5. 快速响应（QR）

这种连续补充货物方式的另一个好处，就是能够灵敏地适应市场需求的变化。因为是零售市场，所示市场需求变化非常迅速，今天好销的商品，说不定明天就卖不动了。实行小批量连续补充货物，由于基本上当天的货物当天销完，没有多余的库存，所以即使明天市场需求发生了变化，也不会给自己造成损失。如果明天需求增加，由于是连续补充货物，供应商可以增加补充货物的数量和频次，使得用户需求得到满足。这个过程又叫做快速响应（QR）。所谓 QR（Quick Response，快速响应），它是一种灵敏地响应市场需求变化的管理技术，与 JIT（Just In Time）技术的原理差不多，也是在需要的时间、将需要的品种、按所需要的数量、送到需要的地点，恰好满足用户的需要。采用 QR，基本上可以实现零库存，最大地消除浪费。

例如，沃尔玛公司与某休闲裤供应商以及供应商的供应商某面料公司建立 QR 系统，实行供应链采购。供应商利用 EDI 系统在发货之前向沃尔玛公司传送预先发货清单（Advanced Shipping Notice，ASN），预告即将发货的品种数量。沃尔玛公司在收到这个发货清单后，事前可以做好进货准备工作，同时可以省去货物数据的输入作业，使商品检验作业效率化。沃尔玛公司在接收货物时，用扫描读取机器读取包装箱上的物流条形码（Shipping Carton Marking，SCM），把读取的信息与预先储存在计算机内的进货清单进行核对，判断到货和发货清单是否一致，从而简化了检验作业。在此基础上，利用电子支付系统（EFT）向供应方支付货款。同时只要把 ASN 数据和 POS 数据比较，就能迅速了解商品库存的信息。这样做的结果使沃尔玛公司不仅节约了大量事务性作业成本，而且还能压缩库存，提高商品周转率。所以，沃尔玛公司通过实行这样的采购方式，大大减少了作业环节，减少了工作量，降低了运营成本，提高了经济效益。据统计，单休闲裤这一项，销售额就增加了 31%，商品周转率提高了 30%。

在此基础上，沃尔玛公司开始把 QR 的应用范围扩大至其他商品和供应商，在各个供应商中全面推广供应链采购。

根据 Blackburn 的研究结果，零售商在应用 QR 系统后，销售额大幅度增加，商品周转率大幅度提高，需求预测误差大幅度下降。应用 QR 系统后之所以有这样的效果，其原因是：

1）应用 QR 系统之后，可以降低经营成本，从而能降低销售价格，增加销售；伴随着商品库存风险的减少，商品以低价位定价，可以增加销售；能避免缺货现象，从而避免销售机会的损失；易于确定畅销商品，能保证畅销品的品种齐全、连续供应，增加销售。所以，销售额的大幅度增加。

2）应用 QR 系统，可以减少商品库存量，并保证畅销商品的正常库存量，加快商品周转。因此，商品周转率的大幅度提高。

3）根据库存周期长短和预测误差的关系可以看出，如果在销售季节开始之前的 26 周进货（即基于预测提前 26 周进货），则需求预测误差（缺货或积压）达 40%左右；如果在季节开始之前的 16 周进货，则需求预测误差为 20%左右；如果在临近销售季节开始的时候进货，需求预测误差只有 10%左右。应用 QR 系统可以及时获得销售信息，把握畅销商品和滞销商品，同时通过多频度、小数量送货方式实现实需型进货（零售店需要的时候才进货），这样使需求预测误差可减少到 10%左右。因此，需求预测误差大幅度减少。

沃尔玛公司的供应链采购操作，给自己带来显著的效益，同时也使人们受到很多启发，使人们认识到供应链采购是大有可为的。

三、准时采购

（一）准时采购的基本思想

准时（Just In Time，JIT）采购是一种先进的采购模式，也是一种先进的管理理念。它的基本思想是：在恰当的时间、恰当的地点，以恰当的数量、恰当的质量提供恰当的物品。它是从准时化生产发展而来的，是为了清除库存和不必要的浪费而进行的持续性改进。要进行准时化生产，必须有准时的供应，因此准时化采购是准时化生产管理模式的必然要求。它和传统的采购方法在质量控制、供需关系、供应商的数目、交货期的管理等方面有许多不同，其中关于供应商的选择（数量与关系）、质量控制是其核心内容。

准时采购包括供应商的支持与合作以及制造过程、货物运输系统等一系列的内容。准时化采购不但可以减少库存，还可以收到加快库存周转、缩短提前期、提高采购质量、获得满意交货等效果。

（二）准时采购的特点

与传统的采购方式比较，JIT 采购的特点主要表现在以下几个方面，见表 3-3。

表 3-3　JIT 采购与传统采购的区别

项　目	JIT 采购	传 统 采 购
采购批量	小批量，送货高频率	大批量，送货低频率
供应商选择	长期合作，单源供应	短期合作，多源供应
供应商评价	质量，交货期，价格	质量，价格，交货期
检查工作	逐渐减少，最后消除	收货，点货，质量验收
协商内容	长期合作，质量和合理价格	获得最低价格
运输	准时送货，买方市场	较低的成本，卖方负责安排
文书工作	文书工作少，需要的是有能力改变交货时间和质量	文书工作量大，改变交货期和质量的订单多
产品说明	供应商革新，强调性能，要求宽松	买方关心设计，供应商没有创新
包装	小，标准化容器包装	普通包装，无特别说明
信息交流	快速，可靠	一般要求

1．实现单源供应

也就是一种原材料或外购件只从一个供应商那里采购。实行单源供应的优点是，一方面企业与供应商之间增加了依赖性，有利于建立长期互利合作的战略伙伴关系；另一方面，供应商由于获得了长期稳定的订货，有利于其成本的降低，从而也可能提供更低价格的原材料和外购件。当然，单源供应也会给企业带来一些问题。例如，可能存在供应中断的风险；不能得到竞争性的采购价格；对供应商的依赖性过大等。在日本，98%的 JIT 企业都采取单源供应。

2．合理选择供应商

由于 JIT 采用单源供应，因而对供应商的合理选择尤其重要，它是 JIT 能否成功实施的关键。选择供应商时，要依据一定的标准对供应商进行综合评价，包括产品质量、价格、交货期、交货期与价格的均衡、批量与价格的均衡、地理位置以及应变能力等，并建立供应商档案。合格的供应商应具有较好的技术、设备条件和较好的管理水平，可以保障原材料和外购件的质量，保证准时按量供货。

3．交货的准时性

JIT采购的一个重要特点是要求交货准时，这是JIT采购实施的前提条件。交货准时取决于供应商的生产与运输条件。作为供应商来说，交货准时可以从几方面着手：一是提高生产的可靠性和稳定性，减少延迟交货或误点现象。而作为准时化供应链的一部分，供应商同样采用JIT生产方式，以提高生产过程的准时性。另一方面，为提高交货准时性，运输问题不可忽视。在物流管理中，运输问题是一个重要的问题，它决定准时交货的可能性。特别是全球的供应链系统，运输路线长，而且要经过不同运输方式的运输衔接和中转，因而有效的运输计划和管理是准时运输的必要保证。

4．信息高度共享

JIT采购要求供需双方的信息高度共享，保证供应与需求信息的准确性和实时性。由于双方的战略合作伙伴关系，企业生产计划、库存、质量等各方面的信息都可以及时进行交流，以便出现问题时能够及时解决处理。同时，现代信息技术的发展，为有效的信息交流提供了强有力的支持，信息交流变得更加准确、方便、快捷、安全。

5．采取小批量采购策略

由于JIT供应的宗旨就是最大限度地降低库存，采购必然是小批量的。而采购批量小必将造成送货频次增加，从而引起物流费用的上升。企业可以通过信息技术的利用，同时订购多种不同的产品，使货车一次就可以从同一个制造商那里装载多种产品，而不是原来的一种产品，这样对于每一种产品来说，订购的频率虽然增加了，但总的送货频率却并没有增加。

（三）准时采购的条件与方法

1．实施准时采购的条件

准时采购和传统的采购方法有显著差别，要实施准时采购，必须具备一些条件法：

1）选择最佳的供应商，并对供应商进行有效的管理，是准时化采购成功的基石。

2）供应商与用户的紧密合作，是准时化采购成功的关键。

3）卓有成效的采购过程质量控制，是准时化采购成功的保证。

2．实施准时采购的方法

如何有效地实施准时采购法呢？下面的几个方法可以作为参考：

1）创建准时化采购班组。一流企业的专业采购人员有三项责任：寻找货源、商定价格、发展与供应商的协作关系并不断改进。专业化的高素质采购队伍对实施准时化采购至关重要。首先应成立两个组织，一个是专门处理供应商事务的组织，该组织的任务是认定和评估供应商的信誉、能力，或与供应商谈判签订准时化订货合同，向供应商发放免检签证等，同时要负责供应商的培训与教育。另外一个组织是专门从事消除采购过程中浪费的组织。这些组织人员必须对准时化采购的方法有充分的了解和认识，必要时要进行培训。

如果这些人员本身对准时化采购都缺乏认识和了解，就不可能指望与供应商的合作了。

2）制订计划，确保准时化采购策略有计划、有步骤地实施。要制定采购策略，改进当前的采购方式，减少供应商的数量，正确评价供应商，向供应商发放签证。在这个过程中，要与供应商一起商定准时化采购的目标和有关措施，保持经常性的信息沟通。

3）精选少数供应商，建立伙伴关系。选择供应商时应考虑产品质量、供货情况应变能力、地理位置、企业规模、财务状况、技术能力、价格、与其他供应商的可替代性等因素。

4）进行试点工作。先从某种产品或某条生产线开始，进行零部件或原材料的准时化供应试点。在试点过程中，取得企业各个部门的支持是很重要的，特别是生产部门的支持。通过试点，总结经验，为正式实施准时采购打下基础。

5）搞好供应商的培训，确定共同目标。准时化采购是供需双方共同的业务活动，单靠采购部门的努力是不够的，需要供应商的配合。只有供应商也对准时化采购的策略和运作方法有了一定的认识和理解，才能获得供应商的支持和配合，因此需要对供应商进行教育培训。通过培训，大家取得一致的目标，相互之间就能够很好地协调，做好采购的准时化工作。

6）向供应商颁发产品免检合格证书。准时化采购和传统的采购方式的不同之处在于买方不需要对采购产品进行比较多的检验手续。要做到这一点，需要供应商做到提供100%的合格产品。当供应商能够达到这一要求时，就可以向其发放免检证书。

7）实现配合准时化生产的交货方式。准时采购的最终目标是实现企业的生产准时化，为此，要实现从预测的交货方式向准时化适时交货方式转变。

8）继续改进，扩大成果。准时化采购是一个不断完善和改进的过程，需要在实施过程中不断总结经验教训，从降低运输成本、提高交货准确性和产品的质量、降低供应商库存等各个方面进行改进，不断提高准时化采购的运作绩效。

四、供应链采购管理的实施

（一）转变观念

从以上分析可以看出，供应链采购确实是一种先进的采购方式。但是要实施供应链采购，却不是一件容易的事情。可以说，供应链采购是对传统采购方式的一场革命，无论在观念上还是做法上，都发生了革命性的变化。具体说来，要实现以下几个转变。

1. 从为库存而采购到为需求而采购

传统的采购是为库存而采购，采购回来的物资用以填充库存。由于库存掩盖了需求的真实情况，不能真实地精确反应需求的变化，反而以其具体的存在数量麻痹了管理者的思想，掩盖了各个环节的矛盾，使人们发现不了问题。因此，常常会导致一方面超库存量，增加了库存成本，另一方面又不能完全满足需要，产生缺货，影响生产，同时还会把生产及采购活动中一些不合理的、浪费的、低效率的环节掩盖起来，不知不觉地降低了生产效率，增加了生产成本，降低了经济效益。但是，由于长期进行着传统的采购工作，人们对此已习以为常，感觉不出这些问题的存在。所以，现在要实现供应链采购就要下工夫改变这种做法，转变为为需求而采购，将采购回来的物资直接用满足，需求，不是放到仓库里，而是放到消费点进行使用和消费。这样一来，采购回来的物资能直接反映真实的需求。为了真实的需求而采购，可以最大限度地提高采购效率、最大限度地降低库存、最大限度地实现了节约，不但降低了成本、提高了效率，还充分排除了生产及采购活动中不合理的、浪费的、低效率的根基，使各个环节合理化、效率化。

2．从采购管理向外部资源转变

传统的采购管理完全是企业内部的事情，立足于企业内部，千方百计使自己从采购中获取效益。但是立足于企业内部搞采购，就要去选择供应商、选择产品，进行贸易谈判，选择进货方式、督促进货，直到货物检验等，难度大，工作量也大。长期以来，企业人员都认为这是应该做的，能够采购回来，就感到很满足。殊不知，这些既费钱、费力、费时间，效率又低的工作，本来是可以完全不必要做的，可以由供应商替代自己做，而且做得会更好。但是，这项工作只着眼于企业内部是完成不了的，一定要着眼于企业外部、着眼于供应链管理才能完成起来。因此，从观念上要来一个大的转变才行。

供应链采购的实质，就是充分利用企业外部的资源，利用供应商自己的作用来实现企业采购的工作，让供应商自己对自己的产品负责、对物资的供应负责，实现无采购操作的采购，从而节省了一大堆繁琐、费力的采购实物工作，既降低了成本，又提高了效率，可以实现双赢。

3．从一般买卖关系向战略伙伴关系转变

在传统的采购活动中，买方和卖方是一种对抗性的买卖关系，相互防备、信息保密，只顾自己、不考虑对方。实行供应链采购后，就要把与供应商的对抗关系转变成一种战略伙伴关系，建立起友好的合作关系，只有如此才能有效地实现供应链采购。

建立友好合作关系，需要做大量的工作，包括一些基础工作，如建立信息系统、实现信息共享、信息沟通，实现责任共担、利益共享等。要采取实际的方法和步骤，切切实实地实现“双赢”。

4．从买方主动型向卖方主动型转变

传统的采购是买方主动型，活动实现供应链采购后，需要转变成供应商主动型，由供应商主动实现供应物资。就采购活动本身来讲，供需双方都能获利：买方获得物资，保障生产；卖方销售货物，实现利润。所以既然买方可以主动，卖方也可以主动。而这两个主动比较起来，卖方的主动更富有效率和效益。因为它不但为买方节省了采购业务成本，而且也为自己主动调整生产计划和送货计划提供了机会，从而实现了最大的节约，真正实现了供需双方的“双赢”。

从买方主动向卖方主动的观念转变，不单纯是买方的事，也是卖方的事。买方要转变观念、卖方也要转变观念，只有这样才能实现供应链采购。

（二）基础建设

为了实现供应链采购，除了实现以上几具转变外，还要完成一些基础建设工作。

1. 信息基础建设

包括：①建立起企业内部网（Intranet）、企业外部网（Extranet），并且和互联网（Internet）相连；②开发管理信息系统，建立自己的电子商务网站，建设信息传输系统；③进行标准化、信息化的基础建设，如 POS 系统、EDI 系统或其他数据传输系统、各种编码系统等。

2. 供应链系统基础建设

要通过扎实稳妥的工作，逐步建立起供应链系统。这就要求加强业务的联系，加强供应链企业的沟通，逐渐形成供应链中的和各个企业的业务协调和紧密合作关系，逐渐建立责任共担、利益共享机制。另外，还要促进各个企业的内部基础建设，实现信息化、规范化、有关业务的协调化，为建立一个完善的供应链做好准备。在条件成熟以后，就可以及时地建立供应链，实行供应链管理操作。

3. 物流基础建设

包括供应链各个企业内部和企业之间的物流基础建设，如仓库布点、仓库管理、运输通道、运输工具、搬运工具、货箱设计、物流网络等。此外，还包括一些物流技术，如条码系统、自动识别、计量技术、标准化技术等。

4. 采购基础建设

采购基础建设包括供应商管理库存、连续补充货物、数据共享机制、自动订货机制、准时化采购机制、付款机制、效益评估和利益分配机制、安全机制等。

通过所有这些基础建设，可以形成一定的规范，为建立起一个完善的供应链系统做好准备，以便进一步实现供应链采购。

第三节　供应链管理下的供应商管理

供应商管理是供应链采购管理中一个重要的环节，它在实现采购中有着举足轻重的作用。

一、供应商评估与选择

供应商选择是供应链管理中的一个重要决策，一个好的供应商拥有制造高质量产品的加工技术，拥有足够的生产能力，能够在获得利润的同时提供有竞争力的产品。当前，同一产品在市场上的供应商数目越来越多，供应商的多样性使得选择变得更为复杂，需要一个规范的程序来操作。

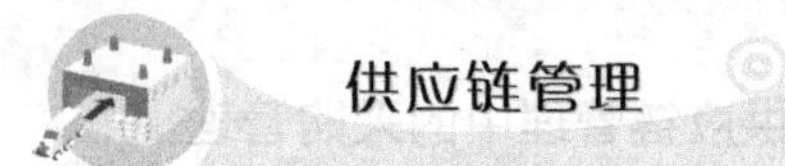

（一）供应链管理下供应商选择的步骤

1．成立供应商评估和选择小组

供应商选择绝不是采购员个人的事，而是一个集体的决策，需要企业各部门有关的人员共同参与讨论、共同决定，获得各个部门的认可，包括采购部门的决策者和其他部门的决策影响者。

供应商的选择涉及企业的生产、技术、计划、财务、物流、市场部门等。对于技术要求高、重要的采购项目来说，特别需要设立跨职能部门的供应商选择工作小组。供应商选择小组应由各部门有关人员组成，包括研究与开发部、技术支持部、采购部、物流管理部、市场部、计划部等。

2．确定全部的供应商名单

通过供应商信息数据库，以及采购人员、销售人员或行业杂志、网站等媒介渠道了解市场上能提供所需物品的所有供应商，列出名单。

3．列出评估指标并确定权重

确定代表供应商服务水平的有关因素，据此确定评估指标。评估指标和权重对于不同行业和产品的供应商是不尽相同的。

4．逐项评估每个供应商的履行能力

为了保证评估的可靠，应该对供应商进行调查。在调查时一方面听取供应商提供的情况，另一方面尽量对供应商进行实地考察。考察小组由各部门有关人员组成，技术部门进行技术考察，对企业的设备、技术人员进行分析，考虑将来质量是否能够保证，以及是否能够跟上企业所需技术的发展，满足企业生产变动的要求；生产部门考查生产制造系统，了解人员素质、设备配置水平、生产能力、生产稳定性等；财务部门进行财务考核，了解供应商的历史背景和发展前景，审计供应商并购、被收购的可能，了解供应商的经营状况、信用状况，分析价格是否合理，以及能否获得优先权。

5．综合评分并确定供应商

在综合考虑多方面的重要因素之后，给每个供应商打出综合评分，选择出合格的供应商。

（二）供应商选择的评估要素

对供应商进行评估的最基本的指标应该包括以下几项：①技术水平；②产品质量；③供应能力；④价格；⑤地理位置；⑥可靠性（信誉）；⑦售后服务；⑧提前期；⑨交货准确率；⑩快速响应能力。

技术水平是指供应商提供商品的技术参数是否能达到要求，包括供应商是否具有制造或供应所需的产品的技术队伍，是否具有产品开发和改进项目能力，能否帮助改进产品等，这些问题都很重要。选择具有高技术水准的供应商，对企业的长远发展是有好

处的。

供应商提供的产品质量是否可靠，是一个很重要的评估指标。供应商的产品要能够持续、稳定地达到产品说明书的要求，就必须拥有一个良好的质量控制体系。对供应商提供的产品除了在工厂内进行质量检验以外，还要考虑实际使用效果，即调查产品在实际环境中使用的质量情况。

供应能力即供应商的生产能力，企业需要核准供应商是否具备相当的生产规模与发展潜力，这意味着供应商的制造设备必须能够在数量上达到一定的规模，才能够保证供应所需数量的产品。

供应商应该能够提供有竞争力的价格，这并不意味着必须是最低的价格。这个价格是考虑了要求供应商按照所需的时间，所需数量、质量和服务后确定的。供应商还应该有能力向购买方提供改进产品成本的方案。

供应商的地理位置对库存量有相当大的影响，如果物品单价较高，需求量又大，距离近的供应商有利于管理。购买方总是期望供应商离自己近一些，或至少要求供应商在当地建立库存。地理位置近，送货时间就短，意味着紧急缺货时就可以快速送到。

可靠性是指供应商的信誉。要选择一家有较高声誉的、经营稳定的、财务状况良好的供应商。同时，双方应该相互信任，讲究信誉，并能把这种关系保持下去。

供应商必须具有优良的售后服务。如果需要他们提供可替代元器件，或者提供某些技术支持，好的供应商应该能够提供这些服务。

除了以上各点以外，有时还有一些其他因素需要考虑，如彼此的互惠经营、供应商是否愿意为购买方建立库存等。

（三）对供应商评估与选择的方法

对供应商的评估与选择是一个多对象、多因素（指标）的综合评价问题，有关此类问题的决策已经建立了几种数学模型。它们的基本思路是相似的，先对各个评估指标确定权重，可用数字 1～10 之间的某个数值表示，可以是小数（可以是 0～1 之间的一个数值，并且规定全部的权重之和为 1）；然后对每个评估指标对分，也可用 1～10 之间的一个数值表示（或 0～1 之间的一个数值）；再对所得分数乘以该指标的权重，进行综合处理后得到一个总分；最后根据每个供应商的总得分进行排序、比较和选择。

例如，某种物品可以由三家供应商提供，表 3-4 列出了全部的评估数值和供应商总分。

表 3-4　供应商评估表

评估指标（1）	指标权重（2）	评估数值（3）		
		A 供应商	B 供应商	C 供应商
技术水平	8	7	8	5

（续）

评估指标（1）	指标权重（2）	评估数值（3）	9	7
		A 供应商	B 供应商	C 供应商
价格	7	7	6	8
地理位置	2	3	6	9
可靠性	6	4	7	8
售后服务	3	4	6	7
综合得分（2）×（3）后累加		289	308（获选）	302

以上例子虽然非常简单，但如果企业在采购前适当地考虑这些问题，就可以大大降低采购的失误率。

由于各项指标的重要程度是不同的，所以需要确定权重，这是一项既需要经验又需要技术的工作。

二、供应商管理

供应商管理的重要性早在20世纪40年代就受到发达国家的重视，在后来的发展过程中，随着经济环境的变化，不断地出现新的内容，现在供应商管理已经有了很多优秀的理论和实践成果。供应商管理最主要的两个领域及成果是供应商的选择和供应商的关系管理。从传统的供应商管理发展到供应链供应商管理，企业在供应商管理方面有了很大的进步。

（一）供应商管理的目标及战略

1．现代企业供应商管理在战略方面要考虑的问题

1）设计一种能最大限度地降低风险的合理的供应结构。

2）与供应商建立一种能促使供应商不断降低成本、提高质量的长期合作关系。

3）采用能够使采购总成本最小的采购方法。

2．供应商管理的目标

1）获得符合企业质量和数量要求的产品或服务。

2）以最低的成本获得产品或服务。

3）确保供应商能提供最优的服务和及时的送货。

4）发展和维持良好的供应商关系。

5）开发潜在的供应商。

（二）供应商关系分类

供应链管理将企业与供应商之间的关系大致分为 5 种，即短期目标型、长期目标型、渗透型、联盟型和纵向集成型。

1. 短期目标型

这种类型最主要的特征是双方之间的关系是交易关系，即买卖关系。双方都希望能保持长期的买卖关系，获得稳定的供应，但是双方所做的努力只停留在短期的交易合同上。各自关注的是如何谈判，如何提高自己的谈判技巧，使自己获利更大，而不是如何改善自己的工作，使双方都获利。供应一方最多提供标准化的产品或服务，以保证每一笔交易的信誉，当买卖完成时，关系也终止了。双方只有供销人员彼此保持联系，其他部门人员一般不直接参与双方之间的业务活动。

2. 长期目标型

与供应商保持长期的合作关系是有好处的，双方有可能为了共同利益对改进各自的工作感兴趣，并在此基础上建立起超越买卖关系的合作伙伴关系。长期目标型的特征就是建立一种合作伙伴关系，双方的工作重点都是从长远利益出发，相互配合，不断改进产品质量与服务质量，共同降低成本，提高供应链的竞争力。合作的范围遍及公司内的多个部门。例如，由于双方是长期合作，如果需求方对供应商提出新的技术要求，而供应商目前还不具备这个能力，在这种情况下，需求方可以对供应商提供技术、资金等方面的支持。供应商的技术创新和发展也会促进企业产品改进，所以对供应商进行技术支持与鼓励是有利于企业长期利益的。

3. 渗透型

这种关系形式是在长期目标型基础上发展起来的。其管理思想是把对方公司看成为自己公司的延伸，是自己的一部分，因此，对对方公司的关心程度又大大提高了。为了能够参与对方的活动，有时会在产权关系上采取适当的措施，如互相投资、参股等，以保证双方利益的共享与一致性。在组织上也采取相应措施，保证双方派员加入对方的有关业务活动。这样做的优点是可以更好地了解对方的情况，供方可以了解自己的产品在对方企业是怎样起作用的，容易发现改进的方向，而购买方可以知道供应方是如何制造的产品，也可以提出改进的要求。

4. 联盟型

联盟型是从供应链的角度提出的。它的特点是从更长的纵向链条上管理成员之间的关系，难度提高了，要求也更高。由于成员增加，往往需要一个处于供应链上核心地位的企业出面协调成员之间的关系，称之为盟主。

5. 纵向集成型

这种形式被认为是最复杂的关系类型，即把供应链上的成员整合起来，像一个企业一样，但各成员是完全独立的企业，决策权属于自己。在这种关系中，要求每个企业在充分了解供应链的目标、要求，以及充分掌握信息的条件下，能自觉作出有利于供应链整体利益的决策。有关这方面的知识，更多的是停留在学术上的讨论，实践中的案例很少。

（三）供应商分类管理策略

为了保证企业的运营，企业需要对原材料、零部件、设备、办公用品以及其他产品或服务进行采购。由于采购内容的不同，选择的供应商就不同。对各个供应商要相应采取不同的策略。

对于制造业企业来说，原材料或零部件的采购最为频繁，对这类供应商的日常管理就显得十分重要。

对于设备类物品而言，购买次数不多，但一次性投资大，影响企业长期生产。在设备的维修方面，需要与供应商建立良好的沟通与合作，所以选择能提供优质服务的供应商尤其重要。

办公用品采购量占企业采购总量的比重虽然不大，资金也不多，却是公司运营成本的重要组成部分，影响着公司的利润。一般应尽可能选择少数供应商，与这之保持长期合作的关系，并获得批量优惠，以节约企业管理费用。

关于物流服务采购，随着公司业务的扩大，专业分工越来越细，物流的运输职能越来越倾向于利用外部资源，由第三方物流公司承担。对这类服务性的公司，需要做大量的沟通与协调工作。

本 章 小 结

采购管理包括选择采购员、选择供应商、采购洽谈、价格、采购量以及合同管理等。由于采购资金在总成本中占很大比重，使得采购在企业经营活动中占有重要地位。

采购管理科学化，首先需要规范采购作业的行为模式。按照采购员个人的工作习惯随意操作，采购的质量难以保证。所以任何企业都需要规范采购的一般流程，消除采购中的“三不”现象（即不管是否为企业所需，不做市场调查和咨询，不问价格高低、质量好坏），以保证工作质量，堵住资金流失的漏洞。

供应链采购是指供应链内部企业之间的采购。供应链内部的需求企业向供应商企业采购订货，供应商企业将货物供应给需求企业。

供应链采购与传统的采购相比，虽然物资供需关系没有改变，采购的概念没有改变，但是，由于供应链各个企业之间是一种战略伙伴关系，采购是在一种非常友好合作的环境中进行，所以采购的观念和采购的操作都发生了很大变化。

供应商管理是供应链采购管理中一个很重要的环节，它在实现采购中有着举足轻

重的作用。供应商选择是供应链管理中的一个重要决策，一个好的供应商拥有制造高质量产品的加工技术，拥有足够的生产能力，以及能够在获得利润的同时提供有竞争力的产品。同一产品在市场上的供应商数目越来越多，供应商的多样性更使得选择变得复杂，需要一个规范的程序来操作。

思考题

1．什么是采购？
2．简述采购的重要性和采购的一般流程。
3．简述供应链环境下采购的特点。
4．简述准时采购的基本思想。
5．怎样评估与选择供应商？

课后拓展案例

案例 1　精益生产方式下的供应商关系管理

精益生产方式主张大部分的零部件交给独立的零件商生产，整车厂的主要任务是整车装配和代表汽车技术的部件制造。在丰田公司一辆轿车的总成本中，本公司的费用只占 27%。如何把众多的协作厂组织起来，纳入自己的经营轨道，精益生产方式已形成自己的一套管理思想与方法。

（1）**整车厂与协作厂的关系**　精益生产方式认为，整车厂把大量的零部件交给协作厂生产，协作厂的产品质量与成本都会直接影响到整车厂的质量与费用，如何在两者之间建立起一种互相依存、互相信任、同舟共济的关系是十分重要的。

整车厂采取了互助协作会的形式把协作厂组织起来。为了能贯彻整车厂的意图，采取了一系列具体的措施，如定期开会交流信息、帮助培训干部、指导管理工作、帮助提高产品质量降低成本，甚至提供低息贷款。为了便于掌握情况，双方都派人员到对方工厂工作，了解对方的需求，协调双方的配合。整车厂对主要的协作厂还采取参股、控股方式，使双方的利益结合得更紧。

在组织方式上整车厂采取分级管理的办法，即整车厂只和第一层的协作厂联系，只向第一层的协作厂要货，再下层次的协作关系是协作厂的事情由此组成一个金字塔形的协作群。日本的几家主要整车厂直接联系的协作厂不到 300 家，而美国的同行却要联系 1 000～2 500 家。所以前者的采购工作量小，如丰田公司只有 337 位采购人员，而通用汽车公司采购部有 6 000 名人员。

（2）**协作厂的选择** 大量的生产方式采取招投标方式选择协作厂，这是一种简单的买卖关系，双方互不信任，互相保密。协作厂有时为了中标不惜亏损投标，以后再借故提价。精益生产方式则做长远的考虑，注重协作厂的实际能力和一贯的表现，选择那些有产品开发能力，质量可靠，有一定的生产规模的厂家。同时要满足就近原则，运输路途时间在2小时以内，以便组织直达生产现场供货。在确定同一零部件的供应商数量时，除复杂零部件只选一家外，一般零部件选几家。当某家供应商表现不佳时，就把部分订单在一段时间内转走，以示惩罚，改进后再考虑增加订单，不像美国企业采用开除协作关系的方式。这样做的方法比较简单，但效果却不错，既在协作厂之间形成一种竞争压力，又保持一种稳定的关系，有利于提高产品质量和降低成本。

（3）**与协作厂的利益分配方式** 精益生产方式充分认识到整车厂与协作厂之间在利益分配上是一对矛盾，双方的利益此消彼长，但从长远看双方的利益又是一致的，双方都以对方的存在而存在。因此，整车厂放弃了以往那种以大压小、讨价还价的做法，建立起一种合理分配利益的体系。

1）在产品开发时大家确定一个有竞争力的价格作为目标价格，再进一步把目标价格分解到零部件，大家一起考虑如何达到目标成本，使大家都有利润。整个过程是公开的。

2）当产品投产后，还要不断地采取措施降低成本，整车厂派出人员到协作厂协助工作，努力降低成本。由于整车厂尊重协作厂的利益，承认它们获取合理利润的权利，所以协作厂向整车厂是完全开放的。双方还规定了谁出力、谁得利的分配原则，如果是双方共同努力降低了成本，则利益双方分享。

（4）**协作厂的供货方式** 精益生产方式在整车厂与协作厂之间的生产指令也采用看板管理，生产顺序计划提前1～2通知主要部件厂，协作厂距离又近，双方的利益又紧紧地捆在一起，为定时定量的直达供货直送工位的供应体制创造了条件。在20世纪80年代，日本有16%的小零件协作厂能做到按周供货；52%的协作厂能做到按日供货；而31%的复杂部件配套厂则按小时供货。由于取消了中间在制品仓库，只在生产现场保持少量周转库存，在整车厂平均只有0.2天的存量，在协作厂只有1.5天，总共才1.7天。传统的做法是，整车厂都建有很大的协作件仓库，协作厂按合同规定的交货期交货，货物送到后需要检验入库，再从仓库发货到生产现场。因此，在整车厂和协作厂都建立起较大的库存，两者总计库存可达2周左右。

案例2 邯郸钢铁公司的供应商关系管理

邯郸钢铁公司（以下简称邯钢）在推行“推墙入海，市场模拟”管理模式中，在采购管理方面也探索出一套植根于中国国情的供应商关系管理的思想与方法。邯钢从实际情况出发，根据货物在市场上的供求关系分类，将之分成供大于求、供不应求和供需平衡三种类型，研究出不同的管理方法。

（1）**供大于求类型** 在供大于求的市场中，采购方处于有利地位，供应商提供的产品质量和价格有较大的选择余地，是企业降低成本的主攻方向。但他们的方法并不是以大压小，而是按市场规律办事，花力气找到尽可能多的供应商，不忽视小企业和乡镇

企业。然后，采用竞争订货法和择优订货法实施采购。

竞争订货法用于同种原料多家供货的场合。具体做法是：把供应商召集起来，公开宣布采购要求，包括质量、价格，售后服务等，以及采购数量，谁能最好地满足要求，就买谁的。

择优订货法主要用于大宗原料燃料的采购。由于市场供大于求，价格变动必然频繁，所以采取定期公布订货价格的方法，调查所申请供货的厂商以后，根据厂商产品的质量、价格、售后服务的水平评分排队，顺次采购。

这种管理方式是典型的短期目标型。但由于供应商数量大，市场变动也大，与其建立长期关系，不如采取简单的竞争手段，获得可观的利益。

（2）**供不应求类型**　在供不应求的市场上，资源紧缺，卖方占主导地位，但又不同于计划经济时代时的情况，企业还得在市场上自主采购，而不是计划调配。邯钢的做法是必须遵循市场规律，处理好与供应商的关系。他们选择一些条件好的厂矿，给以一定的资金和技术支持，帮助供应商扩大生产能力及提高产品质量，以某种契约的方式，建立特殊的供求关系，稳定供应渠道，平抑价格上涨。

此时，企业的管理重点是保证供给，稳定价格。要通过多方面的支持，与供应商建立一种长期关系，来达到这个目的。

（3）**供需平衡类型**　在供需平衡的市场上，价格比较稳定，降价与挑选的余地不大，邯钢认为此时不宜投入过大的力量。也可以帮助供应向提高生产能力，提高质量，但一般说来意义不大。

企业与供应商的关系是随着社会的发展而发展变化的。可以预计，随着电子商务的普及，供应链成员之间的联系方式将发生重大变化，供应商关系管理也会发展到一个新的水平。

问题讨论：

1）精益生产方式下的供应商关系管理对我们有什么启示？

2）邯郸钢铁公司的供应商关系管理对我们有什么启示？

第四章　供应链管理中的库存管理

导入案例

Ace 五金商店拥有 5 100 家零售连锁店。自从 1988 年以来，公司已经招收了 4 200 名员工，实现了 28 亿美元的零售连锁业务。这个总部设在奥克布鲁克的零售巨人要设法使整合方法成为业务发动机，特别是在存货管理方面。他们设计了一种新的存货管理系统，该系统允许 ACE 每晚检查 1 000 000 个 SKU（这是老系统所不可能达到的业绩），这种检查方式帮助 Ace 维持目前日常的存货状况以及进行购买决策；它还允许 Ace 利用购买期货的程序（以一定折扣购买大批量的物品）。

Ace 存货管理系统的成功支持了统计方法的改进，这种改进是从公司创建以来第一次出现的。根据订购和销售给零售商的单位数量，Ace 计算出一种"服务经销商比率"，平均的服务数值是 95.4%。例如，如果一个零售商订购 1 000 复合单位（如锯子、锤子、锥子等），仓库本该运送 954 单位的这些物品，因为供应库存管理（VMI）的关系，服务水平高于统计数据 1%～2%，有时达到 97.5%或者还要高。这些微小百分比的增加对于一个价值 10 亿美元的公司来说是意义重大的。Ace 也有大约 20%的存货是由卖主管理的。Ace 期望这个数值随着互联网的实施会有所增加。除了这些，Ace 还把每周的更新放进日常报告中，将大多数的存货计算转移到新系统中。Ace 关注技术的做法也得到了回报：增加了需求、预测和存货补充，通过 B2B 网络应用平台加强了供应商关系。

本章学习目标

学习：库存的含义和分类，库存的功能、库存合理化的内容以及供应商管理库存（VMI）、联合库存管理等库存控制方法。

了解：库存的基本含义、相关的分类知识，能从供应链角度对库存的功能与库存合理化内容有更深刻的了解，对供应链中的库存控制方法有全面的了解。

掌握：掌握库存控制方法与技术、库存合理化的基本方法等，对供应商管理库存、联合库存控制方法的应用有一定的掌握。

第一节　库存及库存管理

一、库存的概念

在企业生产经营管理过程中，库存已经成为价值链的重要环节，在价值增值过程中承担着重要职能。

狭义的观点认为，库存是指静态库存，即仓库中暂时处于储存状态的商品，是储存的表现形态。从广义的观点来看，库存则是动态的，表示为了用于将来目的的、暂时处于闲置状态的资源。库存可以是主动的各种物品的储备，也可以是被动的各种形态的超储或积压的物品；而资源停滞的位置，可以是在仓库、生产线或车间里，也可以是在汽车站、火车站及机场码头等流通节点上，甚至正在运输途中。

库存是仓储的最基本的功能，除了进行商品储存保管外，它还具有整合需求和供给，维持物流系统中各项活动顺畅进行的功能。企业为了能及时满足客户的订货需求，就必须经常保持一定数量的商品库存。配送中心为了维持配送的顺利进行也必须预先储存一定数量的商品来满足订货需求。企业存货不足，会造成供货不及时、供应链断裂，丧失市场占有和交易机会；社会存货不足，会造成物资贫乏、市场供不应求。而商品库存需要一定的维持费用，同时还存在由于商品积压和损坏而产生的库存风险。因此，在库存管理中既要保持合理的库存数量，防止缺货和库存不足，又要避免库存过量，发生不必要的库存费用。

库存以原材料、在制品、半成品、成品的形式存在于供应链的各个环节。由于库存费用占到库存物品价值的20%～40%，各企业也非常重视库存管理和库存量，库存问题日益成为企业降低成本和提高服务水平的重点。

按照企业库存管理的目的的不同，库存可分为以下几种类型：

（1）周转库存　也叫经常库存，是由于不能准确预测生产数量、销售数量和时机，为满足生产和生活的日常需要而建立的库存。周转库存的目的是为了衔接供需，缓冲供需时间上的矛盾，保障供需双方的经营活动都能顺利进行。这种库存的补充是按照一定的数量界限或时间间隔反复地进行的。

（2）安全库存　是指为了防止由于不确定因素（如突发性的大量订货或供应商延期交货）影响订货需求而准备的缓冲库存。统计结果表明，这种缓冲库存量差不多占零售业总库存量的3%。

（3）加工库存和在途库存　加工库存，是指处于流通加工或等待加工而处于暂时储存状态的商品。在途库存，也称中转库存，是指尚未到达目的地、正处于运输状态或等待运输状态而储备在运输工具中的物品。物品在加工及运输途中形成库存的原因主要是由于加工和运输需要时间，而不是为工厂或客户服务。

（4）季节性库存　季节性库存是指为了满足一个销售高峰季节中出现的需求大幅度

增加而建立的库存，或是对季节性生产的商品在出产的季节大量收藏储备所建立的库存。

（5）促销库存　促销库存是指为了配合企业开展的各种促销活动所产生的预期销售增加而建立的库存。

（6）时间效用库存　时间效用库存是指对于价格易于波动的商品，可以通过在低价时大量购进而实现节约；或对于预计将要涨价的物品，在市场价格较低时购进以降低该物品的物料成本而建立的库存。

（7）积压库存　积压库存又称沉淀库存，是指由于商品质量变质或发生损坏，或是因没有市场需求而滞销的商品库存，以及超额储存而产生的库存。

二、库存的功能

在现实经济生活中，商品的流通并不是始终处于运动状态的，作为储存的表现形态的库存是商品流通的暂时停滞，是商品运输的必需条件，没有商品储存就不会有商品流通。库存在商品流通过程中的功能主要表现在以下几个方面。

1．调节供求差异，保证生产、生活和经营活动的正常进行

对物品的需求，是随生产、生活和经营活动的进行而不断发生的，但是需求与供应在时间和数量上往往是不同步的。有些产品的生产时间相对集中，而消费则是均衡发生的；有些产品生产是均衡的，而消费却是不均衡的。例如，粮食作物集中在秋季收获，但粮食的消费在一年之中是均衡消费的；清凉饮料和啤酒等产品一年四季都在生产，但其消费时间则在夏季相对比较集中。这表明，生产与消费之间，供给与需求两方面，往往在一定程度上存在着时间上的差异。为了维护正常的生产和生活秩序，尽可能地消除供求之间、生产与消费之间在时间上的不协调性，就必须保持一定的库存量来平衡供求关系、生产与消费关系，缓冲供需之间的矛盾，以保证企业生产、经营活动的正常进行。

2．稳定生产、经营的规模，获取规模经济效应

虽然维持一定库存占用了大量的资金和库存维持费用，但是从经济核算角度来看，企业只有按照适当的数量、既定的规模组织产品生产和货物供应，才能够达到规模经济效应，获取良好的经济效益。一方面，在采购过程中，批量采购可以分摊降低订货费用；另一方面，在生产过程中，采取批量生产加工的方式，可以分摊降低生产成本。

3．缓冲不确定性因素的影响，缩短订货提前期，加快市场反应速度

在企业生产经营过程中，由于一些主客观方面的原因（如预测、计划不准确，生产事故，运输故障等），作业失误往往是难以完全避免的。这个时候，如果企业保持有一定的库存，就可以缓冲由于作业失误可能造成的损失，保证生产经营活动的顺利进行。同时，企业通过维持一定的库存量，在客户需要时就可以迅速供货，以缩短客户的订货提前期，增强企业对客户需求的快速反应能力。

4．降低物流成本的功能

对于生产企业而言，保持合理的原材料和产成品库存，可以消除或避免因上游供应商原材料供应不及时而需要进行紧急订货所增加的物流成本，也可以消除或避免下游销售商由于销售波动进行临时订货而增加的物流成本。

三、库存合理化

库存合理化是指以最经济的方法和手段从事库存活动，并发挥其作用的一种库存状态及其运行趋势。具体来说，库存合理化包含以下内容。

1．库存硬件配置合理化

库存硬件是指各种用于库存作用的基础设备。实践证明，物流基础设施和设备数量不足，物流技术水平落后，或者设备过剩、闲置，都会影响库存功能的有效发挥。如果设施和设备重复配置，以至库存能力严重过剩，将增加储备物资成本而影响库存的整体效益。因此，库存硬件的配置应以能够有效地实现库存职能，满足生产和消费需要为基准，做到适当合理地配置仓储设施和设备。

2．组织管理科学化

组织管理科学化体现在三个方面：

1）存货数量应保持在合理的限度之内，既不能缺少，也不能过多。

2）货物存储的时间较短，货物周转速度较快。

3）货物存储结构合理，能充分满足生产和消费的需要。

3．库存结构符合生产力的发展需要

从微观上说，合理的库存结构指的是在总量上和存储时间上，库存货物的品种和规格的比例关系保持协调；从宏观上说，库存结构符合生产力发展的要求，意味着库存的整体布局、仓库的地理位置和库存方式等都要有利于生产力的发展。在社会化大生产条件下，为了发展规模经济和提高生产、流通的经济效益，库存适当集中应当是库存合理化的一个重要标志。库存适当集中，有利于采用机械化、现代化操作，可以在降低存储费用和运输费用同时，提高供应保障能力。

四、库存控制问题分析

在供应链管理的环境下，我国企业库存控制中存在的问题主要有以下内容。

1．各自为战，缺乏整体观念

虽然供应链的整体绩效取决于各个供应链节点的绩效，但是各个部门都是各自独立的单元，都有各自独立的目标与使命。有些目标和供应链的整体目标是不相干的，甚至有可能是冲突的。因此，这种各自为政的行为必然导致供应链整体效率的低下。企业之间缺乏合作的战略伙伴关系，且往往从短期效益出发，为了实现自己的“零库存”，就利用自己的优势地位，将库存向上游企业前推或向下游企业后延，大大提高了相邻企业的库存水平。这种做法只是转移了库存，并没有从真正意义上解决供应链中的库存问题。

例如，一家企业集中精力降低订货成本，以每笔订货费作为绩效评价的指标，这种政策对于单一企业本无可厚非，但是它没有考虑对供应链体系中其他制造商和分销商的影响，这样最终势必造成供应链的相关制造商维持较高的库存量和企业总成本的上升。

2．对客户服务水平理解上的偏差

供应链管理的绩效好坏应该由客户来评价，或者用对客户的反应能力来评价。但是，由于对客户服务水平理解上的差异，会导致客户服务水平上的差异。许多企业采用订货满足率来评估客户服务水平，这是一种比较好的客户服务考核指标。但是订货满足率本身并不能保证运营问题，例如，一家计算机工作站的制造商要满足一份包含多产品的订单需求，产品来自各个不同的供应商，客户要求一次性交货，制造商要将各个供应商的产品都到齐后才一次性装运给客户。这时，应用总的订货满足率来评价制造商的客户服务水平是恰当的，但是，这种评价指标并不能帮助制造商发现是哪家供应商的交货提前或推迟了。

3．缺乏准确的交货状态信息

当顾客下订单时，他们总是希望知道什么时候能交货。在等待交货过程中，也可能会对订单交货状态进行修改，特别是当交货被延迟以后，许多企业并没有及时而准确地将推迟的订单引起交货延迟的信息提供给客户，这必然会导致客户的不满和再订货率的下降。

4．低效率的信息传递系统

在供应链中，各个供应链节点企业之间的需求预测、库存状态、生产计划等都是供应链管理的重要数据，这些数据分布在不同的供应链节点企业之间，要实现快速有效地响应客户需求，必须实时传递这些数据。为此，需要改善供应链信息系统模型，通过系统集成的方法，使供应链中的库存数据能够实时、快速地传递。但是，目前许多企业的信息系统并没有实现集成，当供应商需要了解客户需求信息时，需求信息沿着供应链由下游向上游逐级传递，在此过程中，由于“牛鞭效应”的存在，需求波动逐级放大，需求的不稳定性增加，预测准确度降低。制造商和零售商往往发现他们自己淹没在许多物品的库存里，同时，信息延迟而引起的需求预测的误差和库存量精确度的下降，都会给短期生产计划的实施带来困难。例如，企业为了制定一个生产计划，需要获得关于需求预测、当前库存状态、供应商的运输能力、生产能力等信息，这些信息需要从不同的供应链节点企业数据库中获得，数据整理完后制定主生产计划，然后运用相关管理系统软件制定物料需求计划，这样一个过程一般需要很长时间。时间越长，预测误差越大，制造商对最新订货信息的有效反应能力也就越差，生产出过时的产品和出现过高的库存量也就不足为奇了。

5．忽略不确定性对库存的影响

供应链运营过程中的不确定性因素很多，如订货的前置时间、货物的运输状况、

原材料的质量、生产过程的时间和运输时间、需求状况的变化等。为了减少不确定性因素对供应链的影响，首先应了解不确定性的来源和影响程度。很多企业并没有认真研究和预测，错误估计供应链中物料的流动时间，造成有的物品库存增加，而有的物品库存不足的现象。

6．缺乏合作与协调性

供应链是一个整体，需要协调各节点企业的活动，才能获得最满意的运营效果。协调的目的是使满足一定服务质量要求的信息可以流畅地在供应链企业之间传递，从而使供应链能够实时响应客户的需求，形成更为合理的供需关系，适应复杂多变的市场环境。供应链的各节点企业为了应付不确定性都设有一定的安全库存作为应急措施。问题是在供应链体系中，组织的协调涉及多方面的利益，造成相互之间缺乏信任和信息透明度。为了应付市场的波动，企业不得不维持一个较高的安全库存，付出更高的代价。

信用风险的存在更加深了问题的严重性，相互之间缺乏有效的监督机制和激励机制是供应链节点企业之间合作不稳固的主要原因。要进行有效的合作与协调，企业之间必须建立一种有效的合作激励机制和信用机制。

7．库存控制策略简单化

无论是生产企业还是物流企业，库存控制的目的都是为了保证供应链运行的连续性和应付不确定性需求。在了解和跟踪不确定性状态因素的前提下，利用跟踪到的信息制定相应的库存控制策略。库存控制策略制定的过程是一个动态的过程，而且在库存控制策略中应该反映不确定性动态变化的特点。许多企业对所有的物资采用统一的库存控制策略，物资的分类没有反映供应与需求的不确定性。

8．不重视产品流程设计的影响

现代产品设计与先进制造技术的出现，使产品的生产效率大幅度提高，而且具有较高的成本效益，常常忽视供应链库存的复杂性，结果产生了所有节省下来的成本都被供应链上的分销与库存成本抵消的现象。同样，在引进新产品时，如果不进行供应链的规划，也会产生诸如运输时间过长、库存成本高等现象而无法获得利润。

第二节　库存管理的方法和技术

一、订货点技术

库存控制是在供应得到保证的前提下，为了使库存量最小而对库存进行的有效管理。库存的基本功能是：防止库存量过小，导致缺货而造成供货不及时和发生销售断档；保证适当的库存量，以节约库存费用；降低物流成本；保证生产的计划性和平衡性；储备功能。

实施库存控制的重点是对库存量的控制。订货点技术是传统的库存控制方法，它是从影响实际库存量的两方面，即从销售的数量和时间，以及进货的数量和时间入手，来确定商品订购的数量和时间，从而达到控制库存量的目的。因此，订货点技术的关键在于把握订货的时机。具体的方法包括以下两种。

（一）定量订货法

1．定量订货法原理

定量订货法是指当库存量下降到预定的最低库存量（即订货点）时，按规定数量进行订货补充的一种库存控制方法，它主要靠控制订货点和订货批量两个参数来控制订货、进货，达到既能够最好地满足库存需求，又能使总费用最低的目的。

定量订货法的原理是：首先确定一个订货点 Q_k，在销售过程中随时检查库存量，当库存下降到 Q_k 时，就发出一个订货批量 Q^*，一般取经济订货批量（Economic Order Quantity,EOQ）。其变化情况如图 4-1 所示。

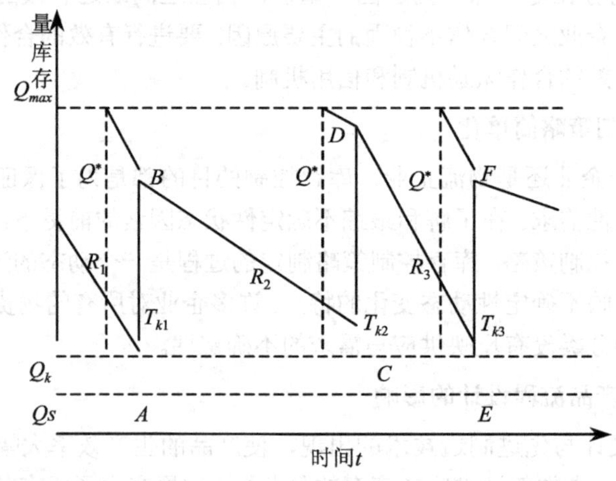

图 4-1　库存量的变化

图 4-1 是库存量变化的一般情况，每一阶段库存下降速率 R 和订货点的时间间隔都是随机变量，即 $R_1 \neq R_2 \neq \cdots \neq R_n$，$T_{k1} \neq T_{k2} \neq \cdots \neq T_{kn}$。第一阶段，库存以 R_1 的速率下降，当库存下降到 Q_k 时，就发出一个订货批量 Q^*，这时“名义库存”升高了，Q^*达到 $Qmax=Q_k+Q^*$，进入第一个订货提前期 T_{k1}，在 T_{k1} 内库存继续以 R_1 的速率下降至 A 点，新订货物到达，T_{k1} 结束，实际库存为 $Q_B= Qs+Q^*$。进入第二个出库阶段，库存以 R_2 的速率下降，假设 $R_2<R_1$，库存消耗周期较第一阶段要长，当库存下降到 Q_k 时，又发出一个订货批量 Q^*，“名义库存”又升到 $Qmax=Q_k+Q^*$，进入第二个订货提前期 T_{k2}，在 T_{k2} 内库存继续以 R_2 的速率下降到 C 点，第二批订货到达，T_{k2} 结束，实际库存又升高了 Q^*达到 D 点，实际库存为 $Q_D=Q_C+Q^*$，由于 $R_2<R_1$，所以 $T_{k2}<T_{k1}$。之后进入第三个出货阶段，库存以 R_3 的速率下降，$R_3>R_1>R_2$，因此 $T_{k3}>T_{k1}>T_{k2}$，当 T_{k3} 结束时库存量下降到 E 点，且动用了安全库存 Qs，新的订货到达时实际库存上升到 $Q_F=Q_E+Q^*$，比 B 点和 D 点的实际库存

都低，然后进入到下一个出库周期，如此反复循环下去。由上述对图 4-1 的分析可以看出：

1）订货点 Q_k 包括两部分：第一部分为 Qs 即安全库存，第二部分为 D_L 即各订货提前期内销售量的平均值，如果各个周期的销售是平衡的，即 $R_1=R_2=R_3=\cdots$，则 $\overline{D_L}$ 就是各提前期的销售量 D_L。

2）在整个库存变化中所有的需求量均得到满足，没有缺货现象，但是第三阶段的销售（出库）动用了安全库存 Qs，如果 Qs 设定太小的话，则 T_{k3} 期间的库存曲线会下降到横坐标线以下，出现负库存，即表示缺货。因此安全库存的设置是必要的，它会影响库存的水平。

3）由于控制了订货点 Q_k 和订货批量 Q^*，使得整个系统的库存水平得到了控制，名义库存量 $Qmax$ 保持不变，实际最大库存量（Q_B、Q_D、Q_F）数值都不超过 $Q_k+Q^*-D_L$。

2．定量订货法控制参数的确定

实施定量订货法需要确定两个控制参数，一个是订货点（订货点库存量），另一个就是订货数量（经济订货批量 EOQ）。

（1）订货点的确定　影响订货点的主要有订货提前期、平均需求量和安全库存三个因素。根据这三个因素就可以简单地确定订货点。

1）在需求和订货提前期确定的情况下，即 R 和 T_K 固定不变时：

$$订货点=订货提前期（天）\times 全年需求量/360（天）$$

2）在需求与订货提前期都不确定时，需要确定安全库存：

$$订货点=（平均需求量\times 最大订货提前期）+安全库存$$

安全库存则用概率统计方法求得：

$$安全库存=安全系数\times\sqrt{最大订货提前期}\times 需求变动量$$

安全系数根据缺货概率由表 4-1 查得；需求变动值可有以下两种方法确定：

表 4-1　安全系数表

缺货概率（%）	30.6	27.4	24.2	21.2	18.4	15.9	13.6	11.5	9.7	8.1
安全系数值	0.5	0.6	0.7	0.8	0.9	1.0	1.1	1.2	1.3	1.4
缺货概率（%）	6.7	5.5	5.0	4.5	3.6	2.9	2.3	1.8	1.4	0.8
安全系数值	1.5	1.6	1.65	1.7	1.8	1.9	2.0	2.1	2.2	2.3

当统计资料期数较少时：

$$需求变动量=\sqrt{\frac{\sum(y_i-\overline{y})^2}{n}}$$

式中，y_i——各期需求量实际值；

y——各期需求量实际平均值。

在统计资料期数较多时：

$$需求变动量=R/d_2$$

式中：R——全距，即资料中最大需求量与最小需求量的差；

d_2——随统计资料期数多少（样本多少）而变动的常数，可查表 4-2 得。

表 4-2　随资料期数而变动的 d_2 值

n	2	3	4	5	6	7	8	9	10	11	12	13
d_2	1.128	1.693	2.059	2.326	2.534	2.704	2.847	2.970	3.078	3.173	3.258	3.336
$1/d_2$	.886 5	.590 7	.485 7	.429 9	.394 6	.309 8	.351 2	.336 7	.324 9	.315 2	.306 9	.299 8
n	14	15	16	17	18	19	20	21	22	23	24	25
d_2	3.407	3.472	3.532	3.588	3.640	3.689	3.735	3.778	3.820	3.858	3.896	
$1/d_2$	.293 5	.288 0	.283 1	.278 7	.274 7	.271 1	.267 7	.264 7	.261 8	.259 2	.256 7	

【例 4-1】某仓库中一种商品 2009 年各月份需求量实绩见表 4-3，最大订货提前期为 2 个月，缺货概率根据经验统计为 5%，求该商品的订货点。

表 4-3　月需求量资料表

月份	1	2	3	4	5	6	7	8	9	10	11	12	合计
需求量/箱	162	173	167	180	180	172	170	168	174	168	163	165	2 052

解：平均月需求量=2 052÷12=171（箱）

缺货概率为 5%，查表 4-1 得：安全系数=1.65

需求变动值$=R/d_2$

R=181−162=19（箱）

d_2通过 n 为 12，查表 4-2 得：$1/d_2$=0.306 9

则需求变动值=19×0.306 9=5.831（箱）

订货点$=171\times2+1.65\times\sqrt{2}\times5.831=356$（箱）

即，当该商品的库存量下降到 356 箱时应该订货。

（2）订货批量的确定 确在定量订货中，对每一个具体的品种而言，每次订货批量都是相同的，所以对每个品种都要制定一个订货批量，通常是以经济批量作为订货批量。

所谓经济批量，就是使库存总成本达到最低的订货数量，需要通过平衡订货成本和储存成本得出。其计算公式为：$Q^*=\sqrt{2DS/C_i}$

式中：Q^*——经济订货批量。

D——商品年需求总量；

S——每次订货成本；

C_i——单位商品年保管费。

【例 4-2】仓库某种商品年需求量为 16 000 箱，单位商品年保管费为 2 元，每次订货成本为 40 元，求其经济批量 Q^*。

解：$Q^*=\sqrt{\dfrac{2\times1\,600\times40}{2}}$=800（箱）

采用经济批量法来确定订货数量，实际操作时还要做调整，使其尽可能地接近一个包装单元或者一个包装单元的倍数，这样便于发货和配送运输。

3．定量订货法的优缺点

（1）定量订货法的优点 主要表现在：

1）控制参数一经确定，则实际操作就变得非常简单了。实际中，经常采用“双堆法”来处理。所谓双堆法，就是将某商品库存分为两堆，一堆为经常库存，另一堆为订货点库存，当消耗完就开始订货，并使用经常库存，不断重复操作。这样可减少经常盘点库存的次数，方便可靠。

2）在订货量一定的情况下，商品验收、入库、保管和出库可利用规格化器具和计算方式，从而减少搬运、包装等方面的无谓工作量。

3）采用经济批量，可以降低库存成本，节约费用。

（2）定量订货法的缺点 主要有：

1）要随时检查库存，每日盘存必然要占用一定的人力和物力。

2）订货模式过于机械，灵活性不够。

3）订货时间随机变化，这样不利于对人员、资金和工作业务实行计划安排。

4）受到单一订货的限制，很难实现多品种联合订货。

（二）定期订货法

1．定期订货法原理

定期订货法即按预先确定的订货时间间隔进行订货补充的库存控制方式。

定期订货法的控制参数主要有订货周期、最高库存量。定期订货法是基于时间的订货控制方法，它设定订货周期和最高库存量，从而达到控制库存量控制的目的。只要订货间隔期和最高库存量控制合理，就可能实现既保障需求、合理存货，又节省库存费用的目标。

定期订货法的原理为：预先确定订货周期和最高库存量，周期性地检查库存，根据最高库存量、实际库存、在途订货量和待出库商品的数量，计算每次订货批量，发出订货指令，并组织订货。其库存变化如图 4-2 所示。

图 4-2 中表示的是定期订货法一般情况下的库存量变化：$R_1\neq R_2\neq R_3$，$T_{k1}\neq T_{k2}\neq T_{k3}$。在第一个周期，库存以 R_1 的速率下降，因预先确定了订货周期 T，也就是规定了订货时间，到了订货时间，不论库存还有多少，都要发出订货，所以当到了第一次订货时间即库存下降到 A 点时，检查库存，求出实际库存量 Q_{k1}，结合在途货物和待出货物，发出一个订货批量 Q_1，使名义库存上升到 $Qmax$。然后进入第二周期，经过 T 时间后在检查库存得到此时的库存量 Q_{k2}，并发出一个订货批量 Q_2，使名义库存又回升为 $Qmax$。

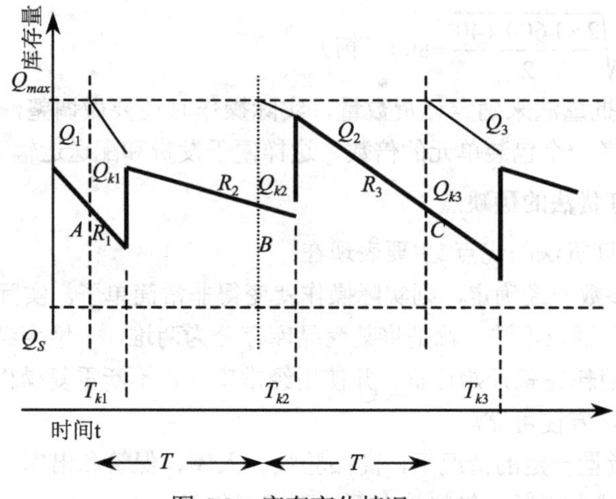

图 4-2　库存变化情况

采用定期订货法来保证库存需求与定量订货法不同。定量订货法是以订货期提前来满足需求的，其控制参数订货量 Q_k 是用于满足订货提前期内库存的需求。而定期订货法是以满足整个订货提前周期内的库存需求，即从本次发出订货指令到下次订货到达，即 $T+T_k$ 这一期间的库存需求为目的。由于在 $T+T_k$ 这个期间的库存需求量是随机变化的，因此根据 $T+T_k$ 期间的库存需求量确定的最高库存量 $Qmax$ 也是随机变量，它包括 $T+T_k$ 期间的库存平均需求量和防止需求波动或不确定因素而设置的安全库存 Qs。

因此，定期订货法的实施需要解决三个基本问题：订货周期、最高库存量和每次订货的批量如何确定。

定期订货法和定量订货法的区别是：定量订货法以订货期提前来满足需求，其控制参数订货量 Q_k 用于满足订货提前期内库存的需求；而定期订货法以满足整个订货提前期内的库存需求，即从本次发出订货指令到下次订货到达 $T+T_k$ 这一期间的库存需求为目的。

2．定期订货法的控制参数确定

（1）订货周期 T 的确定　订货周期也就是定期订货的订货点，其间隔时间总是相等的。订货间隔期的长短直接决定最高库存量的大小，即库存水平的高低，进而也决定了库存成本的多少。所以订货周期不能太长，否则会使库存成本上升；而订货周期太短又会增加订货次数，使得订货费用增加，最终增加库存总成本。所以从成本的角度出发，如果要使总成本达到最低，可以采用经济订货周期的方法来确定订货周期 T，其公式是：

$$T^* = \sqrt{2S / C_i R}$$

式中：T^* ——经济订货周期；

S ——单次订货成本；

C_i ——单位商品年储存成本；

R ——单位时间内库存商品需求量（销售量）。

这里的经济订货周期是指使总成本最低的订货周期。由于订货周期过长：库存成本会上升；而增加订货次数，订货费用增加，库存总成本增大，因此在实际操作中，常结合供应商的生产周期或供应周期来调整经济订货周期，从而确定出一个合理的、可行的订货周期。当然也可以结合人们比较习惯的时间单位，如周、旬、月、季、年等来确定经济订货周期，使其与企业的生产计划、工作计划相吻合。

（2）最高库存量 Q_{max} 的确定　定期订货法的最高库存量 Q_{max} 是为了满足 $T+T_k$ 期间内的库存需求，所以可以用 $T+T_k$ 期间的库存需求量为基础，再考虑到随机发生的不确定库存需求，然后设置一定的安全库存，就可以简化地求出最高库存量了。其公式是

$$Q_{max} = \overline{R}(T + \overline{T}_K) + Q_S$$

式中　Q_{max}——最高库存量；

$\overline{R}$ ——（T+$\overline{T}$ ）期间的库存需求量平均值；

T—— 订货周期；

$\overline{T}$ ——平均订货提前期；

Qs ——安全库存量。

（3）订货量的确定　定期订货法每次订货数量是变动的，订货批量的多少由当时的实际库存量的大小决定，考虑到订货点时的在途到货量和已经发出出货指令而尚未出货的待出货数量，每次订货的订货量的计算公式是

$$Q_i = Q_{max} + Q_{Ni} - Q_{Ki} - Q_{Mi}$$

式中　Q_i ——第 i 次订货的订货量；

Q_{max} ——最高库存量；

Q_{Ni} ——第 i 次订货点的在途到货量；

Q_{Ki} ——第 i 次订货点的实际库存量；

Q_{Mi} ——第 i 次订货点的待出库货数量。

（4）定期订货法的优缺点

1）定期订货法的优点主要表现在：采取定期盘存，不需要每天盘存；库存管理计划性强，有利于工作计划的安排实施。

2）定期订货法的缺点主要是：安全库存大，保险周期长；每次订货批量不定，无法制定经济订购批量，运营成本高，经济性差，只适用于 ABC 分类法中的 A 类货物，即重点物质的库存控制。

（三）订货点技术的评价

1．订货点技术的优点

1）订货点技术是至今能够应用于独立需求物资进行物资资源配置的唯一方法，无论未来需求是否确定，它都可以适用。

2）在应用于未来需求不确定的独立需求物资的情况时，可以做到最经济有效地配置资源，即可以按一定的客户需求满意水平来满足客户需求，同时保证供应商的总费用最省。

3）订货点技术操作简单，运行成本较低。当订货点和订货策略一旦确定，只要随时检查库存，当库存下降到订货点时就发出订货。另外，订货点技术的一个变化形式"双堆法"，操作更为简单，是对价值较低的物品保持控制的一种实用方法。

4）订货点技术特别适合于客户未来需求连续且均匀稳定的情况。在这种情况下，它不但可以做到100%保证客户需要，而且可以实现最低库存。这样不但能使客户的满意水平达到最高，同时操作简便，运行成本最低。

2．订货点技术的不足之处

1）由于市场需求的不确定性或不均衡性，订货点技术最大的缺点是库存量太高，库存费用太大，库存浪费的风险也大。一方面，需求的不确定性可能导致预测的需求不能如期发生，从而造成超期积压浪费；另一方面，需求不确定性不仅可能造成积压浪费，同时还有可能造成缺货。

2）它不适合于相关需求，即它在满足某个客户的需求时不考虑该需求和其他客户需求之间的相关关系。因此，企业内部各生产环节、各工序间的物料的配置供应，一般不能直接用订货点技术完整地实现。不能预先知道客户的未来需求，只能以预测的客户需求为依据，制定订货策略，以预防性储备来应对日后客户的需求。因此，往往设置的库存较高，这样很容易造成长期库存积压。

二、存货ABC分类法

存货ABC分类法是以控制存货资金为原则对库存商品进行分类，根据不同的资金占用量和商品品目类别实施不同的管理方法。在存货中，总是有些商品进出库频繁，有些商品价格高、资金大，而另一些商品存期长或者价值低廉。如果对所有的商品都采用相同的存货管理方法，显然管理的难度和强度就会很大，而且也不符合经济的原则。因而应采取有区别的、轻重缓急的管理方法。ABC分析法就是一种依据一定的原则对众多事物进行分类的方法。

其具体操作方法为：将全年商品依据年资金占用量进行分类，按不同品目将累计金额及累计品目件数，分别计算占全部占用金额及全部品目数的比率，分别从大到小依次排列，并累计标注在品目数累计—资金占用累计坐标中，如图4-3所示。ABC分类表见表4-4。

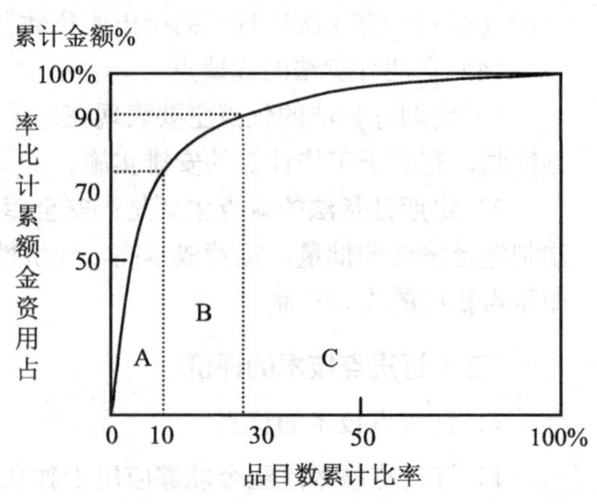

图4-3　ABC分类法

表 4-4　ABC 分类表

品目名称	资金额/万元	比例累计	分　类
1	45	45	A
2	25	70	
3	12	82	B
4	8	90	
5	4	94	C
6	3	97	
7	2	99	
8	1	100	
合　计	100	100%	

具体分类方法：

A 类：数量占库存物资总数的 10%、金额占库存总金额的 70%左右的物资。

B 类：数量占库存物资总数的 20%、金额占库存总金额的 20%左右的物资。

C 类：数量占库存物资总数的 70%、金额占库存总金额的 10%左右的物资。

对不同类别商品的管理策略分别为：

A 类商品：为库存管理的重点对象，采用定期订货方式，定期盘存，尽量减少安全库存，必须时采用应急补货。

B 类商品：用简单管理措施，以定量订货为主，辅以定期订货法，适当提高安全库存。

C 类商品：用简化管理方式，采用较高的安全库存，减少订货次数，用双堆法等简单的管理措施。

三、物料需求计划 MRP

（一）物料需求计划的产生

传统的库存控制方法是订货点法，要根据物料的需求情况来确定订货点和订货批量。这类方法适合于需求比较稳定的物料。然而，在实际生产中，随着市场环境发生变化，需求常常是不稳定、不均衡的，在这种情况下使用订货点法便暴露出一些明显的缺陷。为了克服订货点法的缺陷，人们在不断探索新的库存控制方法的过程中提出了 MRP。

物料需求计划（Material Requirement Planning，MRP）是一种适用于工业制造企业的物资计划管理模式，它根据产品结构层次、物品的从属和数量关系，以每个物品为计划对象，以完工日期为时间基准倒排计划，按提前期长短区别各个物品下达计划时间的先后顺序。它打破产品品种台套之间的界线，把企业生产过程中所涉及的所有产品、零部件、原材料、半成品等，在逻辑上视为相同的物料。

物料需求计划系统包括一套逻辑性的程序、决策、规则和记录，用来把主生产计划转变成具体的时间段净存货需求，并及时对这一计划的每一部件的需求进行计划。系统针对每一存货单位的净需求进行计划，根据主生产计划要生产的项目、库存状态和物料清单，模拟未来库存状态，编制计划清单并按前置期下达，以避免在未来生产中出现缺货的现象，保证生产计划的顺利实施。其目标是保证原材料部件的及时供应，尽可能减少存货量。

（二）实施 MRP 的前提条件和基本假设

1）要有一个主生产计划，它是关于什么时候生产多少数量的什么产品、市场情况如何的权威性计划。主生产计划是根据顾客的订单、可得到的物料及现有生产能力来预测需求的平衡。它是 MRP 系统的灵魂。

2）要赋予每一种物料一个独立的物料代码。所有的物料（包括原材料、零部件、在制品）和最终产品都必须归档，而且 MRP 系统要对所有物料进行数据库管理，包括实时的数据查询以及数据运算。假如代码代表的不是唯一的某种物料，那么数据库中的数据将会出现混乱，从而导致出现错误的信息。

3）必须建立一套通过物料代码来表示的物料清单。它不仅仅是简单地罗列出某一产品的所有构成项目，还指出这些项目之间的结构关系，即从原材料到零部件、组件直到最终产品的层次隶属关系。

4）要有完整的库存记录。假如记录不完整，数据库的完整性遭到了破坏，MRP 系统就得不到正确的库存报告，也就无法正确地运作。

5）要求所有物料的前置期是已知的，至少是可以估算的。

6）每种库存项目必须入库与出库，进行库存登记。这样才有办法将库存状况报告出来，并能衡量每一个工作中心的进展。通常，生产线上的在制品不见得一定要实际出入仓库，但必须要有资料报告。

7）MRP 在计算物料需求时间时，假定用于构成某个父项的所有子项都必须在下达父项的订货时到齐。因此，子项的需求是在父项订单下达时发生的。

8）MRP 系统假定每项物料的消耗都是间断的，这样才能对制造业中的物料进行量化分析。例如，葡萄酿酒业中发酵过程的衡量就不能用量化的方式来描述，因此也就无法应用 MRP 系统。

（三）物料需求计划的流程图

每一个制造企业必须首先弄清楚：要制造什么？用什么来制造？已有哪些资源？还缺少什么资源？实际上，物料需求计划的实施过程就是不断解决这些问题的过程，如图 4-4 所示。

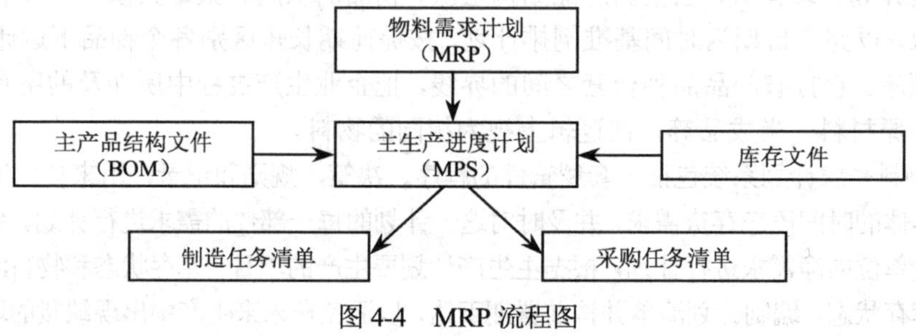

图 4-4　MRP 流程图

（1）主生产计划（Master Production Schedule，MPS）　根据实际的顾客订单和需求预测，主生产计划（MPS）指导整个 MRP 系统的实施过程。MPS 精确、详细地规定了企业生产或组装的最终产品的品种与数量、顾客何时需要得到它们，即 MPS 将提供每个存货单元的详细生产计划。它回答了“要制造什么”这个问题。管理人员负责制订每月的产品主生产计划，材料计划则将其细化并制订周生产计划。

（2）物料清单（Bill of Material，BOM）　物料清单确切地规定了制造或组装最终产品所需的各种原材料、零部件和中间产品。除了确定总的需求和数量外，BOM 也报告每一个投入品在什么时候需要供应。同时它也确定这些投入品之间的相互关系，并说明它们对最终产品的相对重要性。物料清单（BOM）回答了“企业用什么资源来制造”这个问题。工程师负责确保其准确性，并及时根据实际情况进行修改。

（3）库存文件　库存文件即每种物料的库存记录，它也包括有关物料需求的安全存货及备货时间等方面的信息。库存文件回答了“已有哪些资源”的问题。由库房工作人员来负责库存文件的记录与及时更新，并保证它的准确性。

（4）MRP 计划　基于主生产计划确定的最终产品需求和物料清单、库存文件提供的相关信息，MRP 系统将把最终产品需求分解成对每个零部件和原材料的总需求，然后减去现有的库存，得到净需求，并给出相应的订货要求信息，如“还缺少什么资源”这个问题。

（5）结果与报告　最后，MRP 系统将相关结果报告给计划员和采购员，指导他们进行相关的实际操作。

（四）MRP 的应用分析

MRP 系统要有效地发挥其作用，要求应用该系统的产业与企业：产品装配提前期较长；原材料、零部件的备货提前期较短；原材料、零部件的备货提前期是可靠的而不是臆测的；有一个稳定的生产主进度表；批量的大小变动较小。综合以上考虑，MRP 系统适用于加工装配型企业，尤其是生产由成千上万个零部件组成复杂结构产品的企业。这类企业在主产管理与物料控制中需进行大量的数据处理，如果没有 MRP 系统，就很难保证管理和控制的及时性、准确性和有效性。

MRP 有其自身的特点：可按一定的逻辑程序，自动准确地推算在各工艺阶段生产环节的生产需求量和需求时间，自动地控制库存数量并使之保持在一定的库存水平之上，为提高企业的经济效益创造了条件；可快速对市场需求或物料供应的变化作出反应和调整；可快速对大量数据进行有效的处理，为企业的运作管理决策提供信息支持，并在决策基础上快速发出工作命令，从而在很大程度上提高了管理的工作效率。

MRP 的优点十分明显。在过去的时间里，当企业从放弃传统做法，从原有的手工或计算机系统转而采用 MRP 系统时，他们得到了许多益处：定价更有竞争性；销售价格降低；库存减少；客户服务水平提高；改变主计划的能力增强；生产准备和设备拆卸的费用降低；空闲时间减少。此外，MRP 系统还具有如下优势：提前通知管理人员，以便他们能在实际订单下达之前看到计划情况；指出何时应加快进度、何时应减慢进度；推迟或取消订单；辅助能力计划。

当然，MRP 也存在不少缺点与不足。MRP 系统对外购和加工订单是严格按照其逻辑和算法推算的，因此它本质上是一个推式系统。MRP 系统的处理逻辑决定了它是一个严格的计划系统，适合在有一个相对稳定的市场需求，而且在加工过程中生产又是相对稳定的环境下工作。然而，在实际运作中，市场需求瞬息万变，市场竞争日趋激烈，一旦出现市场预测与实际需求差距较大的情况，MRP 系统就很难作出快速的反应。同时，尽管与传统的库存控制方法比较，MRP 系统能够大幅降低原材料、在制品以及产成品的库存水平，但总体而言库存量还是偏大，占用了较多的流动资金，不利于企业的发展。

第三节　供应链管理环境下的库存管理

一、供应链库存管理面临的挑战

1．供应链库存系统结构的复杂性

由于供应链涉及各个成员企业的供、产、销全过程，包括供应商、制造商、配送商、零售商、顾客等一系列对象，覆盖面广，行业跨度大。一般来说，供应链上游企业的产出即是下游企业的投入，而且经过下游企业的生产加工或服务又变成产出，如此一环紧扣一环，衔接紧密，关系复杂，影响面广。与之相对应，供应链库存涉及供应商库存、制造商库存、批发商库存和零售商库存，表现为多级库存系统，有多种网络结构形式。对这样一个多级库存系统的协调管理要比传统企业库存管理复杂得多，也困难得多。这种结构的复杂性给供应链库存系统的协调管理带来了很大的挑战。

2．供应链运作的同步性

供应链管理的目标是通过贸易伙伴间的密切合作，以最小的成本提供最大的客户价值（包括产品和服务），这就要求供应链上各环节企业的活动应该是同步进行的。然而，供应链各成员企业以及企业内部各个部门都是各自独立的单元，都有自己的库存管理目标和相应的库存管理策略，有些目标与供应链的整体目标是不相干的，更有可能是冲突的，以致单独一个企业或部门的好的库存绩效可能对整个供应链库存绩效产生负面影响。例如，一个制造商可能把它的原材料库存（或完工产品库存）转嫁给供应商（采购商），使自己的库存成本最小化，却增加了整个供应链库存总成本。因而，如何对供应链各成员企业库存管理目标进行必要的整合，以满足供应链运作的同步性要求，是供应链库存管理中必须解决的问题。

3．供应链库存管理信息的有效传递

供应链各成员企业之间的需求预测、库存状态、生产计划等都是供应链库存管理的重要数据，这些数据分布在不同的供应链组织之间。要做到有效地快速响应用户需求，必须准确而实时地传递，为此需要对供应链的信息系统模型做相应的改变，对供应链各成员企业的管理信息系统进行集成。然而，目前许多企业的信息系统相容性很差，无法

很好地集成起来，当供应商需要了解用户的需求信息时，常常得到的是延迟的信息和不准确的信息。这样必然影响库存量的精确度，从而影响短期生产计划的实施。因此，如何有效传递供应链库存管理信息是提高供应链库存管理绩效亟待解决的问题。

4．供应链中的“牛鞭效应”

由于供应链的各节点企业只根据来自其相邻下级企业的需求信息进行生产或供应决策，如果最初的需求信息不准确或不真实，它就会沿着供应链逆流而上，产生逐级放大现象，当这些信息传递给最源头的供应商时，其获得的需求信息和实际消费市场中的顾客需求信息发生了很大的偏差，需求变异系数比批发商和零售商的需求变异系数大得多。由于这种需求放大效应的影响，上游供应商必须维持比下游供应商较高的库存水平，这样对整个供应链系统的运营产生很大的影响。如何消除或减轻这种效应是供应链库存管理所面临的最大挑战。

5．供应链中的不确定性

供应链库存的形成原因可分为两类：一类是处于生产运作的需要，而另一类则是由于供应链中的不确定因素造成的。物流的运动是在信息的引导下进行的，企业内部这种信息流所体现的是企业的计划，而在企业之间则体现的是相互间的合同和约定、不确定因素的作用使物流的运动偏离了信息流的引导，此时库存就产生了。显然，企业的计划无法顾及那些无法预知的因素，如市场变化而引起的需求波动、供应商的意外变故导致的缺货以及企业内突发事件引起的生产中断等。这些不确定因素正是形成库存的主要原因。因而，如何研究和避免这种不确定性的变化是对供应链库存管理的又一挑战。

6．供应链库存管理技术方法问题

供应链实际由信息流和物料流等基本功能流组成。传统的供应链解决方案，如物料需求计划（MRP）、企业资源计划（ERP）以及库存控制，都是非常典型地只注重实施更快速而有效的系统，以减少任意供应链库存链接（见图 4-5）间信息交换的时间和成本，而没有从整个供应链的角度出发对每一库存项目的材料、成本和工作量的总投资进行优化。因此，需要利用科学的管理技术和方法对供需进行平衡，使库存链接中的每一项目都能以最小的总成本、最小的库存水平和最小的工作量满足顾客服务水平目标。

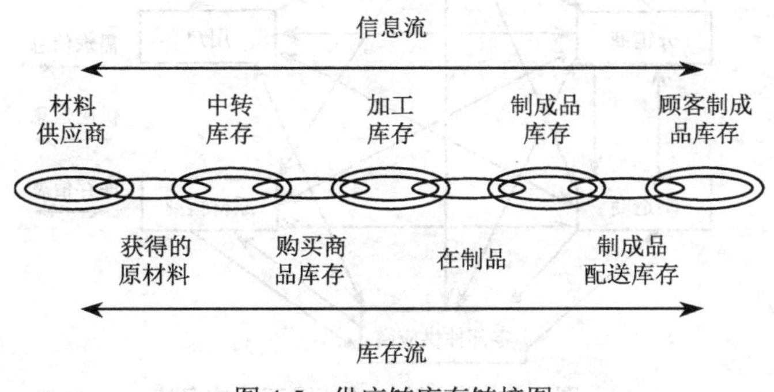

图 4-5　供应链库存链接图

7．缺乏有效的供应链库存管理绩效评价机制

绩效评价一直被看做企业计划与控制的有机组成部分。尽管近年来对供应链管理绩效评价的研究有了一定进展，但仍存在很多问题，而对供应链库存管理绩效评价更显不足。有些企业采用库存周转率作为供应链库存管理的绩效评价指标，而没有考虑对客户的反应时间和服务水平，常常忽视如总订货周转时间、平均回头订货、平均延迟时间、提前延迟交货时间等一些服务指标；有的企业采用订货满足率评价指标，但它不能评价订货的延迟水平。例如，两家同样只有90%的订货满足率的供应链，在如何迅速补给余下的10%订货的做法上差别是很大的。此外，由于供应链各成员企业以及企业内部各部门都有各自不同的目标，不仅相互之间对库存管理绩效评价尺度不同，而且使用的指标也缺乏整体考虑。因此，如何构建科学的供应链库存管理绩效评价指标体系，并得以贯彻实施是对供应链库存管理的又一挑战。

二、供应链环境下的库存控制新模式

在传统的库存控制模式下，供应链的各级企业间缺乏合作与协调，无法实现库存信息的共享，各级节点企业都独立地采用订货点技术进行库存决策，不可避免地产生需求信息的扭曲现象，因此供应链的整体效率得不到充分的提高，如图4-6所示。

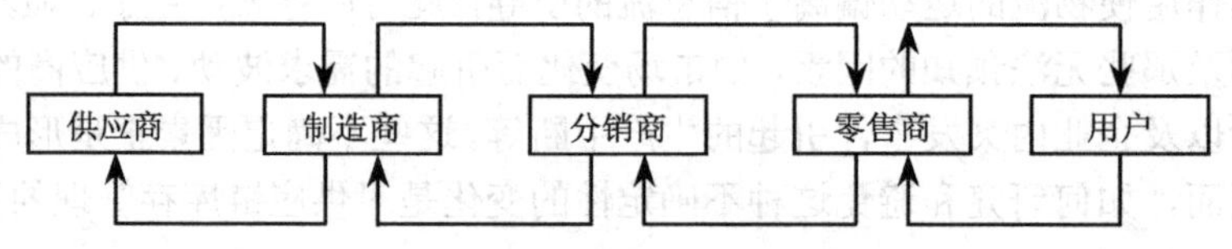

图4-6　传统的供应链信息流

在供应链管理环境下，供应链上、下游节点之间可以共享库存信息，减少与克服需求信息的失真现象，而供应链成员在整体运作效果最优的思想指导下进行企业的协作，因而可以大大降低供应链的库存水平、改善库存控制状况，如图4-7所示。

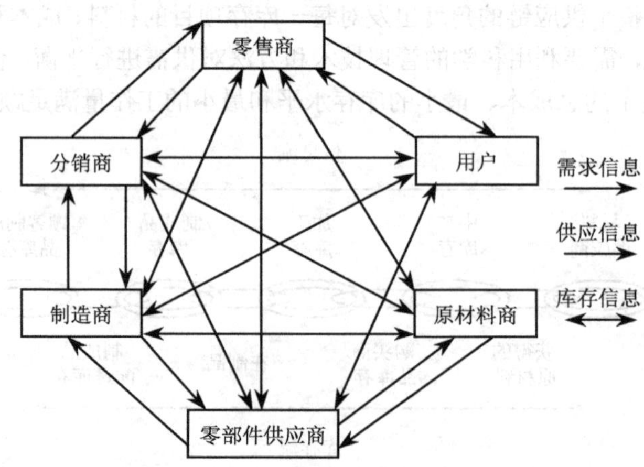

图4-7　供应链管理环境下的信息流

（一）产销一体化的库存控制新模式

供应链管理强调企业间的协作与系统优化。要取得供应链运作效果的整体最优，就必须通过企业合作实现供应链上下游企业物流活动的统一。这意味着物流活动必须在一个地点协调起来，从供应链角度看，这将导致合作和整个供应链的一系列物流活动的协调运作。基于这种思想，就产生了产销一体化的库存控制新模式，其原理如图 4-8 所示。

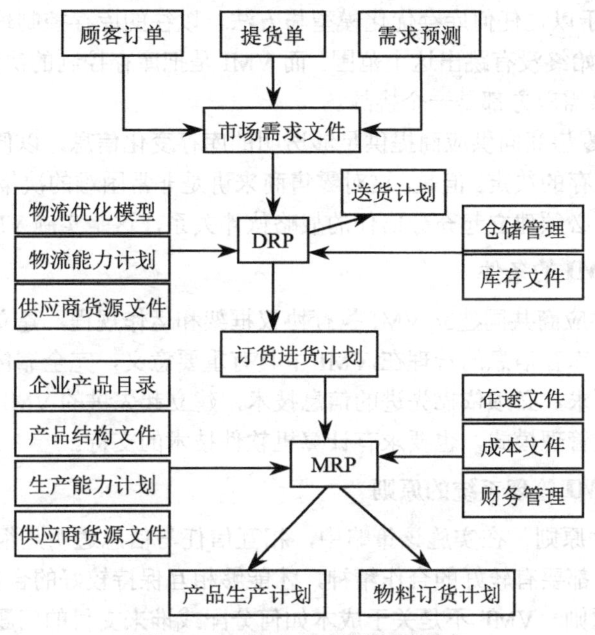

图 4-8 一体化的库存控制模式

这种库存控制模式，实际上是一种建立在企业协作与统一决策基础上的产、销大联合。在传统的方式下，流通领域以 DRP 为核心独立运作，生产领域则围绕 MRP 开展工作，产、销基本上是相互独立、彼此分离的两个环节，供应链的库存控制也是在不同时间、不同地点、由不同的企业分别进行的。通过系统集成的方法，一体化的库存控制模式将原来独立运作的两个系统统一起来了。一方面，企业在做库存控制决策的时候，将不再仅仅依靠其相邻企业传递的信息，它同时还可以从供应链中的其他企业那里获取共享信息。这也就意味着供应链中的任何一个企业，都可以快速、准确地掌握最终市场需求状况。信息共享的实现，有效地提高了供应链的透明度，使需求预测的准确性得到了革命性的提高。另一方面，通过供应链成员企业之间的协调运作，实现了统一决策、统一运作，使供应链的库存管理活动趋于一致性和整体化。一体化的库存控制模式可以从根本上消除“牛鞭效应”所带来的负面影响，因而可以大大降低供应链的库存水平，改善库存控制状况。

（二）供应商管理库存

供应商管理库存（Vender Managed Inventory，VMI）是一种在用户和供应商之间的合作性策略，以对双方来说都是最低的成本优化产品的可获得性，在一个相互统一的目标框架下由供应商管理库存。此外，为了产生持续改善的目的，还要经常性监督和修正该目标框架，以形成一种连续改进的环境。总之，供应商管理库存的主要思想就是供应商在用户的允许与支持下设立库存，确定库存水平和补给决策，而且具有库存控制权。

1．VMI 的特点

VMI 不同于以往任何库存优化模型与方法。以往的库存控制理论与方法都是站在使用者的角度，始终没有跳出这个范围。而 VMI 是把库存控制的决策权交给了供应商。因此，VMI 对供需双方都是一个挑战。

VMI 要求零售商向供应商提供足够透明的库存变化信息，以便供应商能够及时、准确作出补充库存的决定。但是，这对零售商来讲是非常困难的决策。要解决上述问题，零售商和供应商必须建立起充分信任的战略伙伴关系，这是实施 VMI 的基础。

2．实施 VMI 的条件

零售商和供应商共同建立 VMI 执行协议框架和运作规程，建立起对双方都有利的库存控制系统。库存信息的管理在 VMI 中具有重要意义，完全靠传统的人工管理方式已无法适应其要求，必须依靠先进的信息技术，建立起先进的 VMI 运行平台。VMI 的实施改变了一般管理模式，也要求有计算机软件技术的支持。

3．实施 VMI 管理系统的原则

（1）合作性原则　在实施该策略中，相互信任与信息透明是很重要的，供应商和用户（零售商）都要有较好的合作精神，才能够相互保持较好的合作。

（2）互惠原则　VMI 不是关于成本如何分配或谁来支付的问题，而是关于减少成本的问题。通过该策略使双方的成本都得到减少。

（3）目标一致性原则　双方都明白各自的责任，观念上必须达成一致的目标。例如，库存放在哪里，什么时间支付，是否要管理费，要花费多少等问题都要回答，并且在框架协议中要明确表示。

（4）连续改进原则　使供需双方都能够共享利益和消除浪费。

4．VMI 的实施步骤

（1）洽谈并达成合作协议　供应商与零售商一起协商，确定契约性条款，包括所有权和转移时间、信用条件、订货责任、信息传递方式、绩效评价指标（如服务水平、库存水平）等。

（2）建立一体化的信息系统　要有效地管理用户库存，供应商必须能够及时获得最终用户的真实需求信息。为此，必须通过接口，将零售商的 POS（销售时点信息）系统与供应商的信息系统相连接，用系统集成技术实现信息的实时共享。这样一来，当零售商销售商品时，通过手持扫描终端将条码所代表的商品信息输入信息管理系统，供应商可以及时得到相关商品的市场需求信息。

（3）确定订单处理流程和库存控制有关参数　双方一起确定供应商的订单处理过

程中所需的信息和库存控制参数（再订货点、最低库存水平等），建立订单处理的标准模式（如EDI标准报文），将订货、交货，以及票据处理等业务功能集中于供应商一边。

（4）持续改进　在VMI的实施过程中，双方应共同合作，一起寻找可以改进的地方，不断对目标框架进行修正，以达到持续改进的效果。

5．实施VMI的作用

（1）降低成本和提高服务质量　与企业自己管理库存相比，供应商在对自己的产品管理方面更有经验，更专业化。用户自己管理供应商存货很可能会导致错误的产品储存和补充决策，而供应商可以提供包括软件、专业知识、后勤设备和人员培训等一系列的服务。供应链中企业的服务水平会因为VMI而提高，同时降低库存管理成本。

（2）提高柔性　VMI会令供应商更好地控制其生产经营活动，使其更好地满足用户需求，从而提高整个供应链的柔性。

（3）节约资金　无论企业处于扩张期还是压缩期，大多数企业用于投资的资金总是有限的。实施VMI都会大大减少用户的存货投资。

（4）控制和减少"牛鞭效应"的影响　在VMI方式下，供应商通过零售商的销售时点信息（POS）系统可以即时获得最终消费者真实的需求信息，在此基础上作出订货决策，可以缩短提前期，提高服务水平。因而供应商能够减少需求预测的不确定性，更好地协调生产与配送作业。具体地讲，预测不确定性的减少可以降低安全库存水平，从而降低库存总成本。

除此之外，它还为零售商和供应商关系的重整提供了一个绝好的机会。例如，可以消除多余的订货部门，使原来的手工作业转变为自动化操作，可以消除业务流程中不必要的控制部门或控制步骤。

实施VMI能够给整个供应链带来利益和效率，同时也会面临一些问题。例如，信息系统的建设可能会占用大量的资金；零售商与供应商实行信息共享，难免出现滥用信息与泄密的可能；供应商往往比以前承担更多的管理责任，它的费用将有所上升，因此必须建立合理的利益分配机制，实现利益共享。

（三）联合库存管理

VMI是一种供应链集成化运作的代理模式，它将用户的库存决策权交给供应商，由供应商代理分销商或零售商承担库存决策的功能。联合库存管理则是一种基于协调中心的、风险分担的管理模式，它体现了战略供应商联盟的新型企业合作关系。与VMI不同，联合库存管理强调双方同时参与，共同制定库存计划，使供应链相邻节点之间保持信息与需求预测的一致性，从而消除需求变异放大现象。在这种管理方式下，任何相邻节点需求的确定都是供需双方协调的结果，库存控制成了连接供需的纽带和协调中心。实施联合库存管理的主要步骤有：

1）协商一致，确定共同的合作目标。要建立联合库存管理模式，首先必须保证供需双方目标一致。为此，合作的双方必须认清市场目标的一致点与冲突点，通过交流与协商，本着求同存异、互惠互利的原则形成共同的目标。

2）确定协调控制的基本内容。联合库存管理中心担负连接供需、协调双方利益的作用，是供应链中的协调控制器。它的高效运作取决于双方的明确分工与相互配合，事先必须确定库存控制的基本内容，包括库存如何在多个需求商之间调节与分配，库存的最大量与最低库存水平、安全库存的确定，需求的预测，订货点与订货量的确定等。

3）建立信息共享与沟通的体系。通过供应链成员企业间信息集成与共享，可以扩大供应链的透明度，降低供应链运作中的不确定性，从而降低供应链的整体库存水平，提高物流运作效率。为此，必须将条码技术、扫描技术、POS 系统和 EDI 集成起来，并且充分利用互联网的优势，建立先进科学的物流信息系统。此外，还要在供应方与需求方之间建立一个基于团队的联合工作小组，双方的相关人员要照常进行有关成本、作业计划、管理与控制信息的交流与沟通，共同参与、协商解决库存控制过程中遇到的各种问题。

4）建立合理的利益分配机制与有效的激励机制。成功实施联合库存管理，必须建立一种公平的利益分配制度，将通过供应链管理实现的利益在供应链成员企业之间合理地进行分配。除此之外，还要建立有效的激励机制，对参与协调库存中心管理的各个企业（包括供应商、制造商、分销商或批发商、零售商等）进行有效的激励措施，增强供应链运作的一致性与协调性。

联合库存管理系统把供应链系统管理进一步集成为上游和下游两个协调管理中心，从而部分消除了由于供应链不同节点之间的不确定性和需求信息扭曲现象导致的库存波动。通过协调中心，供需双方共享需求信息、共同制定库存决策，可以提高供应链的库存控制效率，降低库存水平。

（四）第三方管理联合库存

第三方管理联合库存也是一种供应链管理环境下的库存控制方法，从广义上说，它是联合库存管理方式的一种，也强调供需双方的协作，建立联合库存，进行一体化库存控制。与一般联合库存控制方式不同的是：在第三方管理联合库存的方式下，库存控制的主导者既不是供应商也不是用户，而是具有专业化水平与条件的第三方物流公司，如图 4-9 所示。

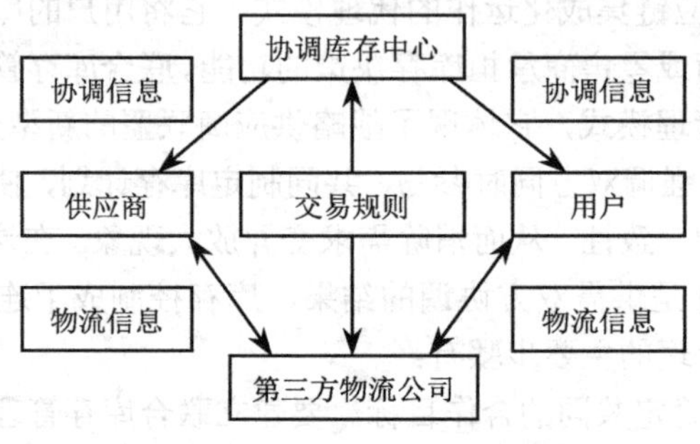

图 4-9　第三方管理联合库存

作为协调中心的第三方物流系统使供应与需求双方都取消了各自独立的库存，在信息共享基础上，通过第三方物流企业的专业化运作，可以极大地提高库存控制的运作效率，增加供应链的协调性与柔性。

（五）多级库存优化与控制

前面介绍的几种库存控制方法，无论是供应商管理用户库存，还是联合库存管理或者第三方管理联合库存，都是对供应链库存的局部优化控制。它们从一定程度上实现了供应链管理，可以部分解决供应链管理环境下的库存控制问题，但是无法真正实现对供应链的全局性的优化与控制。只有实行多级库存优化与控制的方法，才有可能实现全局性的供应链优化与控制。多级库存优化与控制的方法主要有中心化控制方法与非中心化控制方法两种：

（1）中心化控制方法　中心化控制方法是将控制中心放在核心企业上，由核心企业来对整个供应链系统的库存进行控制，协调上游与下游企业的库存管理活动。在这种情况下，核心企业成了供应链上的数据中心（数据仓库），担负着数据的集成、协调功能。中心化库存优化控制的目标是使供应链上总的库存成本最小。这种方法的优势在于能够对整个供应链系统的运行有一个较全面的掌握，能够对供应链上各节点企业的库存管理活动进行协调。当然，由于它涉及多个环节的动态变化过程，情况十分复杂，实施起来难度相当大。可以这样说，到目前为止这仅仅是一种处于理论探讨阶段的库存控制方法，在现实生活中还没有出现这方面的案例。但是，这种理念与思想，对企业改善库存控制的状况有着重要的启发与参考作用。

（2）非中心化控制方法　非中心化控制方法是把供应链的库存控制分为三个成本归结中心，即制造商成本中心、分销商成本中心以及零售商成本中心，它们各自根据自己的情况制定优化的库存控制策略。这种库存控制方法要取得整体的供应链优化效果，需要提高供应链的信息共享程度，通过扩大供应链管理的透明度来实现库存控制的优化。非中心化多级库存优化与控制能使企业根据自己的实际情况独立作出快速的库存控制决策，有利于发挥企业的独立自主性和灵活机动性。但是，这种方法对企业之间的协调性以及供应链信息的共享要求很高，如果企业之间协调性不好、信息透明度不高，有可能导致各自为政的局面，不可能达到预期的效果。

本章小结

狭义的观点认为，库存是指静态库存，即仓库中暂时处于储存状态的商品，是储存的表现形态。从广义的观点来看，库存则是动态的，表示为了用于将来目的的、暂时处于闲置状态的资源。库存可以是主动的各种物品的储备，也可以被动的各种形态的超储或积压的物品；而资源停滞的位置，可以是在仓库、生产线或车间里，也可以是在汽车站、火车站及机场码头等流通节点上，甚至正在运输途中。

库存合理化是指以最经济的方法和手段从事库存活动，并发挥其作用的一种库存状态及其运行趋势。包含库存硬件配置合理化、组织管理科学化、库存结构符合生产力的发展需要等到相关要求。

库存控制是在供应得到保证的前提下，为了使库存量最小而对库存进行的有效管理。库存的基本功能是：防止库存量过小，导致缺货而造成供货不及时和发生销售断档；保证适当的库存量，以节约库存费用；降低物流成本；保证生产的计划性和平衡性；储备功能。

实施库存控制的重点是对库存量的控制，订货点技术是传统的库存控制方法，它是从影响实际库存量的两个方面，即从销售的数量和时间，以及进货的数量和时间入手，来确定商品订购的数量和时间，从而达到控制库存量的目的。存货ABC分类法是以控制存货资金为原则对库存商品进行分类，根据不同的资金占用量和商品品目类别实施不同的管理方法。在存货中，总是有些商品进出库频繁，有些商品价格高、资金大，而另一些商品存期长或者价值低廉。如果对所有的商品都采用相同的存货管理方法，显然管理的难度和强度就会很大，而且也不符合经济的原则。因而应采取有区别的、轻重缓急的管理方法。

在供应链管理环境下，供应链上、下游节点之间可以共享库存信息，减少与克服需求信息的失真现象，而供应链成员在整体运作效果最优的思想指导下进行企业的协作，因而可以大大降低供应链的库存水平，改善库存控制状况。供应商管理库存是一种在用户和供应商之间的合作性策略，以对双方来说都是最低的成本优化产品的可获得性，在一个相互统一的目标框架下由供应商管理库存。此外，为了产生持续改善的目的，还要经常性监督和修正该目标框架，以形成一种持续改进的环境。总之，供应商管理库存的主要思想就是供应商在用户的允许与支持下设立库存，确定库存水平和补给决策，而且具有库存控制权。

联合库存管理则是一种基于协调中心的、风险分担的管理模式，它体现了战略供应商联盟的新型企业合作关系。与VMI不同，联合库存管理强调双方同时参与，共同制定库存计划，使供应链相邻节点之间保持信息与需求预测的一致性，从而消除需求变异放大现象。在这种管理方式下，任何相邻节点需求的确定都是供需双方协调的结果，库存控制成了连接供需的纽带和协调中心。

思考题

1．库存的含义及分类有哪些？

2．库存的功能是什么？

3．库存合理化的内容包括哪些？

4．什么是定量订货法？什么是定期订货法？各有哪些优缺点？

5．JIT 采购与传统采购相比有哪些特点？

6．实施 JIT 采购的步骤有哪些？

7．什么是 MRP？MRP 的基本原理有哪些？

8．供应商管理库存（VMI）的原理是什么？它和联合库存管理的区别是什么？

课后拓展案例

VMI 的库存管理方法，常见于大型超市及其供应商之间。美国零售业的著名企业 Wal-Mart 与服装制造企业 Seminole Manufacturing 之间的伙伴关系就是这种合作的典型案例。它们是两家众所周知的实力强大的公司，彼此之间有着广泛而长期的业务往来。Wal-Mart 与 Seminole Manufacturing 的合作分三个阶段:

（1）**初期阶段** Wal-Mart 公司 1983 年开始采用 POS 系统，1985 年开始建立系统，于 1986 年与 Seminole Manufacturing 公司开展合作。当时合作的领域局限于订货业务与付款通知业务，通过电子交换数据系统发出订货明细单和受理付款通知，来提高订货速度和准确性，以及节约相关业务的作业成本。

（2）**发展阶段** 为了促进行业内电子化商务的发展，Wal-Mart 与行业内的其他商家一起成立了 VICS 委员会，来协商确定行业统一的 EDI 标准和商品识别标准。VICS 委员会制定了行业统一的 EDI 标准，并确定商品识别标准采用 UPC 商品识别码。Wal-Mart 公司基于行业统一的标准设计出 POS 数据的输送格式，并且通过 EDI 系统向供应方传送 POS 数据。基于 wal-Mart 传送来的 POS 信息，Seminole Manufacturing 可以及时了解 Wal-Mart 的商品销售情况、把握商品的需求动态，并及时调整生产计划和物料采购计划。

Seminole Manufacturing 利用 EDI 系统在发货之前向 Wal-Mart 传送预先发货清单（ASN）。这样，Wal-Mart 可以事先做好进货准备工作，同时可以省去货物数据的输入工作，实现商品检验工作的高效化。Wal-Mart 在接收货物时，用扫描读取机器读取包装箱上的物流条形码 SCM，并将获取的信息与预先储存在计算机中的进货清单 ASN 进行核对，判断到货和发货清单是否一致，从而简化了检验作业。在此基础上，利用电子支付系统 EFT 向供应方支付货款。同时只要把 ASN 数据与数据相比较，就能迅速知道商品库存的信息。这样使 Wal-Mart 不仅节约了大量事务性作业的成本，而且还能压缩库存，提高商品周转率。

（3）VMI **阶段** 在实现了与供应商初步合作的基础上，Wal-Mart 进一步将进货和库存控制的职能转移给供应方（生产厂家）。Seminole Manufacturing 在向 Wal-Mart 发货前保持货物的所有权，并进行相关的库存控制。它通过一体化的信息系统获取 Wal-Mart 的 POS 信息和 ASN 信息，通过分析把握商品的销售和 Wal-Mart 的库存动态。在此基础上，Seminole Manufacturing 根据事先与 Wal-Mart 达成的协议决定发货时间、发货数量以及运输方式。发货的信息预先以 ASN 形式传送给 Wal-Mart，以高频率、小批量进行连续库存补充。

由于采用了 VMI，不仅可以减少供应方的库存，还能减少需求方的库存，从而实现供应链整体库存水平的降低。此外，这一合作明显改善了 Seminole Manufacturing 对 Wal-Mart 的按时发货率和库存周转率。通过实施 VMI，按时发货率提高了约 40%，库存周转率提高了 30%左右，而相关商品的销售量则上升了 20%～50%。

问题讨论：

1）Wal-Mart 在激烈竞争的零售市场中取胜的关键是什么？

2）试讨论 Wal-Mart 的 VMI 库存管理法与传统企业库存管理的差别。

第五章 供应链管理中的客户管理

导入案例

日本大和运输公司开拓物流客户的途径

日本大和运输公司是日本最大的从事商品运输、配送的专业公司，创立于1919年11月29日，公司总部位于日本东京中央区的银座。主要从事的物流服务有面向住户和居民的宅急便服务和搬家服务；面向团体用户的宅急便服务；海上货物的国际复合运输以及美术品等特殊用品的运输等。大和运输公司作为一个专业物流企业，其开拓物流客户的途径是多种多样的，这些途径集中体现在建立差别化的服务和完善的经营服务上。

本章学习目标

学习：客户服务的含义，客户管理创新，客户关系管理中的营销策略以及CRM系统的含义、建立和实施。

了解：客户关系管理在供应链管理中的重要性及作用，CRM在供应链管理中的建立与实施。

掌握：供应链环境下客户关系管理的营销策略及CRM在实施中的注意事项。

第一节 客 户 服 务

一、客户服务的概念

客户服务是指物流企业为促进其产品或服务的销售，发生在客户与物流企业之间的相互活动，包括以下三个方面的内容：

（1）客户服务活动的内容包括订单处理、技术培训、处理客户投诉、咨询等。

（2）物流客户服务是一整套业绩评价 包括存货的百分比、仓库备货时间、仓库收到订单到发货的时间、订货的方便和灵活性、特快发货或延迟发货的可能性、服务系统的灵活性评价等。

（3）客户服务是一种观念　客户服务是企业对客户的一种承诺，是企业战略的一个主要组成部分，不能将客户服务狭隘地理解为只是一种活动或者是一套业绩评价，而应把为客户服务的思想、意识渗透到整个企业，并使其各项活动制度化。

客户服务贯穿于交易前、中、后。交易前，要制定和宣传客户服务政策，完善客户服务组织，使之能够按客户的要求提供各种形式的帮助。交易中的服务是指在将产品从供应方向客户实际运送过程中的各种服务，这些服务对客户满意程度有重要影响，包括存货水平、订货信息、订货周期、快速装运、系统准确性、订货方便性以及产品替代性等。交易后服务包括设备安装、售后维修及维护、零配件供应、质量跟踪、处理投诉和退货等。

二、客户服务的分类

根据承担客户服务的专业人员所处的领域来划分，可以分为：以为核心的服务、以促销为核心的服务、以制造为核心的服务、以时间为核心的服务等。

1．以客户为核心的服务

以客户为核心的服务是指向买卖双方提供利用第三方专业人员来配送产品的各种可供选择的方式。例如，美国 UPS 公司开发了独特的服务系统，专门递送纳贝斯克食品公司的一种快餐产品到批发商店，而不是通过传统的烟糖配送商提供递送服务；Exel 配送公司属下的一个部门则创造性地建立了一种订货登记服务，为刚出生的婴儿安排将宝洁公司的一次性尿布送货到家。这类专门化的服务可以有效地用来支持新产品的推广，以及基于当地市场的季节性配送。

2．以促销为核心的服务

以促销为核心的服务涉及独特的销售点、展销台的配置，以及旨在刺激销售的其他各种服务，包括销售点广告宣传和促销材料的物流支持等。销售点展销可以包含来自不同供应商的多种产品，组合成一个或多个连接点的展销单元，以便于适合特定的零售商店需要。在有选择的情况下，以促销为核心的服务还对储备产品的样品提供特别介绍，甚至进行直接邮寄促销。在许多情况下，促销活动中所包括的礼品和奖励商品由专业服务机构来处理和托运。

3．以制造为核心的服务

以制造为核心的服务是通过独特的产品分类和配送来支持制造活动。既然每一个客户的实际设施和制造装配都是独特的，那么，配送和引入内向流动的材料和部件应进行客户定制化。例如，有一家仓储公司使用多达 6 种不同的纸箱重新包装一种普通洗碗的清洗液，以适应各种促销方案和各种等级的贸易要求；有的厂商将外科手术的成套器具按需要进行装配，以满足特定医师的独特要求；此外，还有的仓储公司切割和安装各种长度和尺寸的软管，以适合个别客户所需的不同规格的水泵。

4．以时间为核心的服务

以时间为核心的增值服务，涉及使用专业人员在递送以前对存货进行分类、组合和排序。在以时间为核心的增值服务中，一种流行的形式就是准时（JIT）供给仓库。在准时概念下，供应商向位于装配工厂附近的JIT供给仓库进行日常递送；一旦某时、某地产生了需要，供给仓库就会对多家卖主的零部件进行精确的分类、排序，然后递送到装配线上去。其目的是要在总量上最低限度地减少在装配工厂的搬运次数和检验次数。

三、客户管理创新

随着现代客户管理向客户关系管理方向的推进，物流客户管理推行关系至上的客户管理创新。

1．“4P+4C”

市场营销策略“4P”—— 产品（Product）、价格（Price）、渠道（Place）、促销（Promotion），是与大规模生产、营销、采购以及被动消费的经济特征相适应的。但现代高新技术往往创造出市场上从来没有见过的新产品，而生产者对于新产品的市场需求极难预测和把握，这就要求企业必须更新市场营销观念。

市场营销的变量正从传统的“4P”基础上，发展为围绕客户的“4C”：

1）客户需求（Customers' Needs and Wants），基于产品和服务（Product）。

2）客户购买产品的代价（Cost to Customers），基于价格（Price）。

3）方便程度（Convenience），基于地点、产品的销售和运输渠道（Place）。

4）与客户的交流（Communication），基于促销、媒体的宣传和客户关系（Promotion）。

企业的市场营销策略必须围绕着它对于市场变量的认识来进行设计。无疑，基于“4P+4C”的市场营销策略，将营销管理从客户端入手，即从客户定位与客户的需求出发，确定市场营销的策略。

2．关系营销

关系营销是指在企业向“虚拟组织”方向发展的同时，在市场变量扩展为“4P+4C”的基础上，营销将成为一种网络的互动关系。关系是不同个体间的接触与联系，网络就是某个主体的全部关系总和，互动则是指各种主体在关系与网络中进行的活动。关系营销将其注意力特别集中于合作之上，这意味着所有主体都要积极地承担责任并使关系与网络发挥功能。它为企业营销提供了新的分析框架，认为市场营销的成功不仅仅是依赖于营销部门的努力，更需要整个企业的紧密合作，以及与外部相关机构所建立起的长期的客户关系。

与虚拟组织结合起来分析，关系营销中有一系列的关系互动是符合虚拟组织的特性的。例如，服务接触、客户定位、客户电子商务关系等。因此企业不仅与市场环境互

动，而且两者间也是相互整合的，企业可以在不扩展其身资源的情况下，增加获得新资源的途径。由于企业与市场之间界限的消解——这是关系营销和虚拟组织的共同特征，企业与市场，进而是营销与销售等商业过程都成为各种互动构成的复杂网络。关系营销的市场策略主要有目标市场确定、市场细分以及发展竞争优势等方面。

关系营销的特点主要有以下三个：

1）参与性。即让客户参与产品是否投放市场以及产品改进的活动，能同时密切与他们的关系。

2）互动性。互动性体现了更多的人文关怀色彩。不只是单向推动的互动性，更要动员他们的想象力和执行力。

3）差异化。即为满足有价值的客户需求而创新，同时兼顾成本。

3．“一对一”的营销

网络技术的迅猛发展带来的最大变革之一，就是使消费者的地位空前提高。其重要特征是，消费者在享受产品或服务时可以要求“量身定做”。产品或服务的提供从规模生产向批量定制转变，这从根本上对产业结构的优化与调整和企业经营管理提出了极其巨大的挑战，而且直接对企业的市场营销策略造成冲击。

规模化生产，即广泛运用机器、流水线、细化分工和科学管理形成社会化大生产的能力，是目前多数大中型制造企业运用的主要生产模式。规模化生产是机械化、电气化的工业经济时代的象征，它曾极大地提高了社会生产率。传统的企业通过向客户提供单一的产品或服务，利用大规模生产的规模效益来获取更多的利润。一个极端的例子是，福特汽车公司过去只提供一种黑色的T型车，因为它只有一种车型、一种颜色，从而可以把有限的资源达到最大的生产规模，获得最大的利益。但是，在越来越尊重个性的现代社会，消费者更加注重高层次的产品或服务质量，也越来越不喜欢单调、重复、呆板和缺少个性化的产品或服务。若干年后，福特公司在品种众多的日本汽车面前不得不败下阵来。

为提升客户的满意度，并保持生产的较低成本和较高效率，长期以来人们进行了多种尝试，包括市场细分、用户反馈与改进、可调整流水线生产和自动控制技术运用等，但效果一直不明显。由于“量身定制”的产品或服务提供过程要求用户和企业之间必须不断进行迅速的“一对一”的信息交换—— 为了满足每个客户的特殊需求，就要具有一种同每个客户建立起联系的手段，通过同客户的联系来了解客户的不同需求。而在 Internet 技术出现和投入商业应用之前，人们的这种“幻想”一直缺少赖以实现的载体。

随着网络的发展和电子商务的展开，一个拥有众多客户的大型企业在 CRM 等客户管理系统的支持下就不难做到以“量身定做”为主要特征的批量定制生产。仍以汽车为例，现在大部分汽车出厂时不仅车身的颜色要符合客户的要求，而且仪表板的颜色、轮胎、发动机排量等许多部件也都是按照客户的要求安装的。

第二节　客户关系管理中的营销策略

一、物流市场定位

市场越来越复杂，客户的需求越来越广泛、差别越来越大，特别是物流服务市场，服务的形式、服务的内容越来越丰富。试图以一种服务去占领所有市场，很显然是不现实的，也是不可能的。与其在所有市场上或者在整个地区内进行较量，企业不如把自己的资源集中到一个部分上。这首先要进行市场细分，找准物流客户，做到有的放矢。再结合企业自身实力、产品差异、市场需求特点、产品生命周期、市场竞争状况、营销宏观环境等，选择一个或几个或全部细分市场作为自己的目标市场。

1．物流市场细分

在物流市场上，能够找出需求相似的潜在客户及客户群，对他们可以提供相同的服务。如果这组人数足够多，而且购买力足够强，就能给企业带来相当的利润，企业也可以为此配置相应的营销组合。

（1）物流市场细分的观念　物流市场细分是指企业根据客户及客户群明显不同的需求特征将整个市场划分成若干客户群的过程，每个客户群是一个具有基本相同的需求的细分市场。市场存在的前提是有购买服务意愿的人员和组织，正因为有他们的意愿、预期和需求，才为市场创造了基础条件，即机遇。在目前的市场竞争中，往往不能为整个市场的所有客户提供有效的服务。分析和选择自己进行竞争的区域，实际上就是细分。即分辨出能有效为之服务的细分市场，寻求目标市场，而不是四面出击。例如，广州市众多的搬家公司，虽然它们打出“有呼必应”的口号，但是如果超出它们服务区域的客户要求提供搬家服务，它们就以超过当地区域价格来承接服务和限制服务。即使在时间上能满足客户，过远的距离和路程所支付的费用就算在客户身上。这样一来，客户的目光就会放在本区域的搬家公司身上。有些搬家公司不得不在各区域设立分部来抢占市场，这也是有效细分市场的结果。

（2）物流细分市场的标准　细分市场的要素，主要有：①人口统计学及社会经济细分要素；②心理学因素；③地理位置因素；④客户利益细分（客户对服务的需求、对利益的反应）；⑤客户促销反应（对广告、价格、场所陈设及展览的反应）；⑥服务要素细分（客户对各种客户服务的反应是不同的）。物流市场细分标准主要有：①大环境，如人口及企业密集度、竞争对手数量等；②小环境，如交通的便利性、对物流服务的需要量、竞争对手的能力等；③市场的发展前景；④个人和组织自我物流能力；⑤区域内经济、产业状况，即物资流动量。

（3）物流细分市场的主要步骤　①物流企业首先要确定该区域适合物流的服务，需求规模有多大，服务对象是谁；②选择作为细分市场的标准；③突出该区域对物流的特殊需求作为细分标准；④了解进入细分市场的新变量，使企业不断适应市场的发展变化；⑤决定市场细分的大小及市场群的潜力，从中选择使企业获利机会的目标市场。

2．物流目标市场选择策略

物流目标市场就是企业所选定作为客户营销服务对象的一个、若干或全部细分市场。

（1）物流目标市场的选择策略　选择所有市场还是细分市场，这其实是一个成本、收益和风险的平衡问题。有三种选择策略：

1）无差别性市场策略。即把整个市场作为自己的市场，其好处是销量比较大，规模效益更好，大规模服务，质量可以得到保障。但竞争激烈，没有实力难以成功。

2）差别性市场策略。即针对不同的细分子市场，设计不同的服务，制定不同的营销策略，满足不同的消费需求。

3）集中性市场策略。即选择一个或少数几个细分市场作为目标市场。其优点是能集中优势，但风险较大。只集中于一个细分市场的好处是企业在某种服务方面提高了专业化程度；提高对客户及其需求的了解程度；资源集中使用，有利于竞争，包括面对大企业的竞争。但"把所有鸡蛋都装一个篮子里"是有风险的，如果该细分市场需求滑坡，企业就可能被挤出市场。

（2）物流目标市场的定位　通过市场细分只能确定所要进入的目标市场，究竟如何进入该市场还需要对市场上的竞争状况做进一步的分析，以确定企业自身的市场位置，这就是市场定位的问题。

市场定位过程的各个阶段与市场细分很相似：分析市场和竞争对手，弄清潜在客户是如何感受并评价竞争对手的，确定针对对手而言的企业自身的市场位置。按照客户的态度评价自己的服务，制定一种定位战略，不断检查定位效果。

实践中，市场营销组合是执行定位战略的关键所在。

1）服务产品。服务产品本身能够传递定位。例如，物流中的流通加工。

2）价格。价格以及一定价格带来的服务质量的改变有助于企业进行重新定位。

3）促销和定位联系十分紧密，因为正是广告和促进规划使定位得以传达。定位主题或标志有助于强化期望的定位。

4）人员。员工对定位起着关键作用，通过培训员工可以提高其服务表现。

5）程序。程序对定位也是至关重要的，要关注服务过程中的定位传达。

6）客户服务。客户服务对客户感知有很大的影响，因此客户服务可用来创造竞争者难于模仿的竞争优势，即在定位中创造差异性。

二、物流市场营销

在以客户为导向的物流市场客户开拓中，取得市场占有率，不如获得客户的忠心。即推进忠诚的物流市场营销，使客户满意并使之成为企业的长期客户，建立客户忠诚。20 世纪 90 年代中期，西方营销人员发现产品销量与利润并不是完全呈正相关关系，市

场份额的质量对利润增长的作用更大。市场份额质量优劣的实质就是忠诚营销程度的高低。推进忠诚的物流市场营销的方式一般有如下三种。

1．品牌塑造的忠诚营销

品牌是使企业的产品或服务有别于其他竞争者的名字、符号或设计。品牌具有识别、增值、装饰、促销和竞争作用。品牌是最能产生客户忠诚的标志。物流企业通过塑造自己独特的品牌以推进忠诚营销。

（1）品牌忠诚度与资产　品牌忠诚度是指由于质量、价格等诸多因素的影响，使客户对某一品牌产生感情，形成偏爱并长期购买该服务的程度。品牌资产是一系列与品牌、品牌名称、标示物相联系的资产和负债，它能增加或减少提供给企业或其客户的产品或服务的价值，即超越有形资产之外的价值。品牌资产由对品牌的忠诚、对品牌名称与标示物的认知、品牌体现的质量、品牌联想和其他品牌资产（专利或商标）5个方面组成。品牌忠诚是品牌的价值源泉，是品牌资产的核心，使品牌资产保值、增值的关键环节就是提高品牌忠诚度。品牌资产的其他 4 个因素与品牌忠诚都有直接或间接的联系，且其最终目的是提高品牌的忠诚度。

（2）品牌管理的要点

1）品牌知名度管理。品牌知名度是一种使潜在的客户认识并记住某一商标是某种品牌的能力，是品牌管理的最低层次。品牌知名度又可分为几个层次：①认识品牌名称或品牌标示物，它是以提示记忆为基础的；②记住品牌名或品牌标示物；③把品牌名保留在记忆深处。品牌知名度是品牌管理的重要内容，企业应力争依靠大众传播提高品牌知名度。但要注意其局限性，品牌知名度不涉及对品牌的态度，有时对品牌不利的信息也会给品牌带来高知名度。另外，高知名度不一定能促进品牌销量的增长。

2）品牌信誉度管理。品牌信誉度是指接受服务的客户对该品牌有好的观点与印象的程度。它是品牌管理中的中级层次——品牌信誉度解决品牌知名度的不足，它建立在品牌知名度的基础上。品牌信誉度主要是靠人际传播来实现的。但人际传播面少、速度慢，要与媒介传播结合利用。

3）品牌忠诚度管理。品牌信誉度只表明消费者的态度倾向，不表明购买行为。品牌忠诚度是品牌管理的高级层次，以品牌知名度和品牌信誉度为基础。品牌忠诚度的管理以提高品牌销量、扩大品牌资产、实现品牌的长远发展为目标。

2．满足客户需求的忠诚营销

（1）客户服务的机能

1）沟通机能。用客户能够理解和接受的方法，及时向客户提供信息，同时收集客户的要求和反馈的信息，实现有效沟通并建立信赖关系。

2）可靠机能。要求企业全面执行并超越公开承诺与服务标准，从而使客户对客户服务产生认同感，建立客户忠诚。

3）反应机能。对客户的细微需求与要求作出迅速反应，一是及时解决客户不满，二是对客户任何要求变化、市场动向作出准确判断。

4）保障机能。客户服务活动表现为企业对客户的承诺与保证：品质可靠、使用安全、价格合理，从而体现企业对客户的保障。

5）胜任机能。提供有效服务，对客户提出的问题和需求及时解决和满足。客户服务活动的实施不能解决问题，比不实施更糟糕。

6）满意机能。客户服务的所有机能都归结于这一点，使客户获得最大的让渡价值。

（2）客户服务的品质标准

1）时间的迅速性。客户不满的程度与延误客户服务时间成正比。

2）技术的准确性。泛指客户服务活动的技术，包括采用的方法、措施、策略等。

3）承诺的可靠性。企业的承诺要不惜代价实现。

（3）客户服务的效益　虽然客户服务需要一定的费用，即成本负担，但通过客户服务最终能够产生效益。客户服务的效益包括4个因素，即客户创造、利益创造、人才创造和业务创造。客户创造，就是通过客户服务建立竞争优势，吸引客户，增加客户的满意度和忠诚度，集聚了新客户。利益创造，就是客户增加，特别是忠诚客户的增加，增强了企业的获利能力，增强了品牌内涵，提高了品牌资产，创造了利润。人才创造，就是客户服务人员在实践中提高自身素质和服务水平，企业因此培养了人才。人才创造是客户服务的基础。业务创造是指客户服务是企业与客户的沟通活动，有助于及时、准确地了解市场变化和消费方向，为企业业务调整提供信息，为开辟新业务创造条件。同时，客户服务本身可拓展成独立的新业务。

（4）客户服务忠诚营销的内容　物流客户服务的范围广，并且量不断扩大，由储存保管、运输、配送各单独功能企业经营，改变为多功能企业经营，并延伸出包装和流通加工功能，有些企业还发展第四方物流。这里，着重介绍直接面对客户的服务。

1）信息与咨询服务。咨询服务包括业务咨询服务和技术咨询服务。业务咨询服务是根据客户选择物流服务项目时的各种要求，向客户介绍本企业的各种业务情况。技术咨询服务是指详细介绍服务质量、性能情况、服务程度，向客户提供目录、使用说明书，介绍服务过程。提供的信息应包括：地点、时间、服务内容、价格、提示与注意事项、情况变化的通知、重要声明、款项及有关财务活动的事项、其他信息。企业可通过广告、宣传册、公告录像、触摸式指示屏幕和计算机网络提供信息，也可以通过服务人员主动提供咨询，不断加强与客户的联系。

2）接待客户。这是企业与客户直接联系的主要方式，通过接待客户，了解客户的需求和意见，给客户留下可信赖的印象。接待客户包括来访接待，来信、来电的处理等。

3）财务结算。合理设计账单处理程序，避免差错。

4）访问客户和后续服务。掌握客户信息，了解客户，有计划、有针对性地组织拜访客户。访问方式可分为访调结合、访销结合、访修结合等。

3．超越客户期望的忠诚营销

超越客户期望的忠诚营销是指不仅要满足客户的需要，更要为客户着想，比客户

先行一步，超越其期望。

（1）客户期望与客户满意　客户期望管理是客户需求管理的更高层次。它不是被动地被客户要求去做什么，而是主动地采取一系列行动以影响、改变并满足客户期望。

客户对服务有两个层次期望：①称心的服务——十分合乎心意；②合格的服务——不会太差。

客户是否满意，取决于客户期望与实际效果之间的关系。可以用下面这个公式来简要地说明二者之间的关系：

客户满意=实际效果/客户期望

实际效果=客户期望=客户满意

实际效果>客户期望=客户非常满意

实际效果<客户期望=客户不满意

怎样才能保持客户满意状态？主要从提高服务实际效果着手，同时通过对客户期望进行认真而有效的管理，也就是不断改善服务能力和服务水平，降低客户对它们的期望，这样可以达到客户满意的目的。

在客户期望管理方面，许多成功的企业知道如何谨慎地创造客户期望，并通过对环境因素、销售态度及激励措施的有效管理，使得企业的各种行动与客户期望相一致，甚至超越客户的期望。而有的企业为了短期利润，对客户夸下海口，隐瞒许多问题，结果无法兑现承诺，使客户对企业不满意。例如，物流运输到达目的地的时间约定，就必须根据实际情况向客户承诺。

（2）引导客户期望的方法　企业不能一味地迁就客户的过度期望，因为其后果对企业往往不利，而应该引导客户的期望。在引导客户期望方面，企业应从如下方面着手：

1）媒体广告。企业选择广播、电视、报纸等形式介绍自己的物流服务。

2）信息咨询及宣传。通过企业员工的咨询服务，以及印刷一些宣传资料，使客户了解企业的产品或客户服务的标准及承诺方面的信息。

3）有形展示。设计、面积、色彩、气氛、清洁及噪声等客户服务因素，也会影响客户对企业的服务产生期望。显然，宽敞、整齐、安静的办公大楼和有条不紊的工作氛围会使客户对企业的服务产生一种信任感；而色彩暗淡、卫生极差的环境，势必会使客户对企业服务产生一种“低劣”的感觉。

4）服务表现。服务人员的诚恳、认真、热情、周到的服务，会给客户留下好印象。

（3）客户期望管理的策略　在客户期望管理方面，企业应该做到以下几方面：

1）企业要了解客户对服务的期望，创造能够兑现的客户期望。一方面，在通过广告等方式提升或创造客户对企业产品或服务的期望，使他们产生兴趣并跃跃欲试；另一方面，企业一定要保证能够兑现自己的承诺，既不夸海口，也不要隐瞒有关信息。企业必须在这两者之间寻求一个平衡点，既吸引客户又让他们满意。

2）注意对客户期望有重要影响的间接方式，如服务咨询、推销态度、动机及表现、服务态度及服务质量。企业的经营理念和服务员工队伍要给客户可信赖的感觉。

3）企业人员要与客户保持沟通。通过双向交流，提示客户可能会发生的问题，强化客户对企业的信任度；同时要修正企业不能兑现却已存在的客户过高的期望，而不是等到情况发生，令客户失望。

4）企业一定要不惜代价来兑现对客户的承诺，这是客户期望管理中非常关键的一个方面，因为行动本身是最好的回答。

三、开展多样的物流促销活动

开拓物流客户最具实质性的途径是开展多样的物流促销活动，以此来吸引更多的物流客户，因为物流客户所需的服务和有形商品一样，也需要促销，通过沟通、宣传、说服，使客户了解并接受服务产品。这种促销活动往往能起到立竿见影的作用，但它们只具有短期的效益，真正要达到长期效益，还必须与前面介绍的各种途径相结合，才能相得益彰。

1. 物流促销组合

市场的变化使企业将营销重点放在如何挽留客户，如何使他购买相关服务，如何让他们向其他人推荐物流企业的服务上，所有的一切最终落实到如何提高客户的满意度与忠诚度。“客户永远是对的”这一哲学被“客户不全是忠诚的”思想所取代。

（1）4Ps 促销组合

1）产品（Product）。服务产品所必须考虑的是提供服务的范围、服务质量和服务水准，同时还应注意到服务的品牌、保证后续服务等。在服务产品中，这些要素的组合变数相当大。

2）地点（Place）。提供服务的地点及其区域的可达性在服务营销上都是重要因素。区域的可达性不仅是指实物上的，还包括传导和接触等其他方式。

3）促销（Promotion）。促销包括广告、人员推销、营业推广、公共关系等方式。

4）价格（Price）。定价必须考虑目标市场上的竞争情况、法律政策限制、客户对价格的可能反应，同时也要考虑折扣、折让、支付期限、信用条件等相关问题。价格得不到客户的认可，市场营销组合的各种努力势必是徒劳的。

（2）3Rs 促销组合

1）客户保留。客户保留是指通过持续地和积极地与客户建立长期的关系，维持与保留现有客户，并取得稳定的收入。随着客户对企业与产品的熟悉和接纳，对这些客户所耗用的营销费用将会下降，而来自这部分客户的收入利润率越来越高。对于有客户参与的服务而言，费用的下降更为明显。研究发现，客户的保留率每上升 5%，企业的利润率上升 75%；吸引一位新客户所需的花费是保留一位老客户的 5 倍以上。

2）相关销售。物流企业开展新服务项目时，由于老客户已对企业产生了信心，因此新项目的介绍与推广费用将大大降低，推进时间也将大大缩短。老客户在接受服务的时候，对价格也不太敏感。因此，相关销售的利润率通常较高。一些企业的成长主要来自于服务项目的升级换代和相关产品——服务的销售。相关销售是建立在企业提供良好

后续服务、客户对企业满意和忠诚的基础上的。

3）客户推荐。实施服务营销，提高客户的满意与忠诚的最大好处之一就是忠诚客户对其他潜在客户的推荐。客户的推荐将形成对企业有利的效应，最终提高企业的赢利水平。当今市场竞争日趋激烈，广告信息十分泛滥，人们对大众传播媒介的信任越来越少，而在进行购买决策时却越来越看重朋友及亲人的推荐，尤其是已有产品使用经验者的推荐。

服务营销 3R 组合策略的运用，既是一门科学也是一门艺术，它与传统的产品营销组合不尽相同，在实践工作中应予以区别对待。

2．物流促销策略

在促销方面，物流服务与有形商品存在差异，有形商品可以被显示出来，而服务不能存在货架上，只能被描述出来，对复杂的服务的描述就受到很大的限制。因此，需要采取更积极的促销策略来开拓更多的客户。

（1）人员推销服务策略　这种方法对推销人员的素质要求高，开支大。但人员推销过程灵活，富有人情味，有利于信息双向传递、与客户建立长期合作关系，推销成功率较高，是经常被采用的方法。服务人员在推销时应该注意以下策略：

1）与客户建立和发展个人关系。

2）采取专业导向。在服务交易中，服务提供者的言行举止和态度要给客户以专业人员水准。

3）建立并维护有利的形象。要注重推销人员礼仪、效率、关心度和销售技巧的培养，创造与维持良好的个人和企业形象。

4）利用好间接销售。例如，利用有影响的销售影响其他客户；推广和销售相关产品和服务，创造引申需求；通过对公众演讲、参加社区事务、参与各种讨论会等，进行自我推销。

5）销售组合服务。在推销核心服务时，提供一系列的辅助性服务，给客户提供便利，企业也可从中获利。

（2）服务广告策略　对无形的服务产品做广告与对有形物品做广告不同，要根据物流服务的特点采取相应的策略。

1）使用明确的信息。以简捷的文字、图形或声像，传达所提供服务的领域、位置、质量、特色等。

2）强调服务利益。应该强调服务的利益而不是技术性细节，以引起注意。强调购买选择的合理性，解除客户的后顾之忧。

3）只能承诺企业可提供和客户能得到的服务。最好的做法是，承诺"最起码的服务标准"，如果能做得超出标准，客户通常会更加高兴。

4）建立口传沟通。例如，鼓励积极的客户推荐，准备一些资料供客户转送给非客户群。

5）对员工做广告。服务员工很重要，他们也是服务广告的潜在对象，促进员工与客户相互配合。

6）争取并维持客户在服务生产过程中的合作。服务生产与消费的同时性，需要客户扮演积极的角色。

7）服务广告持续使用一种象征、主题，使客户形成印象，克服服务非实体性和服务产品的差异特点带来的弊端。

（3）公共宣传策略　公共宣传是指企业以非付款方式通过第三者在报刊、电台、电视、会议、信函等传播媒体上发表有关企业产品的有利报告、展示或表演，刺激人们对商品、服务的需求。

公共宣传在企业促销活动中具有下述特点：

1）高度可信性。由于公共宣传是由第三者进行的对企业产品的有利报告或展示，因而，比起广告来，其可信性要高得多。

2）消除防卫。购买者对推销人员和广告会产生回避心理，而公共宣传是以一种隐蔽、含蓄、不直接触及商业利润的方式进行信息沟通，从而可以消除购买者的回避、防卫心理。

3）新闻价值。公共宣传具有新闻价值，可以引起社会的良好反应，甚至产生社会轰动效果，从而有利于提高企业知名度，促进消费者发生有利于企业的购买行为。

物流企业在运用公共宣传策略进行服务促销时应把握其特点，采取相应的手段进行促销。如果将一个恰当的公共宣传活动同其他促销方式协调起来，可以取得更大的效果。

第三节　客户关系管理系统

客户关系管理（Customer Relationship Management，CRM），作为一种企业管理理论起源于20世纪80年代初期，经过20多年的发展，目前它不仅成为一种具有可操作性的管理方法和管理技能，更成为一种企业战略管理理念。

一、CRM的含义

CRM是企业管理理论中的前沿性新课题，学术界和企业界对CRM的内涵、内容、功用、发展趋势等基本问题，目前还没有一个统一的认识。

1. 什么CRM

从微观的信息技术、软件及其应用的层面来看，客户关系管理是指企业通过技术投资，建立能搜集、跟踪和分析客户信息的系统，或增加客户联系渠道、客户互动以及对客户渠道和企业后台的整合的功能模块。主要范围包括销售自动化（Sales Automation，SA）、客户服务和支持（Customer Service and Support，CS&S）和营销自动化（Marketing Automation，MA）、呼叫中心（Call Center，CC）等。

从物流角度的来看，CRM是基于物流企业与客户，实现信息共享、资源互补、多方互动和客户价值最大化，并以此提升企业竞争力的一种管理思想。它并不是指单纯的

管理软件和技术，而是融入企业经营理念、生产管理和市场营销、客户服务等内容的以客户为中心的管理方法。其基本内容包括：

1）CRM 是一个互动一体化管理过程。在这个过程中，客户需求是互动的原动力，供应商对市场利益的追逐是推动，它们为满足客户需求的一致行为是基础，客户需求的满足和客户价值的提高是目标。

2）CRM 的核心是客户，本质是基于客户与销售商、生产商乃至供应商之间形成的价值关系，即客户价值实现依赖于物流上游企业，企业价值实现依赖于客户需求的满足和客户价值的实现。

3）客户关系的功能主要有三个：一是通过客户信息的收集、客户行为分析、客户需求预测，寻找企业的合适客户；利用客户资源，通过与客户交流、建立客户档案和与客户合作等，从中获得大量针对性强、内容具体、有价值的市场信息，并将其作为企业各种经营决策的重要依据，改善和发展企业与客户的协同关系，发展与客户的长期关系，为客户提高个性化服务。二是通过向企业的生产、销售、市场和服务等部门和人员提供全面的、个性化的信息，强化跟踪服务和信息分析能力，使他们能够协同建立和维持一系列与客户以及伙伴之间卓有成效的“一对一”协同互动关系，共同为客户服务，提高客户满意度。三是通过建立共享信息平台系统，使物流企业与客户在客户服务、市场竞争及支持方面形成彼此协调的全新关系实体，为企业带来长久的竞争优势，提高客户价值。

CRM 还是一种管理支持系统，集成了互联网和电子商务、多媒体技术、数据仓库和数据挖掘、专家系统和人工智能、数据分析以及呼叫中心等多项技术。

2．CRM 的功能与作用

（1）客户管理统一化　客户管理的首要功用是打破部门信息封锁的壁垒，整合原本属于各部门分散管理的客户信息，将它们通过现代信息技术和 CRM 系统统一为一个信息中心。这个信息中心能够为一线员工的客户服务提供业务指导、技术支撑和信息保证；为各部门提供共享的全面信息资料，协调各部门行为，避免部门间人为制造扯皮、推诿现象；为企业合作伙伴提供信息支持，保证供应、生产、销售、服务的良性运行。

（2）提高客户管理能力　CRM 的对象是客户，主体是企业与客户。稳定的客户关系是 CRM 的出发点。

与客户建立稳定关系的前提是确认谁是企业的合适客户，谁是关键客户，谁是一般客户和应淘汰的客户；合适客户的个性特征和需求偏好是什么；预测客户需求动向。通过 CRM，企业能够根据客户的行为变化等信息在第一时间把握环境状况和客户变化情况，适时而变，使企业处于主动地位，稳定客户关系。

企业还应提高客户管理能力，切实做到：了解客户对企业利润的价值，建立有效的客户服务系统，战略性地管理企业的问题并沟通解决方法，通过客户培训来预防共同的问题的发生，吸引、培养并保留最优秀的销售人员，把产品价值清晰地表达出来，实施有效的品牌、广告和促销战略，对服务人员给予公平的待遇与奖励。

（3）实现企业目标　在组合营销理论看来，客户对企业的意义在于通过吸引更多的客户来扩大市场份额，获得最大化利润。因此，它们不惜成本地进行所谓市场开拓，一方面用尽方法来吸引新客户，另一方面又不采取有力措施来留住老客户，从而使自己总是处于忙碌之中。CRM 的最终目标也是利润的最大化，但是，企业并不应该过于急功近利。

从直接的目标层面看，企业希望通过实施 CRM 来给予客户更多的关怀，进行“一对一”的个性化服务，提高客户的满意度，维持老客户，并且在发展新客户的过程中充分发挥老客户的口碑作用，使合适客户群日益扩大，从而降低营销成本，提高效率，获得利润最大化。

从深层的原动力看，CRM 所起的作用决不是多发展几个新客户，多留住几个老客户，它的独特之处在于，通过实现前端的供应商伙伴关系管理和后端的客户服务，使企业与上游供应商和下游客户之间能够形成多方的良性互动，在发展和维持客户的同时，与业务伙伴和供应商建立良好的关系，最大限度地挖掘和协调利用企业资源，拓展企业的生存和发展空间。

（4）提高企业竞争力　CRM 有利于合理化物流的实现和客户与企业互动关系的良性运行，可以有效整合资源，规避市场风险，提高企业竞争力。主要表现在：

1）通过与合适客户的稳定关系，确定企业的市场地位，实现企业的市场目标，从而实现企业的利润目标，提高企业收益性竞争力。

2）通过与合作伙伴建立稳定的关系，降低运行成本，分散单个企业的竞争压力，以合作伙伴的整体规避市场风险，提高企业的抗风险能力。

3）物流服务在提供给客户之前就能够满足个性化需要，即按照客户需要进行个性化设计，按照客户需求进行定制，实现敏捷配送，通过客户价值的实现来提高企业竞争力。

（5）提供协同互动的平台　从技术的角度讲，由于 CRM 在电子化商务平台基础上建立起了一种面向客户的融合企业管理理念、市场营销、客户服务和技术支持的自动化解决方案，因此能够带来如下直接效果：

1）客户可以不受地域和时间限制，随时访问企业，通过企业呼叫中心自动进入 CRM 信息库，获取相关信息或得到服务指导。

2）企业能够对各种销售活动进行跟踪，对客户的需求动向和偏好进行分析。

3）企业可以从不同的角度获得成本、利润、生产率、风险率等信息，并根据客户需求变化对产品、职能、网点、物流配送等进行适时调整。

4）及时了解供应商的业务安排、工作进程、流程速度、信用风险、环境变化等信息，规避供应链风险，保障客户利益不受影响。

3．CRM 的管理内容

（1）客户识别与管理　包括：

1）客户信息资料的收集。收集客户信息的方法有自己收集、向咨询机构购买、信

息交换等方式。

2）客户信息分析。客户信息分析不能仅仅停留在对客户信息的数据分析上，更重要的是对客户的态度、能力、信用、社会关系的评价。对客户信息进行分析可以帮助企业找准发展方向，差异化分析能够帮助企业准确地把握合适客户和关键客户。

3）信息交流与反馈管理。客户管理过程就是与客户交流信息的过程，实现有效的信息交流是建立和保持企业与客户良好关系的途径。客户反馈对于衡量企业承诺目标实现的程度、及时发现在为客户服务过程中的问题等方面具有重要作用。此外，客户识别与管理还包括服务管理和时间管理。

（2）服务人员管理　包括：

1）服务人员招聘。招聘什么人？招聘客户喜欢的人。招聘多少？客户服务需要多少就招聘多少，过多是浪费，过少不能保证服务质量。

2）服务人员培训。

3）服务人员岗位。关键是有明确的岗位职责、权力、行为准则及履职程序的详细操作规范，并将这些规范与相关岗位相连接。

4）服务人员绩效。对服务人员的绩效考核应包括服务人数/次数、客户评价、工作落实评价、行为规范评价和销售额完成评价。

5）服务人员信息管理。包括服务人员的信息记录、存储和检索；跟踪同客户的联系，如时间、类型、简单的描述、任务等。

（3）市场行为管理　在 CRM 中，市场行为管理有两个方面的内容：

1）直接市场行为。在“纵向一体化”模式下，销售部门或销售商（零售商）直接面对客户，而其他部门或其他企业则按照订单组织供应和生产，这时的市场行为只是一种简单的作用客户——客户反应行为。

2）供应链一体化的市场行为。在这种情况下，面向客户的不只是销售商或企业的销售部门，而是客户的整个上游都在为其提供共同的客户服务，因此，这种市场行为是一种整合供应商、生产制造商、物流商、销售商的行为。它除了直接面向客户的市场行为外，还有一个整合供应链各个节点企业协同为客户服务的问题。

CRM 中的市场行为管理的主要方式有：①营销管理；②销售管理；③响应管理；④电子商务；⑤竞争对手管理。

（4）伙伴关系管理　物流伙伴关系管理包括生产制造商伙伴关系管理和业务外包管理，主要内容包括：对企业数据库信息设置存取权限，合作伙伴可以通过标准的 Web 浏览器，以密码登录的方式对客户信息、企业数据库、与渠道活动相关的文档进行存取和更新；合作伙伴可以方便地存取与销售渠道有关的销售机会信息；合作伙伴可以通过浏览器使用销售管理工具和销售机会管理工具，如销售方法、销售流程等，并使用预定义和自定义的报告；产品和价格配置器；等等。

（5）信息与系统管理　信息与系统管理的主要内容有：

1）公开信息管理。在 CRM 中，信息是共享的，但并不意味所有的信息都是公开的。

2）平台管理。主要包括：系统维护与升级；信息收集与整理；文档管理；对竞争对手的 Web 站点进行监测，如果发现变化，向使用者、客户报告；根据使用者、客户定义的关键词对 Web 站点的变化进行监视。

3）商业智能。主要包括：预定义查询和报告；客户定制查询和报告；可看到查询和报告的 SQL 代码；以报告或图表形式查看潜在客户和业务可能带来的收入；通过预定义的图表工具进行潜在客户和业务的传递途径分析；将数据转移到第三方的预测和计划工具；系统运行状态显示器；能力预警。

4）信息集成管理。CRM 系统所收集的信息最初并不具有系统性，甚至不能为企业管理有效应用。信息集成管理的目的就是对这些零散的信息进行筛选、整理、汇编、编密，然后按照规范程序进行分散和发送，使之与企业的其他信息耦合，达到共享。

二、CRM 系统的建立和实施

CRM 的实施是一个漫长的系统工程。在其中，有三个方面的问题是决定系统实施成功的关键：一是系统集成问题；二是系统模型设计；三是实施程序。

1．CRM 系统集成的基础

CRM 系统集成的基础是客户数据库和业务流程重组。

（1）客户数据库　它是 CRM 系统的信息心脏，是客户信息集成和企业借以决策和快速反应的依据。功能强大的客户数据库不仅仅是 CRM 系统，而且是整个供应链一体化协同运作的发动机和调度室。同时，客户数据库也是物流信息系统的衔接端口。在以客户为导向的物流系统，企业的采购管理系统、供应商管理系统、仓储管理系统、配送管理系统等，都是围绕客户数据库建立、以客户数据库为枢纽的。因此，客户数据库对 CRM 系统的集成至关重要。

（2）业务流程重组　现行企业的组织结构大都是基于职能部门的专业化官僚模式，业务流程受专业化职能部门的控制，专业部门对企业资源进行配置。因此，形成了多职能部门、多层次、严格的等级制度，从最高管理者到最基层的员工形成了一个等级森严的“金字塔”型的组织结构体系。这种组织适合于稳定的环境、大规模生产、以产品为导向的时代，它以各部门的简单重复劳动来赢得整个部门的效率，但其代价是整个工作时间的延长。这种结构难以适应市场的不确定性和客户需求的多样性要求，企业必须进行业务流程重组，否则 CRM 系统难以实施。CRM 系统是建立在业务流程简捷化、职能分工明确化、生产运作协同化、客户需求快速反应化的基础上的。

2．CRM 系统模型设计

一个良好的 CRM 系统必须同时满足管理者、员工、客户和合作伙伴 4 个方面的需要，有利于提高良好的考核和跟踪功能，使得管理者能够方便地对员工进行绩效评估，提供培训；向员工提供足够的、有用的、容易解读的信息，帮助员工采取正确的客户服

务行动方案；向客户提供一个简单易行、可随时向客户提供支持和反馈的系统；能够及时与合作伙伴沟通，实现信息共享，协调运行的系统。

因此，在设计CRM系统时应体现三个有利于原则：有利于企业与客户的互动；有利于企业内部资源共享和基层员工应用；有利于合作伙伴信息共享。应以企业在供应链中的层级和企业业务流程特点为基础，重点解决好如下事项：

（1）企业类型　企业类型不同，CRM的内容是有区别的。例如，直接面向客户的零售企业和制造企业，其客户管理的对象、要素、内容和要求都不相同。

（2）客户定义　客户的行为特征千差万别，企业应该根据对客户的合理划分来设计CRM系统，使之能够方便地辨别出一般客户、合适客户和关键客户，然后提供有针对性的服务。

（3）供应链的层级　企业不是独立的，它们是供应链一体化成员，因此，企业在设计CRM系统时要与现有CRM系统尤其是核心企业的系统兼容。

（4）处理好4种关系

1）与企业再造的关系。CRM设计是企业再造不可或缺的环节，但它不是企业再造的全部。从企业的角度来看，CRM设计重要的不是通过“休克疗法”来“打破那个瓷娃娃”，而是以创新的观念和先进的方法来改造企业，使之适应新的环境，保持活力。

2）与环境因素的关系。构建和设计一个CRM时，既要考虑现在的环境因素，还要预测将来的环境变化趋势，用发展的眼光来设计物流，无论是信息系统的构建还是物流通道设计都应具有较高的柔性，以提高物流对环境的适应能力。

3）CRM设计并不可以代替物流系统的设计，因为CRM设计是企业模型的设计，它除了物流系统外，还包括信息系统、组织系统、服务系统等子系统的集成。

4）与先进制造模式的关系。如果没有先进制造模式的推动，集成化CRM是很难运行的。正是先进制造模式的资源配置沿着“劳动密集——设备密集——信息密集——知识密集”的方向发展，才使得企业的管理模式发生深刻的变化，从制造技术的集成演变为组织和信息等相关资源的集成。因此，CRM设计应把握这种内在的联系，使供应链管理成为适应先进制造模式发展的先进管理模式。

3．CRM系统实施程序

实施CRM，一般包括如下8个步骤：

（1）可行性评估　在实施CRM之前，企业应当先做客观、充分的可行性评估。

需要实施CRM的企业的首要任务不是去购买软件，而是聘请有丰富经验的专业咨询管理公司对企业进行诊断，明确问题的关键所在，哪些问题可以通过技术解决，哪些问题需要通过战略调整解决，哪些问题需要观念转变、文化重造来解决，只有这些看似“软”的问题解决了，企业实施CRM项目才能水到渠成。

有些企业不必实施CRM。如果企业规模很小，供应商不多，生产流程简单，产品品种有限，业务量不大，下游企业和客户都很明确的话，只需要开设一个800服务电话，用微机建立一套适合自身业务需要的客户管理档案系统即可。

有些企业不适宜实施CRM。例如，生产和销售季节性日用品的企业、生产量大但价格低的短生命周期产品的企业、没有长远发展规划的企业都不适宜实施CRM，因为CRM是基于长远发展目标、以明确客户为基础的。

有些企业不能实施CRM。如果企业经营困难重重，业务流程混乱，发展前景不妙，就暂时不能实施CRM。CRM不能“雪中送炭”，只有运行良好、业务流程清晰、运作规范的企业，实施CRM才能进一步提升竞争力。CRM对于“重病”中的企业不是良药，因为CRM是以规范的业务运作和部门之间、企业之间的协调运行为基础的。

有些企业应该暂缓实施CRM。如果企业在某一条供应链中处于非核心地位，并且希望能够在此供应链中长期与核心企业合作，最好在核心企业实施了CRM之后再实施，并且CRM软件要与核心企业的兼容。

（2）规划CRM战略目标　在经过慎重考虑之后，确定要实施CRM时，还应该与专家顾问认真研究，提出企业短期、中期、远期目标和直接、根本目标。目标的不确定性会导致CRM实施的失败。另外，目标不要定得太高，因为目标越高工程越大，不确定性越多，同时CRM现在也还处于开发阶段，技术还有待完善。

（3）阶段目标与实施路线　CRM作为一个非常复杂的系统工程，其实施不是一蹴而就的，它需要分阶段来实施。在确定实施进程之前，要确定阶段性目标和实施效果。有许多企业对实施CRM的目标设计得很好，但是就是没有量化，这是不可行的。在量化实施目标之前，建议不要仓促上马。

实施路线对CRM的成功是非常关键的。设计好目标之后，企业还要确定CRM的入口。这需要根据企业的具体情况和技术发展的趋势来定，因为入口的方法很多，现在常用的是Call Center和Web入口。

（4）设计业务流程　成功的项目小组应该把注意力放在流程上，而不是过分关注于技术。技术只是促进因素，本身不是解决方案。因此，好的项目小组开展工作后的第一件事就是花费时间去研究现有的营销、销售和服务策略，并找出改进方法。

同时，在实施CRM时要注意技术的灵活运用。在那些成功的CRM项目中，他们的技术的选择总是与要改善的特定问题紧密相关。选择的标准应该是根据业务流程中存在的问题来选择合适的技术，而不是调整流程来适应技术要求。

业务流程确定之后，企业应该根据业务流程来调整组织结构，使企业的组织结构具有足够的柔性，增强对市场和客户的反应能力，避免企业行为与市场脱节。

（5）设计CRM系统结构　CRM系统的主要功能有：对供应商、销售商、客户和企业内部信息的流程化、系统化和信息化；与供应商、销售商、客户沟通手段的集成化、自动化和简便化；在此基础上的决策智能化。

由于企业具体情况千差万别，以及方案选择的多样性，因此在设计CRM系统结构时可以借鉴他人模式，但是不能照搬。CRM系统没有相同模式可言，不可能存在“一种号码，人人通用”的万能软件。

（6）实施与培训　CRM实施更多的是专业技术人员的事情，但CRM的应用却是

全体员工的工作，因此在专业技术人员实施CRM时，企业应该利用这一机会，广泛开展培训，统一员工的观点，掌握先进的技术，形成良好的氛围。

培训的重点有三个方面：一是通过培训改变观念，将以产品为中心的观念转变为以客户服务为导向的观念；二是培训专业技术，学习如何应用CRM系统，如何使业务行为与CRM相配合，如何借助CRM更好地为客户服务；三是培训创新能力，因为CRM实施之后应随着企业环境、企业业务和客户情况的变化不断作出相应的调整和完善，使CRM能够“与时俱进”。

（7）系统的整合　系统各个部分的集成对CRM的成功很重要。CRM的效率和有效性的获得有一个过程，它们依次是：终端用户效率的提高、终端用户有效性的提高、团队有效性的提高、企业有效性的提高、企业间有效性的提高。因此，CRM系统试运行过程中应当使之与企业的其他信息系统，如物料采购系统、生产制造资源系统等相耦合，形成信息兼容的庞大功能群。

（8）评估实施效果　建议企业在实施CRM时，聘请专业监理公司参与进来，一方面可以为企业当顾问，另一方面可以适时评估实施进程和实施效果。

评估效果还应作为项目参与人奖惩的依据，因为在实施过程中会发生工作人员效率不高、情绪消极甚至互不协作的事情，有了奖惩依据可以保证参与者的职业操守得到尊重。

三、CRM在物流客户管理的应用实例

海尔集团的客户管理系统（CRM）

青岛海尔集团（Haier）是中国家电行业的著名企业，以强大的研发能力、严格的内部管理和别具特色的市场营销闻名于国内乃至国际家用电器市场上。海尔的成功，与其一贯坚持服务至上的策略是分不开的。在20世纪90年代初，海尔率先在全国各主要城市建立了29个电话中心，客户只需拨打当地“×××9999”的电话，就可以约定时间得到海尔的产品上门服务，如安装、维修等，客户关心的问题也能及时得到海尔电话中心话务员的解答。这套系统为海尔最早在国内打出“服务牌”作出了积极的贡献。但随着海尔市场的拓展和服务区域的扩大，问题逐渐暴露出来：“9999”系统属于第二代Call Center系统，由于话务处理能力有限，系统可靠性差、可维护性差，经常出现死机、系统崩溃的现象，所以经常有客户反映线路忙，无法接通服务电话，同时一些网点的服务质量也不能得到有效的监控。此外，最大的问题在于“9999”电话中心与海尔的售后服务中心信息之间是脱节的，售后服务使用独立的系统，与电话中心没有统一的平台和标准，基础编码规范不统一，因此信息不能共享，集团不能掌握各事业部的第一手信息和数据，从而严重影响了企业对市场的反应速度和对客户的服务质量。

海尔于2000年起成为国内企业中率先启动CRM项目的企业。海尔集团根据自身现状和未来发展的战略要求，决定先建立客户服务系统（CSS），项目的总体目标是建成以计算机和通信技术为技术手段，覆盖海尔集团顾客服务中心、各顾客服务事业部和

全国各地顾客服务中心、售后服务中心的信息管理系统，利用集团现有的网络基础设施，为顾客、售后管理及领导决策提供服务，实现海尔集团顾客服务管理现代化，提高顾客满意度。

2000 年 10 月，海尔集团建成了自己的全国广域网，用于收集海尔在全国各地的电话中心及售后服务中心的客户信息，特别是建起了实时的海尔全国客户档案，为海尔的企业内部决策和管理及周到的客户服务提供了充分的技术保障。

为了满足对市场快速响应的需要，海尔集团决定在总部和上海、北京选择建立第三代（具有 ACD）的呼叫中心，平台设计分为主机和网络系统、呼叫中心系统、数据库系统三大部分，可向客户提供更个性化的服务。

在客户服务系统中，海尔还把为客户建立起统一、完整的客户信息系统当做重点工作来抓。在收集客户信息方面，以呼叫中心为主要收集手段，同时，考虑市场及销售代表的反馈信息、用户来函、售后服务部门和技术支持人员的信息、E-mail、FAX、客户登门等辅助方式。客户服务系统不是孤立的，可与企业内部各部门协同工作、信息共享，并力争与其他系统如 ERP 系统、SCM 系统、电子商务系统集成起来。

海尔客户服务系统（Haier CSS）的建立和运行使公司拥有了完整的客户信息系统，实现了分布式数据复制及数据共享，企业业务部门和工作人员可随时随地查找客户信息和进行服务质量分析，同时也支持进行客户回访、交叉销售等工作。海尔客户服务系统满足了企业复杂和庞大的信息处理需要，同时为海尔的管理者和决策者提供了方便、丰富的报表制作能力和通用的查询能力，提高了海尔对市场的反应速度和适应能力。

本章小结

客户服务是指物流企业为促进其产品或服务的销售，发生在客户与物流企业之间的相互活动，包括以下三个方面的内容：①客户服务活动内容：订单处理、技术培训、处理客户投诉、咨询；②物流客户服务是一整套业绩评价：存货的百分比、仓库备货时间、仓库收到订单到发货的时间、订货的方便和灵活性、特快发货或延迟发货的可能性、服务系统的灵活性评价等；③客户服务是一种观念。

在物流市场上，能够找出需求相似的潜在客户及客户群，对他们可以提供相同的服务。如果这组人数足够多，而且购买力足够强，就能给企业带来相当的利润，企业也可以为此配置相应的营销组合。在以客户为导向的物流市场客户开拓中，取得市场占有率，不如获得客户忠心。即推进忠诚的物流市场营销，使客户满意并使之成为企业的长期客户，建立客户忠诚。20 世纪 90 年代中期，西方营销人员发现产品销量与利润并不是完全呈正相关关系，市场份额的质量对利润增长的作用更大。市场份额质量优劣的实质就是忠诚营销程度的高低。

从物流的角度来看，CRM 是基于物流企业与客户，实现信息共享、资源互补、

多方互动和客户价值最大化，并以此提升企业竞争力的一种管理思想。它并不是指单纯的管理软件和技术，而是融入企业经营理念、生产管理和市场营销、客户服务等内容的以客户为中心的管理方法。CRM 的实施是一个漫长的系统工程。在其中，有三个方面的问题是决定系统实施成功的关键：一是系统集成问题，二是系统模型设计，三是实施程序。

思考题

1. 如何理解客户服务的含义及其内容？
2. 客户关系管理中的营销策略有哪些？
3. CRM 有何作用？

课后拓展案例

茂永公司巩固物流客户的做法

成立于 1982 年的中国台湾超全股份有限公司是茂永股份有限公司的前身，它早期从事纺织业。当时有相当多的客户没有仓库设备，就委托该公司代管货品。1986 年，公司改名为茂永股份有限公司，并开始直接从事仓储代管储放的工作。由于曾投资纺织业，拥有许多厂房土地，所以在该公司跨入仓储业时，土地并不是最大的困扰。之所以会跨行业到仓储运输业，该公司表示，在 1985 年前往日本参观丸运公司时，看到丸运公司的发展及物流仓储的未来可行性，所以在隔年便投入仓储运输业了。初期只是以仓储保管为主，直到 1991 年才成立物流中心，做配送的全程服务。早期该公司先在台北发展，然后再扩展到台中及高雄，是由北、中、南依次串联而成的。

现在该公司已将原先的茂永股份有限公司更名为茂永国际物流股份有限公司（以下简称茂永公司），希望能再进一步地突破以及成长。而该公司也与日本的物流巨人——黑猫大队丸运公司有着非常密切的技术指导关系，从仓储布点的选择以及仓储硬件的架构乃至于物流配送网络的形成，都得到物流巨人的高明指点。特别是其巩固物流客户的做法，更是秉承日本物流企业的成熟做法，全方位的展开，从经营理念的树立、对客户的承诺、对自身的要求、开展多种服务以及对员工的培训等方面来巩固物流客户，使其在短短的几年内有相当骄人的成绩。

1. 树立客户导向的经营理念

在一个竞争的时代，从事物流配送的服务工作，除了要随时强化自己本身的能力之外，还要能够去了解客户（需求者）的需要。因为物流作业流程，除了依靠自己的实力，也要针对不同客户的需求去制定不同的“应变”计划。例如，在某年7月份时，该公司的配送出货量大增，出货量达平时的4倍以上。只要客户有出货的需求，茂永也就全力以赴，除了准时出货、不延迟之外，也让客户更加安心。做好平时的服务工作是应该的，当客户有困难、有问题时，也能够达到他们的标准并且也维持平时的高品质服务，那就是非常不容易了。客户有利润，公司才有可能获利，所以永续经营除了要满足客户的要求之外，也要根据不同的变化，作出应变的动作。要使委托合作关系维持恒久不变，一定要主动去了解每一位客户的需求，尽量去满足他们。而茂永的利润是基于与客户共同创造出的利润，并与客户分享价值。

茂永公司是一个非常有弹性的公司，凡事都向制度化与标准化方向进行。茂永公司本身没有财团背景，可塑性高、活力强，而且没有太大的企业包袱存在，所以可以针对不同客户的需求，作出不同的服务，树立客户导向的经营理念。

2．对客户作出独特的承诺

（1）诚信　茂永公司对客户一向以诚信为出发点，本身有多少实力就做多少事。否则，一旦顾客有需求或有困难时，反而做不到，那是有损信誉的。所以对每一位客户都以诚信的态度去接触，除了尊重客户之外，也是对本身服务品质最佳的保证。

（2）安全　物流配送是一项非常复杂与艰苦的工作，除了对自身人员的安全随时要保证之外，对所送达的货品也是要求零故障的。所以，对人、对货都需强调其安全性。

（3）时效　客户委托公司做配送，时间的控制与管理一定要掌握准确。平时如此，出货量多时也要做到这一点。因为时效的保证，除了带给客户商机和利润外，相对地也给自己带来商机和利润。

（4）便捷　所谓的便捷，不外乎是手续简单、不烦琐，配送迅速而不疏忽。物流的作业流程环环相扣，任何一个细节做不好或出现差错，都会造成许多问题的发生，所以说，便捷的承诺也包含了方便客户、节省时间的目标。

（5）经济　现在的客户都非常精明，对于所委托的物流业务一定要能达到既省钱又经济实惠的要求。降低支出、扩大市场占有率是每个企业努力的方向，所以帮助客户既省钱又提高市场的竞争力，是该公司坚持的原则。

3．强化自身的使命感

这种使命感源自对自身工作极端的负责。包括：

（1）专业　该公司所强调的专业可以分为对人（客户）及对物两项。具备专业的精神，除了要非常清楚自身的工作岗位之外，也要能够去了解每一位客户的属性，因为对客户的专业了解是让客户放心地与公司合作的必要条件，唯有对客户作出非常专业的认知与了解，才可能达到客户的需求。

（2）专心　专心是指在工作时每一位员工都能在工作岗位上用心地工作，也唯有用心工作，才可能发挥其最大的效能。

（3）求精　求精是指公司在物流的服务工作上，力争成为可以让所有客户安心的

合作伙伴。也只有本身在物流这个领域内做最专、最精的服务，客户才能源源不断而来。

4．建立健全的组织结构

茂永公司目前在组织分工上可以分为：行政本部，业务本部，物流第一、二本部及货运本部五大单位。其中行政本部负责管理、财务、企划等工作。该公司拥有一群经验丰富的整体作业流程规划小组，可随时提升作业效率，解决客户的困难。并且拥有专为茂永公司及客户设计物流专业软件的工作团队，构架信息网络，确保对客户服务品质及作业时效。而业务本部下辖两个业务科。该公司的业务科是依照客户的行业划分出来的，强调的是完全的售后服务，而签约合作只是服务的开始，业务人员追求的是全程的服务，并且解决客户所有的抱怨与问题。物流第一本部统一管理北一区营运中心、新桃营运中心、南区营运中心等共7个分支营业所，物流第二本部则负责北二区营运中心、中区营运中心、嘉南营运中心等6个分支营业所。货运本部拥有自用车辆55部及合约车25部，共计80部车辆供使用。

5．推进综合物流服务

茂永公司的经营项目可以分为三大项：第一，仓库作业。包括独立仓库出租，托管仓库出租，集装箱的拆装及进出货服务管理，货品分类、定位、分装、贴标签、盘点、报表及会计库存系统管理等。第二，货运及运输业务。包括供应商（制造商、进口商）至各发货中心的运输业务，发货中心与发货中心调拨的运输业务，供应商至特贩商的运输业务，发货中心至特贩商的运输业务等。第三，物流。包括地区配送业务（由发货中心至各地零售商运输配送业务），发货中心仓储业务（提供仓储地点、设备，供发货中心存放安全库存货品），包装分装服务，货品上架服务，代开票及其他文件服务，代贴各种税条、标签及其他文件服务，代客户规划设计仓储配送流程等。

茂永公司除了开展以上经营业务外，还努力向综合物流及具备国际化的服务品质方向推进。尤其是在推动亚太营运中心的建设方面相当努力。未来货品的流通除了普及化、快速化之外，相对的外来竞争也会进入中国台湾，所以茂永公司以“国际物流”为目标，希望成为广大客户的后勤部门。该公司弹性大、可塑性高，能够发挥的空间较大，而中国台湾与大陆物流的市场又非常宽广，这是其最大的有利因素。所以，在现有的基础上，该公司并不以眼前成绩为满足，而是要以成为国际性的物流服务公司为目标。

问题讨论：

1）茂永公司在激烈竞争的市场上取胜的关键是什么？

2）茂永公司巩固物流客户的做法有什么特点？

第六章　供应链管理中的业务外包

通用汽车公司的运输业务外包

通用汽车公司（General Motors）通过采用业务外包策略，把运输和物流业务外包给理斯维物流（Leaseway logistics）公司。理斯维公司负责通用汽车公司的零部件到 31 个北美组装厂的运输工作，通用汽车公司则集中力量于其核心业务上—— 制造轿车和卡车。始于 1991 年的合作节约了大约 10%的运输成本，缩短了 18%的运输时间，裁减了一些不必要的物流职能部门，减少了整条供应链上的库存，并且在供应链运作中保持了高效的反应能力。理斯维在 C1eveland 设有一个分销中心处理交叉复杂的运输路线，通过电子技术排列它与各通用汽车公司的北美工厂的路线，这样可以动态地跟踪装运情况，并且根据实际需求实现 JIT 方式的运输。理斯维的卫星系统可以保证运输路线组合的柔性化。如果一个供应商的装运落后于计划，理斯维可以迅速地调整运输路线的组合。理斯维采用的"精细可视路线"技术保证了通用汽车公司的生产线上的低库存水平。

本章学习目标

学习：业务外包的概念、业务外包的原因及业务外包的现状，对物流业务外包的关键要素，业务外包的主要方式和主要项目、决策与实施、有效管理等。

了解：了解物流业务外包的现状、物流业务外包的原因及物流业务外包的现实条件，认识到业务外包可能存在的风险及相关的风险规避。

掌握：物流业务外包的条件以及物流业务外包的风险规避方法，识别企业物流业务的核心竞争力等要素，业务外包的决策与实施等。

第一节　业务外包概述

一、业务外包的概念

（一）什么是业务外包

供应链管理注重的是企业核心竞争力，强调根据企业的自身特点，专门从事某一领域、某一专门业务，在某一点形成自己的核心竞争力，这必然要求企业将其他非核心竞争力业务外包给其他企业，即所谓的业务外包。

传统“纵向一体化”模式已经不能适应目前技术更新快、投资成本高、竞争全球化的制造环境。现代企业应更注重于高价值生产模式，更强调速度、专门知识、灵活性和革新。与传统的“纵向一体化”控制和完成所有业务的做法相比，实行业务外包的企业更强调集中企业资源于经过仔细挑选的少数具有竞争力的核心业务，也就是集中在那些使他们真正区别于竞争对手的技能和知识上，而把其他一些虽然重要但不是核心的业务职能外包给世界范围内的“专家”企业，并与这些企业保持紧密合作的关系。从而使自己企业的整个运作提高到世界级水平，而所需要的费用则与目前的开支相等甚至有所减少，并且还可以省去一些巨额投资。更重要的是，实行业务外包的公司出现财务麻烦的可能性仅为没有实行业务外包公司的 1/3。把多家公司的优秀人才集中起来为我所用的概念正是业务外包的核心，其结果是使现代商业机构发生了根本的变化。企业内向配置的核心业务与外向配置的业务紧密相连，形成一个关系网络（即供应链）。企业运作与管理也由“控制导向”转为“关系导向”。

在供应链管理环境下，企业成功与否不再由“纵向一体化”的程度高低来衡量，而是由企业积聚和使用的知识为产品或服务增值的程度来衡量。企业在集中资源于自身核心业务的同时，通过利用其他企业的资源来弥补自身的不足，从而变得更具竞争优势。据美国《财富》杂志报道，目前全世界年收入在 5 000 万美元以上的公司，都普遍开展了业务外包。

尽管业务外包的速度在迅速加快，但没有迹象表明现在已经达到顶峰。迄今为止，全球的所有业务外包活动，约有 60%集中在美国。与此同时，欧洲的业务外包活动也在增加，其中最活跃的是英国、法国、意大利和德国。事实上，欧洲这方面开支的增长速度比美国还要快，增长率达 34%。

（二）业务外包的理论解释

（1）劳动分工理论　亚当·斯密因其《国富论》创立了“古典”学派而成为自由市场经济之父，他详细阐述了劳动分工对提高生产率的好处：劳动分工使每个劳动者的熟练程度提高；节省工作转换时间；利用一些机械来简化和减少劳动的复杂性。业务外包可以看成是劳动分工的延伸，公司把部分业务包给外部的承包商，简化了管理的复杂性，也有助于提高承包商的专业化生产率。

（2）比较优势理论　大卫·李嘉图以英国和葡萄牙进行贸易为例，提出了著名的比较利益理论：如果一国与别国相比有相对优势，并实行专业化生产，无论它与别国相比是否有绝对优势，它总可以通过参与国际贸易获利。如果在该理论中以企业取代国家作为贸易主体，那么就可以用于解释业务外包：企业A与企业B相比在X和Y业务（或职能）上都有比较优势，如果A企业把Y业务外包给B企业、B企业把X业务外包给A企业，A和B都实行专业化生产，那么双方都可以通过外包交易获利。

（3）价值链理论和木桶理论　这两种理论有相似之处，价值链理论由迈克尔·波特提出，该理论认为，企业创造价值的过程可分解为一系列互不相同但又有关联的增值活动，从而构成“价值体系”，每一项经营管理活动就是这一体系中的一个“价值链”。价值链的各环节互相联系、互相影响，一个环节的运行质量直接影响到其他环节，并对价值链整体造成致命损伤，对价值体系产生很大影响。因此，企业可以把某个薄弱环节外包给擅长的企业来行使，从根本上提高价值链的活动质量。木桶理论认为，企业可以把最短的木板交给其他企业制造，提高该木板的高度，从而提高“容量”。

（4）核心竞争力理论　该理论认为，企业应该确定自己的核心业务和核心优势，如果某项业务不是自身的核心业务，但它对企业的核心竞争力也很重要，那么可以把该项业务外包给最好的专业公司，从而企业能够把更多的资源投入到核心业务，扩大核心优势，最终提高企业的核心竞争力。

二、业务外包的原因

业务外包推崇的理念是：如果在供应链上的某一环节不是世界上最好的，如果这又不是我们的核心竞争优势，如果这种活动不至于与客户分开，那么可以把它外包给世界上最好的专业公司去做。也就是说，首先确定企业的核心竞争力，并把企业内部的智能和资源集中在那些有核心竞争优势的活动上，然后将剩余的其他企业活动外包给最好的专业公司。供应链环境下的资源配置决策是一个增值的决策过程，如果企业能以更低的成本获得比自制更高价值的资源，那么企业就可以选择业务外包。以下是促使企业实施业务外包的原因：

（1）分担风险　企业可以通过外向资源配置分散由政府、经济、市场、财务等因素产生的风险。企业本身的资源、能力是有限的，通过资源外向配置，与外部的合作伙伴分担风险，企业可以变得更有柔性，更能适应变化的外部环境。

（2）加速重构优势的形式　企业重构需要花费企业很多的时间，并且获得效益也要很长的时间，而业务外包是企业重构的重要策略，可以帮助企业很快解决业务方面的重构问题。

（3）企业难以管理或失控的辅助业务职能　企业可以将在内部运行效率不高的业务职能外包，但是这种方法并不能彻底解决企业的问题，相反这些业务职能可能在企业外部变得更加难以控制。在这种时候，企业必须花时间去找到问题的症结所在。

（4）使用企业不拥有的资源　如果企业没有有效完成业务所需的资源（包括所需的现金、技术、设备等），而且不能盈利时，企业也会将业务外包。这是企业临时外包的原因之一，但是企业必须同时进行成本与利润分析，确认在长期情况下这种外包是否有利，由此决定是否应该采取外包策略。

（5）降低和控制成本、节约资本（资金）　许多外部资源配置服务提供者往往都拥有比本企业更有效、更便宜地完成业务的技术和知识，因而他们可以实现规模效益，并且愿意通过这种方式获利。企业可以通过外向资源配置避免在设备、技术、研究开发上的大额投资。

三、业务外包的现状

北美地区是业务外包的发源地，也是当今世界业务外包活动最发达的地区之一。据《2008 年全球服务外包发展报告》得知：外包市场依然集中在北美以及西欧、日本、亚太和拉美地区，其中美国外包市场较为成熟，亚太地区保持强劲增长。数据显示，全球业务外包市场 2005 年规模达到 6 000 多亿美元，2006 年达到 8 600 亿美元，2007 年达到 1.2 亿美元，2008 年达到 1.5 亿美元。2009 年由于金融危机的影响，全球业务外包市场发展速度较 2008 年有所下降，但业务外包依然是当今全球新一轮产业革命和转移中不可逆转的必然趋势。根据联合国贸易和发展会议的预测，未来几年全球的业务外包市场每年将以 30%～40%速度增长。

在一个竞争日趋激烈的市场环境中，业务外包现在已经变成最重要和最流行的战略。要在全球范围内取得成功，企业就必须对其核心竞争力进行不断开发和再造。根据企业比较优势理论，业务外包可以使得公司转向从事它们最擅长的工作，并且让它们的外包伙伴做“己所不欲”的事情，从而坐享外包收益。业务外包的流行领域包括信息系统和技术（40%）、不动产和有形工厂（15%）、物流（15%）以及管理、人力资源、消费者服务、金融、营销等（30%）。

据美国一家业务外包研究所的研究，业务外包可以使得企业实现平均约 9%的成本节约和 15%的能力与质量增长。这对企图在全球市场环境中确立竞争优势地位的企业来说，的确是不可小觑。大多数企业的管理人员相信，为了开展全球性竞争，除了确实依靠收益的增长外，不得不更注意效率和成本控制。当企业努力提高它们在不断增长的全球市场中的竞争地位时，他们发现，可以更多地借助于外界的服务供应商，把对方的活动作为对自己核心业务的补充，从而达到削减成本、保持质量的目的。比尔·康可奈（Bill Concannon）是一家总部设在达拉斯的服务公司的首席执行官（CEO），他说：“如今的业务外包关系已经从着眼于成本节约的单方面合同转向了多方面合作伙伴关系，后者能够对客户公司的核心业务给予支持”这种趋势使业务外包关系更多地发挥出作为合作伙伴关系的职能。

四、业务存在外包的问题

成功的业务外包策略可以帮助企业降低成本、提高业务能力、改善质量、提高利润率和生产率。但是这种方法并不能彻底解决企业的问题，相反这些业务职能可能在企业外部变得更加难以控制。在这种时候，企业必须花时间去找到问题的症结所在。

外包带来了极大的机会，但是它同时也带来了一些问题，如控制权分散和丧失、商业秘密泄露、要受长期合同的牵制、存在转换成本、内部员工的抵触、供应容易受到限制、行业技能的依赖性、缺乏外包评价经济量化的基准、存在意外费用或额外负担、创造了新型的风险、安全性等。主要战略性问题在于产品，供应商不能或不愿按其要求供应产品，并且无法阻止供应商与自己的竞争者的合作，或者阻止这些供应商自行进入市场。更糟糕的是，企业会丧失所需的再进入生产的技能和原来外包之前的状态。而且，业务外包采购一种关键的组件将引起企业在引进新型设计上对供应商依赖性的增加，从而无法灵活地顺应卖方或者市场的变化来做新的设计。

（1）丧失关键的技能（Know-how）或发展错误的技能　很多企业外包的是组件的生产，并会告诉供应商如何按照企业所需质量标准生产这些产品。

（2）在交叉职能上技能的丧失　不同职能中的技术人员之间的相互作用常常能够碰撞产生新的思想火花或灵感。业务外包会使这种交叉职能的“头脑风暴”丧失殆尽。企业应该有意识地让雇员不断紧密地与外界供应商专家保持联系，那么，这些雇员的知识基础比起自己生产时要高得多。

（3）丧失对供应商的控制　当供应商要同时应付几家买主企业，而供应商的重要客户不是该买主的话，就会出现某种不协调。此时良好的沟通和合作十分重要，既要与供应商的上层管理人员在政策上进行讨价还价和取得谅解，又要与供应商的下层人员保持紧密的私人关系，亲善友好。

另外，业务外包一般可以减少企业对业务的监控，但它同时可能增加企业责任外移的可能性。企业必须不断监控外包企业的行为并与之建立稳定长期的联系。

另一个问题来自职工本身，随着更多业务的外包，他们会担心失去工作。如果他们知道自己的工作被外包只是时间问题的话，就可能会使职工的职业道德和业绩下降，因为他们会失去对企业的信心，失去努力工作的动力，导致更低的业绩水平和生产率。

再一个原因就是遇到不可预知的情况，过分强调短期效益，最终没有选择好合作伙伴。

许多业务外包的失败不仅是因为忽略了以上问题的存在，同时也是因为没有正确地将合适业务进行外向资源配置。

全球业务外包也有它的复杂性、风险和挑战。国际运输方面可能遇到地区方面的限制，订单和再订货可能遇到配额的限制，汇率变动及货币的不同也会影响付款的正常运作。因此，全球业务外包需要有关人员具备专业的国际贸易知识，包括国际物流、外汇、国际贸易实务、国外供应商评估等方面的知识。

企业应该从战略上，而不是以短期的或权宜的方式来决定是否外包，哪些业务要外包，

应该客观评估外包的风险和利益，确认当需要外包时能够控制致命的风险，如关键性技能的潜在丧失；同时必须进行成本/利润分析，确认在长期情况下这种外包是否有利，由此决定是否应该采取外包策略；企业还应该确认通过外包能够控制企业发展未来的方向。

第二节　业务外包决策

一、业务外包的主要方式

在实施业务外包活动中，确定核心竞争力是至关重要的。因为在没有认清什么是自己的核心竞争优势之前，想从外包中获得利润几乎是不可能的。核心竞争力首先取决于知识，而不是产品。

业务外包主要包括以下几种方式：

（1）临时服务（Temporary Service）和临时工（Contract Labor）　一些企业在完全控制他们主产品生产过程的同时，会外包一些诸如自助餐厅、邮件管理、门卫等辅助性、临时性的服务。同时企业更偏向于使用临时工（指合同期较短的临时职工），而不是雇佣工（指合同期较长的稳定职工）。企业用最少的雇佣工，最有效地完成规定的日常工作量，而在有辅助性服务需求的时候雇佣临时工去处理。因为临时工对失业的恐惧或报酬的重视，使他们对委托工作认真负责，从而提高工作效率。临时性服务的优势在于能够满足企业对有特殊技能的职工的需求而又无需永久拥有，这在企业有超额工作时尤为显著。这样企业可以缩减过量的经常性开支，降低固定成本，同时提高劳动力的柔性，提高生产率。

（2）子网（Subsidiary Networks）　为了夺回以往的竞争优势，大量的企业将“控制导向”、“纵向一体化”的企业组织分解为独立的业务部门或公司，形成母公司的子网公司。就理论上而言，这些独立的部门性公司几乎完全脱离母公司，变得更加有柔性、效率和创新性。同时，因为减少了“纵向一体化”环境下官僚作风的影响，能更快地对快速变化的市场环境作出反应。

1980 年，IBM 公司为了在与苹果公司的竞争中取胜，将公司的 7 个部门分解出去，创立了 7 个独立的公司。这些子网公司更小，更有柔性，能更有效地适应不稳定的高科技市场，这使得 IBM 公司迸发出前所未有的创造性，最终导致 IBMPC 的伟大成功。

（3）与竞争者合作（Collaborative Relation with Competitor）　与竞争者合作使得两个竞争者把自己的资源投入到共同的任务（如共同的开发研究）中，这样不仅可以使企业分散开发新产品的风险，同时也使企业可以获得比单个企业更高的创造性和柔性。

Altera 公司与竞争者 Intel 公司的合作就是一个最好的例证。Altera 公司是一个高密 CMOS 逻辑设备的领头企业，当时它有了一个新的产品设想，但是它没有其中所需硅片的生产能力，而作为其竞争者的 Intel 公司能生产这种硅片。因此，二者达成一个协议：Intel 公司为 Altera 公司生产这种硅片，而 Altera 公司授权 Intel 公司生产和出售 Altera

的新产品。这样两家都通过合作获得了单独生产所不可能获得的竞争优势：Altera 获得了 Intel 公司的生产能力，而 Intel 公司获得了 Altera 新产品的相关利益。

尤其在高科技领域，要获得竞争优势，企业就必须尽可能小而有柔性，并尽可能与其他企业建立合作关系。

（4）除核心竞争力之外的完全业务外包（Out-sourcing All but the Core Advantage）耐克公司是世界上最大的运动鞋供应商，但耐克除了生产其关键技术部分—— 耐克鞋的空气系统（Nike Air System）之外，将其余几乎 100%的生产都交给外部供应商来完成。运动鞋既要求很高的生产技术，同时又是一种时尚品，所以在生产和营销水平上都要求具有较高的灵活性。耐克公司把力量集中在前期生产活动（研究和开发）和后期生产活动（营销、分销和销售）上，这些活动通过或许是该产业最好的市场营销信息系统连接在一起，从而创造了最大的价值。通过使用一种精心发展的、向供应商派驻“耐克专家”来监控其外国供应商的形式，耐克甚至将其营销计划中的广告也委托给一家外部公司来做，该公司创造性的努力将耐克公司产品的认知度推到了极致。

（5）转包（Subcontract）合同　在通信行业，新产品寿命周期基本上不超过 1 年，MCI 公司就是靠转包合同而不是靠自己开发新产品在竞争中立于不败之地。世界通信 MCI 公司的转包合同每年都在变换，他们有专门的小组负责寻找能为其服务增值的企业，从而使 MCI 公司能提供最先进的服务。它的通信软件包都是由其他企业完成的，而它所要做的（也就是的核心业务）是将所有通信软件包集成在一起，为客户提供最优质的服务。

二、业务外包的主要项目

企业中的某些业务对于竞争来说是至关重要的，这些就可能包括创造性产品的设计、专利的生产技术和发明或对顾客的关注。这些业务不能外包出去，因为它们可以形成企业的独特性。而有些业务属于常规的工作，可以转移到更容易或更廉价的地点进行。可以考虑业务外包的主要项目是：合作者能够比本企业做得更好的；合作者能够以更低的费用完成的；合作者能够以更快的速度完成的；合作者能在销售方面取得更大成功的；需要在不同文化的国家和地区进行的；需要有特殊能力的，如获取政府基金和特殊政策；需要昂贵资源，但可能出现新型资源使其突然贬值的；在企业内部进行风险较大的；投资回报率较低的；通过共同开发能创造产品创新、技术创新和管理创新机会的；能利用彼此的核心能力的；合作后可减少重复和浪费的；形成自己核心竞争优势的职能；能够形成独特性或提高竞争力的；属于竞争者难以模仿的关键能力的；属于企业所要开发的核心能力的；在企业内部能以极快的速度或较低费用完成的；需要与顾客密切接触的；需要内部质量控制的；可获得较高投资回报率的。

三、外包决策过程及实施

在决定外包过程中，降低成本扮演着非常重要的角色，同时借助外包可以得到一

些额外重要的价值，这是企业寻求外包的出发点。从提供服务或产品的供应商的角度来看，为你节省经费是绝佳的营销与销售的工具。供应商也从外包合作中获利。在外包决策过程中不要问外包供应商是否能够协助企业节省经费，而要在进行外包作业时考虑降低营运成本的可能性，在外包成本、服务等种种议题中，寻求一个最佳的平衡点。

一个企业要成功地实施外包，通常需要三个阶段：

第一阶段，企业的内部分析和评估。企业高层管理者在该阶段主要是确定外包的需求并制定实施的策略。要从外包中获益，企业最高决策层必须采取主动的态度，因为只有最高决策层才具有外包成功所必需的视野和推动变革的力量。例如，在制定外包的策略时，就要考虑到：首先，明确企业的经营目标和外包之间的联系。其次，明确哪些业务领域需要外包。了解哪些业务需要外包就像了解自己的核心竞争力一样重要，这样才能把非核心的业务外包出去，从而将企业力量聚集于自己的核心业务。在确定了需要外包的业务后，还需要收集大量的材料和数据，以确定从哪些外包的业务中可以获得最快或最佳的投资回报。最后，与员工进行开诚布公的沟通。外包势必涉及一些员工的利益，良好的沟通可以了解到如何满足员工的正当要求，而员工的支持和士气对外包能否顺利实施将起到重要作用。

第二阶段，评估自己的需求，选择服务提供商。企业领导层将听取来自内外专家的意见，这支专家队伍至少要覆盖法律、人力资源、财务和需要外包的业务等领域。在综合各方面意见后，要写一份详细的书面材料，其中包括服务水平、需解决的问题以及详尽的日需求等。一份写得很好的建议书将对今后与服务商的日常联系，以及外包业务的获利和控制都起到非常重要的作用。在这一切都准备就绪后，就可以按照自己的需求去寻找适合的供应商了。需要注意的是要确定供应商是否真正理解自己的要求，以及它是否有足够的能力解决日后可能遇到的问题。此外，其财务状况也是要考虑的重要问题。如果一切顺利，就可进行签约的准备了。外包的合同不同其他，签约双方都要显示出“双赢”意向，并保持经常性的联系。可以说签约阶段是实施业务外包过程中最重要的一环，因为企业与外包商之间出现不愉快的原因，往往在于合同不够明确。

第三阶段，外包的实施和管理。作为用户，在这一阶段要保持对外包业务性能的随时监测和评估，并及时与供应商交换意见。在外包实施的初期，还要注意帮助企业内部员工适应新的行事方法。

具体实施中，美国门罗物流公司的管理人员曾概括出 9 步最佳物流外包实施方法：

（1）绘制所有流程　首先要知道顾客与其产品的一切当前动态，然后制定两家公司的操作流程图，找出门罗公司经营仓库和运输工具的手段对服务反应时间和指标量化的改进方法。

（2）系统联合　门罗与顾客举行“联合—— 应用—— 发展”会议。在会议上，来自两家公司的信息技术人员想办法衔接两家公司的系统。

（3）研制项目计划和活动时间表　执行组（由来自门罗和顾客公司的人员组成）利用前两个步骤所得出的信息研制详细的计划和活动时间表。这是个活动计划，包括从宏观到微观层面的每一个步骤或活动。

（4）组建行动组织　在进行分析和系统工作的同时，门罗和顾客组建执行组，并给予执行组足够的资源，让他们做好工作。组员必须承担项目的责任。

（5）经常沟通　清晰和经常的沟通对履行的成功很关键。没有良好的沟通，就不会成功。

（6）寻找合适地点　假设物流服务提供商和顾客已经为新设施选好地点，成熟的网络优化模式可分析供应商和顾客的地点以及工厂的理想地点。

（7）给予所雇用的优秀人员良好的训练　随着新设施启用期渐近，物流公司开始为新设施招聘职员，进行所有必要的考核和背景检查。门罗要找十分适应其业务的职员，并在新设施启用前两周开始训练新员工。门罗训练员工使用仓库管理系统来实践收发、储存、分拣等工作，其他训练包括了解顾客、产品、处理危险物料等。

（8）试运行　真正启动前的最后一步是试运行。在这一步骤中，顾客给门罗一些指示，看看门罗如何通过系统来处理，并尝试冲垮系统，而门罗则把出现的问题逐一解决。

（9）在安全网中启动　项目一旦启动，整个门罗启动组在第一周和第二周密切监视项目，以确保所有环节顺利运行和继续必要的训练。头一周，组员每个早上都开会重温他们在昨天的运作中的感受。渐渐随着运作的顺利开展，启动组撤退，运作组承担整个控制工作。

四、有效的管理业务外包

在日本，企业对业务外包进行了完善，不是把它用以削减管理费用，而是把它看做改进长期质量和效率的一种方法，结果是实现了更多的节约。在日本企业中，业务外包目前占了全部制造成本的1/3，并且平均降低了20%的成本。美国许多批评者认为，外包不能达到预期目的，因为美国企业已经把成本大力削减了，分包商难以获得较大的利润。有项研究发现，业务外包带来的平均节约仅占到9%，没能达到某些企业期望的20%～40%。但是组约业务外包研究所的执行主管弗兰克·卡塞尔（Frank Casale）指出，美国企业在1996年在外包上花费了1 000亿美元，它们的成本降低了10%～15%。由于美国企业倾向于重视短期节约而非长期战略，因此它们曾花费了更长的时间认识业务外包的收益。正是这种强调近期利益的短浅目光，曾使得许多产业的市场份额拱手让给了日本企业。实际上，业务外包过去只是美国大企业在处理困境时使用的最后一招。现在，应该把业务外包作为获取长远利益的一种企业战略。

业务外包在许多情况下证明是缺乏效率的，当一个企业在管理或理解内部事务有困难时，它倾向于用更多的时间从外部管理它。另外，由于职能外包出去而不能自然消失的内部问题，管理者可以尝试避免解决。无论是在系统还是在劳动力管理中，这些问题或许是其他重大业务两难选择的一个征兆。要在一个企业里有效地管理好业务外包项目，需要高级经理充分理解并积极参与以下几项关键的管理工作：

1）找出本企业的核心业务。

2）确定把哪些业务实施外包。制定哪些业务需要自己运作和哪些业务需要外包的决策，也是高级管理人员责无旁贷的主要职责。要做到这些，需要制定一个全面的计划，对业务外包的成本与收益以及企业期望与要求进行切实的分析和评价。

3）确定外包承包商。外包承包商的业务水平直接关系到外包活动的成败，企业在作出外包决策后，应找出擅长该业务的所有高级公司，通过仔细地调查、分析、比较，最终挑选一家或两家公司作为外包伙伴。另外，在外包之前一定要搞清承包商的真正动机——是扩大规模、攫取利润还是有其他可能有损于本企业的目的及行为。

4）管理外包双方的伙伴关系（Pannering）。成功的业务外包采用了一种哲学，即该企业与供应商结成稳固的、有弹性的合作伙伴关系。对这种伙伴关系进行有效管理，必须成为经理的最主要焦点。

本章小结

供应链管理注重的是企业核心竞争力，强调根据企业的自身特点，专门从事某一领域、某一专门业务，在某一点形成自己的核心竞争力，这必然要求企业将其他非核心竞争力业务外包给其他企业，即所谓的业务外包。

业务外包推崇的理念是：如果在供应链上的某一环节不是世界上最好的，如果这又不是自己的核心竞争优势，如果这种活动不至于与客户分开，那么可以把它外包给世界上最好的专业公司去做。也就是说，首先确定企业的核心竞争力，并把企业内部的智能和资源集中在那些有核心竞争优势的活动上，然后将剩余的其他企业活动外包给最好的专业公司。供应链环境下的资源配置决策是一个增值的决策过程，如果企业能以更低的成本获得比自制更高价值的资源，那么企业就可以选择业务外包。

企业中的某些业务对于竞争来说是至关重要的，这些就可能包括创造性产品的设计、专利的生产技术和发明或对顾客的关注。这些业务不能外包出去，因为它们可以形成企业的独特性。而有些业务属于常规的工作，可以转移到更容易或更廉价的地点进行。可以考虑业务外包的主要项目是：合作者能够比本企业做得更好的；合作者能够以更低的费用完成的；合作者能够以更快的速度完成的；合作者能在销售方面取得更大成功的；需要在不同文化的国家和地区进行的；需要有特殊能力的，如获取政府基金和特殊政策；需要昂贵资源，但可能出现新型资源使其突然贬值的；在企业内部进行风险较大的；投资回报率较低的；通过共同开发能创造产品创新、技术创新和管理创新机会的；能利用彼此的核心能力的；合作后可减少重复和浪费的；形成自己核心竞争优势的职能；能够形成独特性或提高竞争力的；属于竞争者难以模仿的关键能力的；属于企业所要开发的核心能力的；在企业内部能以极快的速度或较低费用完成的；需要与顾客密切接触的；需要内部质量控制的；可获得较高投资回报率的。

思考题

1. 如何理解业务外包？
2. 业务外包的原因有哪些？
3. 业务外包的主要方式有哪些？
4. 举例说明业务外包的决策过程。

课后拓展案例

小天鹅与科龙为什么把物流交给安泰达公司

1. 为什么要建立安泰达公司

随着经济全球化的发展，竞争越来越激烈，小天鹅和科龙公司面临着深刻的转变，尤其是在分工协作的现代家电产品生产中更为突出，不仅需要企业提供有竞争优势的产品，而且需要企业提供及时完善的服务。目前家电企业内部的制造成本越来越接近，而可靠有效的物流运作正是家电企业共同关注的热点。小天鹅和科龙这两家企业清楚地认识到，作为中国家电行业的大公司，既没有时间也没有专门技术去完成它们要做的每件事。要想在竞争中占优势，公司就必须对供应链一体化进行改造，就必须从供应链的创新与改造着手，物流外包是行之有效地降低成本的手段。

这两大企业都有其独到的专业化生产的战略。小天鹅公司是国内洗衣机行业的龙头企业，每年销量在260万台以上；科龙公司是国内冰箱行业的领头雁，每年销量都在200万台以上。每年这两家公司的物流成本将超过4亿元，占生产成本的4%。为了提高它们的核心业务的竞争力，它们把非核心部分的业务委托外包，那样就可以集中精力从事自己的核心业务，全力以赴地适应变化、谋求发展。

中国远洋运输集团总公司（简称中远集团）是中国运输行业的龙头企业，也是新型的综合物流企业。它也在积极利用其物流强项寻求与物流资源丰富的企业结成战略联盟。由于这三家企业有拓展物流的共同愿望，经过认真商谈，它们决定组建第三方物流公司。2001年8月6日，由三家企业共同组建了广州安泰达物流有限公司（简称安泰达公司），其中中远集团属下的中远国际供运有限公司、香港网络有限公司、广州经济技术开发区建设创业投资有限公司合占60%股权，科龙公司、小天鹅公司分别占20%股权。物流公司具体经营按现代化企业规范运作，由董事会推荐总经理，总经理设置具体人员和机构。

安泰达公司实行的第三方物流是在传统“物流”概念基础上的新突破。过去在很长一段时间里，每个工厂都是自己做自己的物流，有自己的储运系统。这种小而全的做法，效率不高。安泰达公司是独立于生产商、批发商、零售商的物流企业，利用它的专长整合客户的资源，为生产商、批发商、零售商提供专业化的第三方物流服务。这是一

项长期的战略。科龙和小天鹅公司都有着良好的顾客关系以及能为顾客营销作出努力的合作者群，是这两家企业继节约原材料的“第一利润源”、提高劳动生产率的“第二利润源”转向高效物流系统的“第三利润源”。对从事第三方物流业的安泰达公司来讲，与顾客一起共命运是今后获利的重要保证。

2. 安泰达公司的定位及业务方针

（1）安泰达公司的定位 第三方物流的内涵是指由物流劳务的供方、需方之外的第三方去完成物流服务的物流运作方式。第三方就是指提供物流交易双方的部分或全部物流功能的外部服务提供者。在某种意义上可以说，它将分散的功能要素集合成一个物流系统，是物流专业化的一种形式。

安泰达公司以用户满意为目标，提供全过程、全方位的现代物流服务。它通过实物流动、实物存储、信息流动和管理协调，对供给链中的产品在各供给链参与者之间进行管理，以便获得最大的运作效率和效益。其运作初期是先为小天鹅和科龙公司两家股东服务，然后再开始为社会服务。

（2）安泰达公司的业务方针

1）高起点。引进现代物流理念，使用先进的信息技术，建立专业化精英管理团队。

2）高速度。在现代商业社会，“快鱼吃慢鱼”，如果其他公司抄袭它们的商业模式，安泰达就陷于被动地位。所以，应尽快将股东现有物流业务注入安泰达，让安泰达尽快成熟起来。

3）模式创新。安泰达所做的业务模式在中国还没有先例，所以它的业务模式需要创新，应充分利用安泰达与小天鹅、科龙公司的资产纽带关系，使双方的业务达到无缝连接，利益一致。

为达到上述目标安泰达公司采取如下措施：

1）小天鹅、科龙脑力外包，借梯登高。尽管安泰达公司继承了 COSCO 的核心物流技术，但是这两家大股东分别分布在广东和江苏，同时又分别在辽宁、吉林、湖北、浙江有自己的合作企业，产品的流向分布全国。为了探索最佳的途径，公司决定借外脑，通过招标选定具有先进跨国物流重组经验的快递公司作为合作伙伴，与他们一起制定科学的操作流程和管理流程。目前它们将调整这两家企业在全国的周转率，调整它们的运输流程，使成品物流速度提高，物流成本下降 10%。

2）的业务外包，潜力巨大。安泰达公司十分精明，根据目前国内运输能力过剩、运输手段逐步完善的趋势，果断决策，不进行固定资产的再投资，采用委托代理的形式，运用自己成熟的物流管理经验和技术，为客户提供高质量的服务。这也就是以综合物流代理为主的第三方物流运作模式。

安泰达公司从事综合物流代理业务的主要思路为：不进行大的固定资产投入，坚持低成本经营和入市原则；将主要的成本部门及产品服务的生产部门的大部分工作委托他人处理；注重建立自己的销售队伍和管理网络，实行特许代理制，将协作单位纳入自己的经营轨道。公司经营的核心能力就是综合物流代理业务的销售、采购、协调管理和组织设计的方法与经验，并且注重业务流程创新和组织机制创新，使公司经营不断产生新的增长点。

安泰达公司为了提高管理效率、降低成本运作，不但要提出具有竞争力的服务价格，还必须采取以下措施：坚持品牌经营、产品（服务）经营和资本经营相结合的系统经营；企业的发展和目标与员工、供应商、经营商的目标和发展充分结合；重视员工和外部协作经营商的培训，协助其实现经营目标；建立和完善物流网络，分级管理，操作和行销分开；实行优先认股的内部管理机制，促进企业不断发展；组建客户俱乐部，为公司提供一个稳定的客户群。

由此可见，安泰达公司对于科龙、小天鹅公司和更多的委托者来说，它的优势在于降低物流成本，扩大公司业务能力，集中精力，强化主业。

问题讨论：

1）科龙和小天鹅公司为何要进行业务外包？

2）安泰达公司如何运用业务外包？

3）该案例从供应链角度有一些什么启示？

第七章　供应链管理与财务

导入案例

Bergen Brunswig 是一个药品供应与分销商。Bergen Brunswig 与它的合作伙伴签订了一个协议：如果 Bergen Brunswig 成功降低了供应链成本，如降低了 10%，那么 Bergen Brunswig 则把这部分节约的成本即财务利益与合作伙伴进行分配。据 Bergen Brunswig 的 CEO Donald R. Roden 说："这样做有助于合作伙伴之间作为一个团队来运作，如果我们把所有收益据为己有，合作伙伴就没有利益驱动。"

本章学习目标

学习：供应链管理总成本及构成，基于作业的成本测度法 ABC 法的定义及实施，供应链管理对于财务报表的影响以及财务供应链管理工具等内容。

了解：供应链管理中的总成本及其构成，基于作业的成本测度法对财务的影响因素以及供应链管理的相关应对策略。

掌握：掌握供应链管理的成本构成，掌握基于作业的成本测度法的应用，并能应用 ABC 法进行供应链管理的成本分析。

第一节　供应链管理总成本

一、供应链管理背景下传统成本核算方法的局限

传统的成本手段通常诸如：控制单位产品的物耗，提高材料利用率以降低材料成本；提高劳动生产率控制产品消耗工时以降低人工成本；提高产品产量、扩大生产规模以降低单位产品附着的固定成本等。

面对企业供应链环境的要求，企业传统的成本会计技术与方法往往导致产品成本难以准确核算、产品定价不合理、企业绩效无法客观测度。当供应链竞争成为企业之间的重要形态，传统的成本控制手段已经越来越难以适应供应链成员企业成本测算、产品

定价、财务控制及其他企业管理目标的实现。

传统成本理论认为，客户服务水平与库存及成本之间天然存在着效益背反，提高客户服务水平就必然导致库存及成本的上升，因而，传统成本管理的目标就是单纯地追求企业成本与服务水平之间的平衡而已。但在供应链管理中，却要求改善客户服务水平和降低库存、降低成本这两个目标同时改善，当然大量实践证明这个要求是必要且可行的。

例如，美国国家半导体公司在两年的时间内关闭了全球 6 个仓库，设立新的中央配送中心，采取向顾客空运微型集成电路的做法，不仅降低了销售成本 2.5%，而且缩短交货时间 47%，加快了供应速度、缩短了客户的采购前置期（Lead Time），增加了销售额 34%。

企业这样的成功实践给出了启示：传统成本理论存在局限，不足以支持新经济环境下企业实践，新型成本测度手段有着进一步发展的需要。

二、先进管理技术与方法

20 世纪 70 年代以后，出现了准时生产（Just In Time，JIT）、看板（Kan-Ban）、精益制造（Lean Production，LP）、全面质量管理（Total Quality Management， TQM）、价值工程等先进的管理技术和方法。

（一）准时生产（JIT）

1．JIT 的产生与概念

JIT 是由日本丰田汽车公司首先创立并且推行的先进生产方式，也叫“丰田生产方式”。JIT 是指建立在力求消除一切无效作业与消费和不断提高生产率为目标前的提下，在精确测定生产各工艺环节作业效率的基础上，按订单准确地计划的一种管理模式。它覆盖了从产品设计直到产成品发送一整套的生产活动。只要这些活动是出产一件最终产品所需要的，包括从原材料开始的各个在制品生产阶段，都必须向消除一切浪费、不断提高生产率的目标看齐。

2．JIT 的内涵

JIT 狭义上是指在需要的时间把物料送达需要的地方。它的实施是每道工序都与后续的工序同步，以使库存最少。

JIT 广义上适用于加工车间、流程生产以及重复型生产等所有生产类型。与“零库存”意义类似。有时也译作“及时生产”。

3．JIT 的主要思想与功能

准时制生产的主要思想是按照用户的订货要求，以必要的原料、在必要的时间和地点生产出必要的产品，致力于减少库存，追求产品质量零缺陷，通过缩短调整准备时间、等待队列长度，减少批量等来压缩提前期，减少制造过程中的浪费，提高效率，同时又增强系统对客户订货的应变能力，是目前制造业中具有生命力的生产系统之一。

（二）看板（Kan-Ban）

1．定义

看板往往表示为一种挂在或贴在盛装在制品的容器上或一批零件上的标签或卡片，或流水线上各种颜色的小球或信号灯、电视图像等。看板卡片包含相当多的信息并且可以反复使用，作为交流厂内生产管理信息的手段。看板一般装在透明的长方形乙烯封套中，以免在工厂环境中受损。

2．类型

常用的看板的类型有生产看板（或生产通知看板）和运送看板（或取货看板）。

1）生产看板指是在一个工厂内，指示某工序加工制造规定数量工件所用的看板。

2）运送看板是指后道工序的操作者按看板上所列件号，到前道工序（或协作厂）领取的看板。

（三）精益生产（LP）

这是一种企业经营战略体系，汇集了后勤保证体系和供应链的核心思想及准时制生产的哲理，用较少的投入生产出能满足客户多方面需求的高质量产品。

精益生产将客户纳入生产品开发过程，把销售代理商和供应商、协作单位纳入生产体系，按客户不断变化着的需求同步组织生产。为了减少投入、降低成本，精益生产要求杜绝浪费、合理利用企业资源，最大限度地消除一切不对产品起增值作用的无效工作。

（四）全面质量管理（TQM）

全面质量管理是为了能够在最经济的水平上并考虑到充分满足顾客要求的条件下进行市场研究、设计、制造和售后服务，将企业内各部门的研制质量、维持质量和提高质量的活动构成一体的一种有效的体系。

全面质量管理的特点是强调为了取得真正的经济效益，管理必须始于识别顾客的质量要求，终于顾客对其手中的产品感到满意。全面质量管理就是为了实现这一目标而指导人、机器、信息的协调活动。

（五）价值工程（VE）

1．VE的产生与发展

VE又称为价值分析（Value Analysis，VA），是一门新兴的管理技术，是降低成本、提高经济效益的有效方法。

20世纪40年代，VE产生于美国，麦尔斯（L·D·Miles）是价值工程的创始人，1961 年美国价值工程协会成立时他当选为第一任会长。第二次世界大战后，由于原材料供应短缺，采购工作常常碰到难题。麦尔斯发现有一些相对不太短缺的材料可以很好地替代短缺材料的功能。后来，麦尔斯总结出一套解决采购问题的方法，并把这种方法推广到其他领域。例如，将技术与经济价值结合起来研究生产和管理的其他问题，这是早期的价值工程的研究与应用。麦尔斯的《价值分析的方法》使价值工程产生了巨大影响，1955 年这一方法传入日本后与全面质量管理相结合，得到进一步发扬光大，成为一套更为成熟的价值分析方法。

2．定义

价值工程，指通过集体智慧和有组织的活动对产品或服务进行功能分析，使目标以最低的总成本（寿命周期成本），可靠地实现产品或服务的必要功能，从而提高产品或服务的价值。价值工程的主要思想是通过对选定研究对象的功能及费用分析，提高对象的价值。这里的价值，指的是反映费用支出与获得之间的比例，用数学比例式表达如下：

$$价值=\frac{功能}{成本}$$

3．提高价值的基本途径

提高价值的基本途径有 5 种：①提高功能，降低成本，大幅度提高价值；②功能不变，降低成本，提高价值；③功能有所提高，成本不变，提高价值；④功能略有下降，成本大幅度降低，提高价值；⑤提高功能，适当提高成本，大幅度提高功能，从而提高价值。

4．价值工程的工作程序和步骤

现在，价值工程已发展成为一门比较完善的管理技术，在实践中形成了一套科学的实施程序。通常是围绕以下 7 个合乎逻辑程序的问题展开的：①这是什么？②这是干什么用的？③它的成本是多少？④它的价值是多少？⑤有其他方法能实现这个功能吗？⑥新的方案成本是多少？功能如何？⑦新的方案能满足要求吗？

顺序口答和解决这 7 个问题的过程，就是价值工程的工作程序和步骤。也可以将价值工程的工作程序和步骤系统归纳为如下 8 步：

第一步，选定价值工程的对象。一般说来，选择价值工程的对象时要考虑社会生产经营的需要，以及对象本身被提高的潜力。

例如，选择占成本比例大的原材料作为价值分析的对象，如果能够通过价值分析降低成本、提高价值，那么价值分析对降低产品总成本的作用也会很大。当然，在此也可以预测价值分析对于供应链管理总成本控制的意义。

第二步，收集对象的相关信息情报，包括用户需求、销售市场、科技进步状况、经济分析以及本企业的实际资源能力等。收集的信息情报的准确、及时、全面程度，往往很大程度上决定了价值分析中能够确定的方案与实施的成果。

第三步，是价值工程的核心阶段—— 功能分析。功能分析就是进行功能的定义、分类、整理、评价等。

第四步，提出改进方案。经过分析和评价，分析人员可以提出多种方案，从中筛选出最优方案加以实施。

第五步，分析和评价方案。

第六步，制定具体的实施计划。提出工作的内容、进度、质量、标准、责任等，

确保方案的实施质量。

第七步，实施方案。

第八步，对于实施的成果进行评价。成果的评价一般以实施的经济效益、社会效益为主。

价值工程作为一种技术经济分析方法，不仅做到了将技术与经济的紧密结合，还注重提高产品的价值、注重研制开发阶段的工作，并且将功能分析作为自己独特的分析方法。

5．价值工程的应用

价值工程起源于材料和代用品的研究，这一原理很快就扩散应用到其他广泛领域。

（1）应用在工程建设和生产发展方面　无论是一项工程建设、成套技术项目，还是产品、部件、设备，或原材料，均可应用价值工程进行分析。具体应用有以下方面：①工程价值分析；②产品价值分析；③技术价值分析；④设备价值分析；⑤原材料价值分析；⑥工艺价值分析；⑦零件价值分析；⑧工序价值分析。

（2）应用在组织经营管理方面　价值工程不仅是一种提高工程和产品价值的技术方法，而且是一项指导决策、有效管理的科学方法，体现了现代经营的思想。具体包括：①经营品种价值分析；②施工方案的价值分析；③质量价值分析；④产品价值分析；⑤管理方法价值分析；⑥作业组织价值分析。

在新经济环境下，尤其在供应链竞争的年代，上述的先进管理技术与方法所取得的成效诸多，但也存在着一些局限。关键问题在于传统成本测度与核算方法不准确，所提供的基本信息情报有偏差，形成管理瓶颈，制约了上述先进管理技术与方法所取得的成效。

因此，以客户和作业流程为中心的供应链管理，特别是成本管理，决定了企业绩效与目标的实现。供应链成本管理作为一种新的企业成本管理模式，已经产生并迅速发展着。

三、供应链管理总成本的构成

供应链管理总成本主要包括订单管理成本、物料采购成本、库存持有成本和管理信息系统（MIS）成本。

1．订单管理成本

在供应链管理中，订单是企业自身和客户之间业务联系的纽带。订单管理成本一般是在供应链上面向顾客产生的，包括订单的获取、确认、处理而产生的成本。它是供应链管理总成本中重要的一项。

2．物料采购成本

采购是对物料从供应商到企业内部物理移动的管理过程，是企业管理的基本活动之一。有效的采购管理是企业从供应商以最合理的价格获得最合适规格、最适当数量的物料或服务，并且在最适当的时间送达最合适的地点。物料采购成本一般是在供应链上面向供应商产生的，也是供应链管理总成本中重要的一项，包括以下两方面：

（1）价格　与供应商达成的价格通常是占成本最大比例的科目，也是决定性的一项成本。

（2）采购管理成本　评估请购单、向潜在的供应商询价或招标、评估报价、计划订单进程与监督实施等工作所产生的工资、数据处理、EDI 联网、设备、行政管理等费用。

大多数企业的物料成本几乎占到其销售收入的一半左右，在很多行业，这个比重还有上升的趋势。据美国对其制造业的统计，美国在 20 世纪 40 年代时，其物料采购成本占其销售额的 40%，60 年代增长到 50%，90 年代初增长到了 60%以上。因此，压缩物料采购成本，是供应链成员企业增加利润、改善财务状况的一个重要途径。

PRTM（Pittiglio Rabin Todd & McGrath）是位于美国波斯顿的一家著名咨询公司，1996 年与 ARM 共同牵头成立了供应链协会（SCC），并开发了供应链运作参考模型（SCOR）。根据 PRTM 的数据估计，订单管理成本与物料采购成本两项合计占到供应链管理总成本的 2/3[㊀]。

3．库存持有成本

库存持有成本包括企业由于所持有的库存量而发生的一切成本，它是供应链管理的重点内容，通常包括下列因素：

（1）报废　由于客户需求变化等原因，使得库存商品积压不再可销而发生的费用。时尚产品或高新技术产品的库存往往存在这种风险。

（2）损坏　库存货物由于受潮、风干或损坏，从而不可再售。

（3）库存税　有些国家是根据年度中某一特定时间的库存投资额课税，有的根据全年的平均库存投资额来课税。

（4）保险　库存像其他资产一样要投保，产生保险费用。

（5）保管　存储持有库存需要有存储设施、主管人员、操作人员、物料搬运设备、必要的记录等，随之会产生可观的成本费用。

（6）资金成本与机会成本　库存占压的资金不能用于企业的其他活动。如果库存占压的资金是银行贷款，就必须支付利息；而用这笔资金投资其他用途的机会的丧失，称为库存占压资金的机会成本。

库存持有成本是供应链管理总成本中最敏感的一项。根据 PRTM 的数据，该成本大约占到供应链管理总成本的 20%，其中包括损坏、贬值和运营资金的机会成本。

4．管理信息系统（MIS）成本

与供应链相关的管理信息系统大约占供应链管理总成本的 10%。这一成本弹性较强，难以压缩，虽然最新的管理信息系统昂贵，却是必须支出的。

PRTM 的调查数据表明，与供应链相关的管理信息系统成本之间存在很大差异，其

㊀ 数据来自 PRTM《关于 2000 年技术工业供应链成本管理调查报告》。

原因主要是由于系统的配置实施所引起的，这种非正常的管理信息系统成本增加会持续1～3 年。在系统的配置实施阶段，与供应链相关的管理信息系统成本，往往会超过一个企业的年供应链管理总成本的 25%，在某些案例中甚至接近 50%。

四、供应链管理总成本的测度——ABC 法

（一）ABC 法的产生

1952 年，美国埃里克•科勒（Eric Kohler）教授在他编著的《会计师词典》中，首次提出了作业、作业账户、作业会计等概念。1971 年，乔治•斯托布斯（George Staubus）教授在《作业成本计算和投入产出会计》中对“作业”、“成本”、“作业会计”、“作业投入产出系统”等概念作了全面系统的讨论。20 世纪 80 年代后期，美国芝加哥大学的青年学者库伯（Robin Cooper）和哈佛大学教授开普兰（Robert S. Kaplan）共同对基于作业的成本测度的意义、运作程序、成本动因选择、成本库建立等重要问题进行了研究，发展了斯托布斯的思想，提出了以作业为基础的成本计算。

作业成本法在最近 20 余年中在欧美先进的企业受到了关注并实施，取得了卓著的成效。现在，行业内已经有相应的作业成本法软件应用。

基于作业的成本测度（Activity-based Costing，ABC）系统，又称 ABC 法或作业成本法，是基于商务活动由一系列产生或消耗成本的过程构成的概念。

ABC 法是适应供应链管理的需要而提出的全新的成本测度核算观念和管理方法。ABC 法的产生，与企业内部供应链的集成及企业间供应链网络的形成紧密相关。

随着制造企业对于 MRP（Material Requirements Planning，物料需求计划）、MRP II（Manufacturing Resources Planning，制造资源计划）、ERP（Enterprise Resource Planning，企业资源规划）、FMS（Flexible Manufacturing System，柔性制造系统）、CIMS（Computer Integrated Manufacturing System，计算机集成制造系统）、JIT（Just In Time，及时生产系统）等系统的广泛应用，企业使用计算机管理信息系统来管理采购、订单管理、库存与生产，实现了企业内部供应链管理，致力于实现最优资源配置和最大产出与最优服务。同时，企业间供应链的网络也在构建。

（二）ABC 法的内涵

1．理论基础

ABC 法的理论基础是：提供服务或制造产品需要作业，而作业需要消耗资源并导致成本的发生。

ABC 法在成本与产品之间插入作业，把成本核算深入到作业层次；它以作业为单位收集成本，按作业动因，把直接作业或间接作业成本池的成本分配到产品上去。

作业是组织为了满足客户的需求而进行的生产和输出，是基于作业的成本测度的核心要素。

ABC 法将重点集中在供应链管理过程中的每个关键活动，是一种通过对所有作业活动进行追踪和动态反映，来计量作业和成本对象的成本、评价作业业绩和资源的利用情况的成本计算和管理方法。它以作业为中心，根据作业对资源耗费的情况将资源的成本分配到具体的作业任务中，然后根据产品和服务所耗用的作业量，最终将成本分配到具体的产品与服务上。

2．ABC 法的基本模型

ABC 法的基本模型如图 7-1 所示。

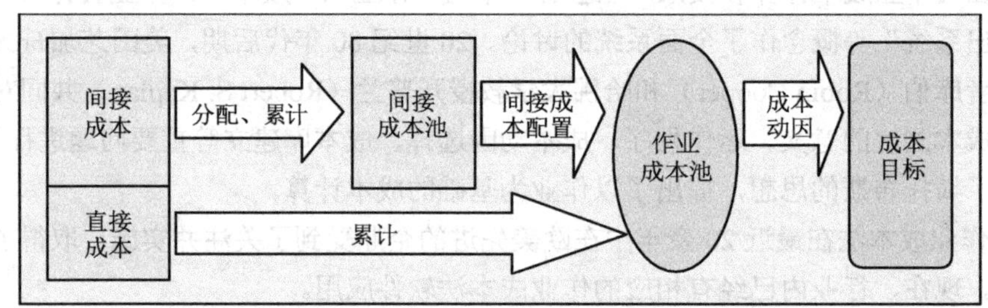

图 7-1　ABC 法的基本模型图

在 ABC 法基本模型中，ABC 法的理解是分三个阶段来进行的：第一阶段，间接成本累计计入间接成本池，如设备成本或劳动力成本合并计入间接成本池。直接成本则可以不经任何中间步骤直接计入作业成本池。第二阶段是将间接成本池的资源影射到作业成本池，这是间接成本配置的过程。第三阶段是将作业成本影射到成本的目标值，表明各种作业活动对总成本的贡献。

应用 ABC 法的原则是：定义作业成本动因度量单位要能反映该项作业的本质特征，与产品相关的间接成本和与设备相关的间接成本作为整体加以区分。

3．ABC 法的实际操作程序

ABC 法的实际操作程序及步骤如下：

（1）确认和定义主要作业　将与间接成本发生有关的作业进行分类。供应链成员企业的作业活动要考虑其重要性与同质性，一般按产品项目、产品批次、产品产量以及产品设施来划分作业活动。

（2）归集资源费用，计入同质的作业成本池　同质作业成本归集构成同质成本池，同质成本池内包含一系列同质作业，这些作业之所以称其为同质作业，原因是这些作业的成本变动可以用同一种成本动因来解释。例如，物流配送中心的分拣设备、装卸设备等各种设备因产品项目变化而调整，产生的费用都归集到机器设备调整作业成本池中。

（3）选择成本动因　成本动因是指引起成本发生的因素。选择成本动因，就是根据追踪的资源，选择分配到作业成本池的成本的标准。成本动因分为资源动因与作业动因两类，资源动因反映的是资源成本分配到作业中心的标准，是作业中心对资源的消耗程度；作业动因是将作业中心的成本分配到产品或服务中的标准，是资源与产品或服务之间的桥梁，如图 7-2 所示。

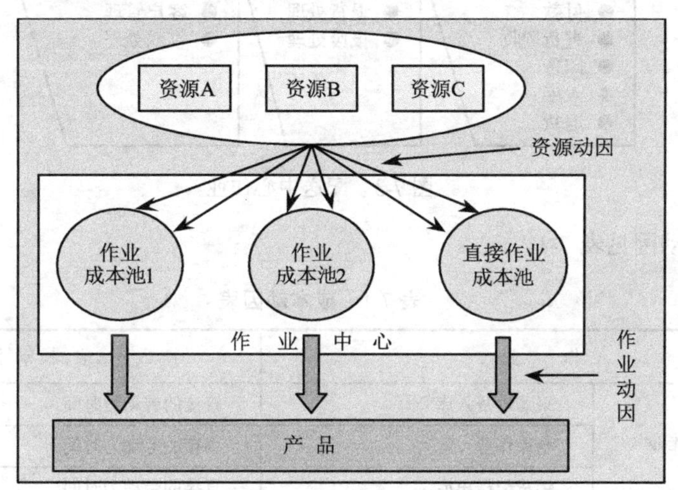

图 7-2　ABC 法作业成本模型

（4）计算获得成本池分配率（成本动因费率）计算公式为：

某成本池分配率=某成本池制造费用额/成本动因消耗量

（5）将成本池中的费用分配到产品上　根据计算获得的各个成本池分配率和产品消耗的成本动因数量，将成本池中的制造成本费用分配到各产品上计算机公式为：

某产品成本动因成本=某成本池分配率 ×成本动因数量

（6）计算产品成本　直接成本一般作为一个独立的作业成本池来处理，产品分摊到的间接费用，加上该产品的直接成本，即获得产品成本。计算公式为：

某产品成本=Σ产品动因成本+直接成本

产品成本的获得，实现了 ABC 法的计算目标。通过这一转换分配过程，ABC 法改进了传统的成本分配方法采用单一成本分配基础（如直接人工小时、物流设备工作小时等）的弱点，发现并依据资源消耗与成本对象之间的因果关系，得到了更精确的产品或服务成本。

例如，假定某企业供应链管理中，配送中心的经理使用 ABC 法来发现每笔成本发生的源头，就必须检查配送中心作业的全部过程，其中包括采购进货入库、仓库作业、销货配送出库三个主要过程，每个过程又包括若干子过程或具体的任务。其配送中心作业如图 7-3 所示。

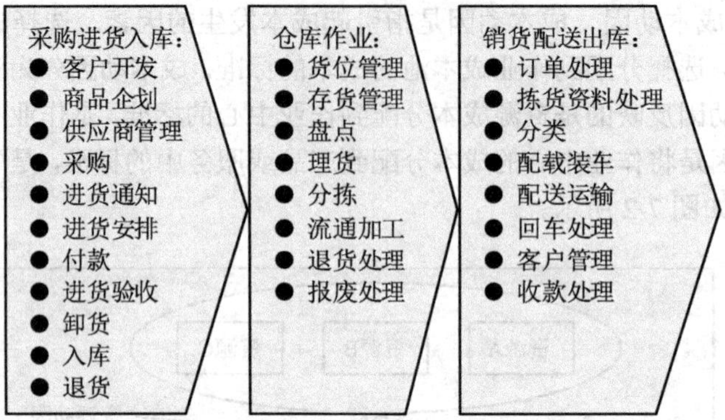

图 7-3 配送中心作业

其成本动因见表 7-1。

表 7-1 成本动因表

作业		成本动因
劳动力的作业	采购进货入库	直接的劳动力时间
	仓库作业	直接的劳动力时间
	销货配送出库	直接的劳动力时间
活动中直接消耗的物料	燃料	体积（L）
	包装箱	数量（箱）
配送中心管理	采购进货入库	准备时间
	仓库作业	准备时间
	销货配送出库	准备时间
折旧	采购进货入库	设备机器运行时间
	仓库作业	设备机器运行时间
	销货配送出库	设备机器运行时间
其他	设备维护	总的运行时间
	设备启动	总的启动时间
	生产调度	调度的总批次
	装卸、分拣、配载、运输工程	过程转换次数

表 7-1 中大多数的成本动因与生产时间量有关，其余的与管理生产调度有关。与管理生产调度有关的成本动因与考虑的区间内处理的物料批量有关。

ABC 法将资源消耗与过程、子过程、作业任务联系起来，会清楚地识别每个过程消耗资源的主要原因，这将有利于供应链管理的决策，使得供应链管理更具有效率。ABC 法还能清楚区分产品成本与部门成本的差异，当然，传统的成本系统无法做到这一点。

从以下案例可以比较传统的成本系统的局限与不合理。例如，某企业自营物流配送中心目前存有三种产品来支持企业销售运作，产品经理要为各自负责的产品占用配送中心的仓容支付费用，当然这些仓库占用费会影响到产品的利润。仓储费用按占用仓容的比例分配，见表 7-2。

表 7-2　某配送中心产品与资源占用表

产 品 名 称	占用仓容 / 千立方米	仓储费用 / 万元
水晶制品	5	5
DVD	10	10
纯棉抱枕	15	15
总计	30	30

但是，传统的财务报表上显示的仓储费用包括人工费、搬运设备及仓库折旧费。其实，仓储费用中所占比重较大的是搬运作业。

负责纯棉抱枕的产品经理迈克得知他所负责的生产线发生了亏损，按规定亏损产品将被停产，于是迈克提出异议——其实纯棉抱枕的生产是盈利的，只是负担的仓库使用费过高，理由是：①仓储费用包括人工费、搬运设备及仓库折旧费，但其中费用最高的是搬运作业。初步测算搬运作业占仓储费用的 70%；②纯棉抱枕虽然占用仓容 50%，但搬运、分拣、备货却是最容易的，负担 50%即 15 万元的仓储费用不太合理。

在供应链管理中，对于大批量生产的标准产品的订单和多品种小批量的订单，采用 ABC 法对其产品定价也很有作用。例如，A 企业和 B 企业两家生产厂家，A 企业基于作业成本计算所提供的成本信息给该产品定价，而 B 企业是基于传统成本法所提供的成本信息给该产品定价。基于作业成本计算信息的 A 企业产品总成本为 100 元，而基于传统成本法信息的 B 企业产品总成本为 80 元，假设两个企业都在总成本的基础上增加相同的成本利润 10%来确定价格。则 A 企业该产品售价为 110 元，而 B 企业该产品售价为 88 元。在质量促销力度等因素相同的情况下，顾客当然会购买 B 企业的该产品，B 企业的生产量、销售量势必增加，但是 B 企业生产、销售得越多，实际的财务亏损就越多。

（三）ABC 法的实施

ABC 法的实施，要考虑供应链成员企业的经营目标，结合企业的实际情况，将成本核算与成本信息分析和应用结合起来，直至采取改善行动，为企业提供一个系统的解决方案。

因此，在供应链成员企业中推行 ABC 法，一定要以客户和作业流程为中心来对工作任务进行计划、组织、协调与控制，即开展基于作业的成本测度管理（ABM）。ABM 将财务信息与非财务信息结合起来，进行基于活动的绩效测度与管理，这是因为单纯的传统的财务测度方法提供给管理者的信息不够，而且财务信息对于企业管理运作层面并不具有指导意义；而非财务信息能够提供各种成本驱动因素、作业以及成本与收益之间的关系，为供应链管理与企业管理提供依据。

实施ABC法和开展ABM的要点有：

1）得到企业最高管理层的认可与支持。作为管理创新，企业领导层的支持，是推广ABC法，进而开展ABM的首要条件。

2）明确ABC法实施的具体主管部门。由于ABC法属于管理会计范畴，设立管理会计部门是推广ABC法、开展ABM的组织需要。

3）作业流程再造与组织变革。ABC法的成本核算体系设计必然基于企业现有作业流程来进行的，成功的成本核算体系对作业流程有着优化的要求，这就推动了企业内部甚至企业之间作业流程的优化再造。ABC法的基础数据收集以及作业改善必然需要企业全员参与。

4）ABC法实施工具的开发和应用。缺乏强大的软件工具的支持，ABC法的数据采集、分析及运行就难以实现。

ABC法与ABM，对于供应链及其成员企业对成本的控制与管理至关重要。目前，国际上的先进企业已经开始实施，并得到了很多宝贵的经验。

（四）ABC法的应用案例

惠普公司实施ABC法失败的教训

惠普（Hewlett-Packard）公司是世界上管理最完善、最富创新精神的企业之一。它的成功部分归功于它不断地重新评估自身的控制机制和分权式的组织结构，从而为惠普公司带来许多竞争优势，使其能够经常为各种市场问题提供多样化的解决方案。

然而，在惠普公司实施作业成本控制（ABC法）的过程中，带来的绩效却好坏不一。例如，惠普Colorado Springs厂在实施ABC法时就未见成效。

惠普Colorado Springs厂曾经设计了一个ABC法，其目标是提供更加有效的成本控制和库存评估。该系统于1989年开始实施，但1992年却不幸夭折。详细的经过如下。

1. 实施概况

惠普Colorado Springs厂规模较大，它的产品种类多但每种产品的产量都很少，生产的产品包括示波器和逻辑分析器等测试设备，销售对象主要是通信及计算机行业的设计工程师。它实施ABC方案的一个主要目标是为了更好地了解自己的生产和支持流程，以找出成本产生的前因后果，并据此确定产品的成本，作出更妥善的定价决策。

在充分了解自身的各个流程后，该厂试图找出各种成本因素。此处的成本因素是指一个流程中影响该流程成本的所有因素。成本因素一旦确定，信息技术小组就会帮助成本会计组采取各种方法利用计算机应用软件跟踪这些因素。然后对用来跟踪物料、车间工作和衡量资源利用情况的应用软件进行修改，以加入新的成本因素。例如，对物料软件系统加以修改的目的是为了识别首选零件和非首选零件。该厂在确定其所购零件的优先顺序时采取如下5个标准：技术（Technology）、质量（Quality）、可靠度（Reliability）、交货（Delivery）和成本（Cost），简称TQRDC。然后，根据TQRDC标准的评估结果，将各种零件分为首选、中等和非首选三类。这一程序也让研发部门参与了有关零件评估

的工作。由于每类零件所引起的间接费用不同，因此对三类部件的区分是很重要的。

2．失败的症结何在?

（1）成本因素太多　实施ABC法时，该厂曾试图为一个流程的每项作业活动都找出一个成本因素，而不是从中挑出两三个最重要的因素。有一次，该厂竟然在生产流程中挑出20多个成本因素。该厂应首先确定2～3个绝对关键的流程环节，再在这些环节中找出两三个成本因素，并在初始阶段全力以赴解决这些成本因素。唯有如此，才能更好地降低劳动力、物料和间接费用等成本。

（2）缺少适当管理　该厂的矛头直指各种成本因素，预测间接费用的支出及成本因素的利用。虽然它针对的一直都是这些支出因素，但做法却完全是另外一套。它只是每月公布成本因素的变化情况，包括成本因素的效率变量、比率变量及数量变化等。但公布成本因素的短期变化并不能给一个成本结构带来增值利益，因为这段时期内的成本结构相对稳定。

（3）没有跟进　该厂过分沉迷于公布成本因素的月变化情况，但在削减成本方面却从未采取任何跟进手段。具体说来，研发部门作出调整，开始采用首选零件后，采购部门却并不改变其成本结构。因此，制定可行标准、努力削减非首选零件的总用量及压缩总体的成本结构，应当成为该厂实施ABC法的主要目标。

（4）过分强调共识　该厂希望把成本因素作为基准借鉴工具。但是，要想在如何具体分配成本问题上使整个群体或企业达成共识，几乎不可能。与其这样做，倒不如让各分权部门着重抓好自己内部的ABC法实施工作。

3．结论

企业组织实施作业成本控制时，通常有两个目标：一是从流程的角度了解某一成本结构；二是找出其产品的真正价值，通常表现在库存方面。

惠普Colorado Springs厂没能实现第二个目标。ABC法及随之而来的成本因素开发是了解企业生产流程、间接费用支出及生产效率的最好工具。ABC法更是用来制定“生产还是购买”决策的宝贵工具，因为它要求逐一了解成本结构及造成这些成本的活动。ABC法及成本因素开发的确在很多方面对企业大有裨益。

但在库存评估方面，ABC法的实施在惠普Colorado Springs厂却没有取得成功。由于该厂生产的产品种类繁多，要对其所有流程、流程的成本因素及经常出现的偏差有所了解是一项十分巨大的工程。

实施ABC法应注重长远效果，但其他一些因素的产生却使ABC法的实施难上加难。其中一个因素就是目标问题，就是要努力保证所有的支出都正确地分配到所有成本因素活动中。这就意味着要找出所有的流程、所有的成本因素及所有适当的支出项目并予以分配。

即便获取实际数据，要把实际数据和目标做一番比较评估也特别繁琐。惠普Colorado Springs厂耗费大量的资源对各种成本因素活动进行管理，使ABC法的实施就好像掉在一张大网中，理不出头绪。

第二节　供应链管理的财务影响

供应链管理的实施不仅直接影响到供应链的绩效，而且还影响到一系列的财务指标。在供应链设计构建与供应链运营这两个不同的阶段，供应链与财务的联系呈现不同的特点。

1．供应链设计构建阶段的财务考虑

在供应链设计构建阶段，要在供应链基础设施流程方面进行投资。例如，生产布局（包括工厂选址）、工厂产能，仓库位置、服务能力，运输工具自购或租赁等。

需要特别注意的是，这些投资实现后，供应链管理将会在相当长时间内受限于这些基础设施与合作关系，如果要更改，短期内有一定困难，而且成本高昂。也就是说，供应链系统一旦构建，将在很大程度上影响供应链管理绩效。

2．供应链运营阶段的财务考虑

供应链管理的核心是提高供应链的客户服务能力与市场竞争能力。在供应链运营阶段，要在动态满足不断变化的客户需求的同时，努力优化供应链的运营决策，以降低库存与运营成本，增加供应链的收益，从而提高股东权益。

业绩评估组织（Performance Measurement Group，PMG）。作为提供高科技管理咨询的生产研究与供应链协会的一个附属机构，对110个组织在5个主要生产方面所做的一项整体业绩的调查表明：业绩领先的企业在逐渐变得更灵活的同时，却并没有增加库存费用，也没有失控的资本投资，实现了相互冲突目标的同时改善。

该项调查还表明，行业领先企业将其供应链管理总成本降至占销售额的4%～5%，他们比一般组织少花费销售额的5%～6%在供应链管理上，在此业绩上的差别意味着一个年销售量为50亿美元的行业领先者每年能保持2.5～3亿美元的成本优势。

具有供应链管理良好业绩的企业，其资金利用率将比平均水平高60%～100%，释放出来的现金就可以运用于投资或降低债务率，大大改善了企业的财务状况，增强了供应链对成员企业的吸引力。

一、供应链管理的影响

（一）供应链管理对于供应链绩效的影响

供应链管理对于供应链绩效的影响是多方面的，一般来说有以下几点：

（1）降低存货水平　通过扩展组织的边界，供应商能够随时掌握存货信息，组织生产，及时补充，因此企业有可能实现零库存。

（2）降低采购成本　由于供应链信息共享，供应商能够获得存货和采购即时准确信息，供应商管理库存得以实现，采购团队得以压缩甚至取消，采购成本大大降低。

（3）压缩提前期　提前期又称前置期。供应链成员企业通过共享信息、共同计划，

供应链预测的精确度将大幅度提高，使得供应链不仅能按计划采购、生产、发运出需要的产品，而且能缩短时间，提高顾客满意度。

（4）增加收入和利润　通过供应链上组织边界的延伸，成员企业可以增加收入，并维持和增加市场份额。

（二）供应链管理对于利润的影响

随着供应链管理提供的客户服务水平的提高，销售量将随之增加，销售收入也会增加，但在高效率运营的同时，成本却随之降低；采购策略的适当运用，会压缩供应链的库存持有成本与库存保管成本；订单管理的改进，有利于提前期的缩短，降低订单处理成本，从而降低了供应链的运营成本。所有这些综合作用，势必导致供应链实现的利润增加，如果有合理的分配机制，供应链成员企业利润也会随之增加。

（三）供应链管理对于资本使用量的影响

供应链管理对于资本使用量的影响表现在：发运、分销与物流配送的改进，直接降低了产品库存，并且缩短了从订单到付款的时间，加快了应收账款的回笼，结果是减少了流动资本量；而通过业务外包与“虚拟制造”，减少在仓库、运输工具与工厂方面的资产，减少了固定资产量；供应链管理方法的不断创新，持续地减少了资本投入，提高了资本利用效率。

（四）供应链管理对于投资回报的影响

供应链管理决策直接影响企业的财务绩效，如销售收入、货物成本、运营成本、库存、应收账款等，随着供应链管理的决策与实施，如果利润增加，资本量使用减少，投资回报率将提高。投资回报率的提高，将会在资本市场上提高企业再融资的能力，为供应链的进一步壮大提供有利条件。

在财务领域，供应链管理的影响往往最终体现在报表上。最重要的报表有损益表、资产负债表、现金流量表。

二、供应链管理对于损益表的影响

供应链管理的各种方法对于损益表（收益与成本报表）的影响如下。

（一）销售收入

根据客户订购产品数量确定数量价格折扣，并对于不同客户设计个性化的或一揽子客户服务，采用种种供应链决策与运营方法，维持与提高客户满意度，保持与增加客户对产品与服务的订购数量，最终提高销售收入。例如，当前高科技产业利用计算机网络产生的订单价值增长速度惊人。

（二）销售货物的成本

销售货物的成本包括以下主要内容：

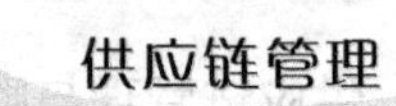

1）采购成本。在供应链管理中，供应源的搜寻与确定、采购策略的运用决定了该项成本。例如，对供应商的资料搜集、资质考察、招标以及采用何种采购策略——是定量还是定期，是零库存还是保持一定的备品备件，都将会影响采购成本的变化。

2）生产成本。物料管理是生产成本的重要影响因素。

3）销售成本。客户关系、分销与发运决定了大部分的销售成本。对于客户的需求信息的了解、与客户的合作关系、分销渠道、物流配送等都影响到销售成本。

4）行政成本。行政管理组织架构、运作效率以及信息沟通的手段，综合影响了行政成本的高低。

5）配送成本。取决于供应链管理中的订单处理与进展、运输、仓储、装卸、分拣、流通加工、库存管理及包装。

6）库存成本。该项成本取决于供应链网络中库存设置地点与库存水平的最优化。

（三）运营利润

运营利润的获得当然来自对销售收入与成本的计算。

（四）利息费用

自有或租赁设施、运输工具或零部件自制或外包等供应链决策，直接导致资本的使用量与利息费用的变化。

（五）贡献

贡献来源于企业的净收益。

三、供应链管理对于资产负债表的影响

供应链管理对于资产负债表的影响如图 7-4 所示。

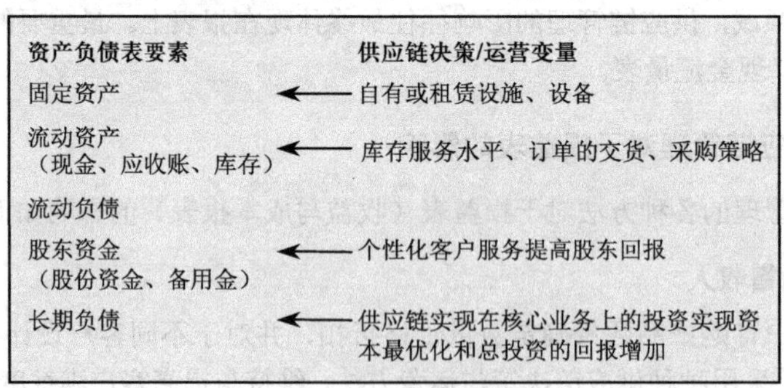

图 7-4　资产负债表动因

运输工具、厂房、仓库等资产反映在企业的固定资产项中。高水平的可支配的存货与高水平实现订单的交货，可以尽快实现资金回笼，导致应收账款与产品库存的减少，从而使得流动资产减少。

四、供应链管理对于现金流量表的影响

供应链管理对于现金流量表的影响如图 7-5 所示：

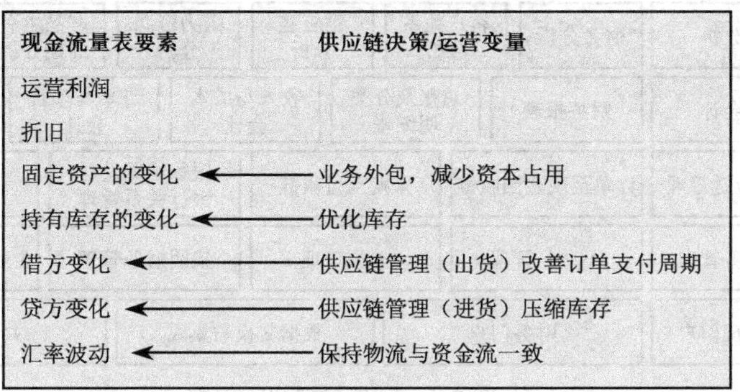

图 7-5　现金流量表动因

业绩评估组织（PMG）的调查表明，业绩领先企业的重要特点之一就是在效率上取得了突破，行业最佳业绩在总供应链管理成本上已在 1995 年的水平上降低了 27%，现金的循环时间已降低了 18%。

IBM 公司供应链管理，96%的采购工作实行自动采购，在 2002 年仅此一项，就节省费用 4.3 亿美元。IBM 公司采购网络连接了大约 33 000 名供应商，在采购流程中，IBM 把原先 6～12 个月的考察、接触、多轮谈判、合同签署的供应商挑选周期压缩到了 30 天，并把提出请购单到向供应商下单的时间间隔从两三个星期压缩到数小时。其结果是销售效率得以大大提高，资金回笼加快，而 IBM 公司仍采用以往月结的办法向供应商付款，这样就带来了 9 亿美元的现金净流入。

第三节　财务供应链管理工具—— mySAP 财务供应链管理

一、mySAP 财务供应链管理简介

mySAP 财务管理解决方案是一套基于先进的网络技术全球化、全面集成的完整财务解决方案，它既适用于供应链成员企业内部会计管理需要，又适用于供应链成员企业间的会计管理需要。

2001 年 12 月，SAP 扩展了 mySAPTM 财务系统的功能，在其原有的财务管理之外新增了战略企业管理及财务供应链管理功能。用户现在可以利用 mySAPTM 财务系统便捷地将企业无形资产转变成金融资本，提高业绩，同时企业决策者也将获得更多的决策信息。mySAPTM 财务解决方案能更加全面地处理和分析关键指标和财务数据，简化规划流程，在原有预算功能基础上增加了一个闭环式的企业战略管理流程。新增的企业战略管理功能包括增强型业务规划和模拟、战略管理、业绩衡量和股东关系管理等。

财务管理解决方案整体一览如图 7-6 所示.

战略企业管理	投资者关系管理	企业战略管理	绩效考核	战略计划与摸拟	业务合并	
业务分析	财务分析	客户关系分析	供应链分析	人力资源分析	产品生命周期分析	企业绩效分析
财务会计	财务报表	总账及分类明细帐	收入与成本会计	订单与项目会计	产品与服务成本核算	
财务供应链管理	订单至现金回收链	采购至付款链	银行结算及与银行关系管理	现金管理		
集团财务管理	不动产管理	差旅管理	集团财务管理	企业激励机制管理		
财务管理门户	财务门户	数据交换与集成	共享服务			

图 7-6　财务管理解决方案

二、mySAP 财务管理解决方案的主要功能——财务供应链管理

mySAP 财务管理解决方案，其开放式、灵活的特性可降低企业与供应链的运营成本，简化业务流程并提高效率。mySAP 财务管理解决方案的价值在于透过整个价值链为各方提供所需的及时、准确的信息。

mySAPTM 财务解决方案的新功能是该软件提供的是一个完整的闭环解决方案，能简化企业从规划、报表、衡量到数据分析等整个财务流程。同时，该系统还能提供最佳的决策支持，并与供应链规划、运营规划和客户关系管理等核心的业务功能整合在一起。

传统信贷、付款和结算费用构成财务部门的主要成本，而且在营运资本中也占有相当大的比例。但是，这些通常由企业资源计划（ERP）系统来处理的工作却并未与供应链管理集成。为此，mySAP 财务管理与企业内部业务流程以及外部业务协作紧密集成。mySAP 具有高效的电子商务模型，如电子出票与付款（EBPP）、企业间电子对账单或类似 Orbian 电子结算方法的集成。为完善其支持财务供应链的功能，mySAP 财务系统还能按照财务供应链整合企业业务。mySAP 将购自 PayNet International AG 的电子账单生成和支付合成（Electronic Bill Presentment and Payment，EBPP）软件融入其中，根据 EBPP 记账直接模型帮助企业通过互联网为多个客户开发票，同时提供全面的国际性整合功能，并在整合模型基础上为客户提供支持。该功能无缝地连接至 mySAP 财务系统的财务供应链管理功能，利用 mySAP 财务管理，出具发票的成本更低、速度更快。由于系统提供在线信息，因此用户可以掌握发票的详细资料，通过清楚明了的查账索引，可以快速方便、令人满意地解决各种纠纷，并能缩短销售未结款的天数，这些功能极大地方便了企业与合作伙伴之间的协作。

这些程序还可以帮助用户显著提高客户的价值。采用这些新程序的企业，可以降低成本，将游离资本注入新的业务，改善客户关系并提高服务质量，从而取得竞争优势。

三、mySAP 财务管理解决方案执行的收益

（一）支持执行的业务

运用 mySAP 财务管理解决方案，能充分发挥财务协同功能，并快速、高效、低成本地执行相关业务包括：

1）优化整个网络中的财务运行，包括融资、付款和结算。

2）为客户提供基于网络的自助付款和结算服务。

3）在企业间和不同系统间，进行实时、准确的财务数据传递与控制。

4）制定和执行能给企业带来价值的新战略。

5）了解、运用和管理企业的有形资产和无形资产。

6）精简报告、财务合并、预测流程。

7）对决策层提供正确决策所需要的信息与数据。

8）了解全面的企业运行状况。

9）产生各类实时、适用的报告。

10）在线连接企业战略和运营情况，投资者可自助查询。

11）准确预测并提高透明度。

12）管理企业长、短期经营目标。

（二）mySAP 财务管理解决方案的财务功能

mySAP 财务管理解决方案可以在巩固和加强与投资者关系的同时，更好地管理和分析企业的财务流程和业绩指标。包括：

1）与投资者更好地交流。

2）对战略规划、绩效管理及日常业务处理优化的分析。

3）结算处理能力。

4）财务会计与管理会计功能。

5）与 mySAP.com 电子商务平台的紧密集成。

（三）mySAP 财务管理解决方案的财务功能实现的投资回报

mySAP 财务管理解决方案可将财务管理、决策支持流程和电子商务完全无缝地集成在一起。通过以下方式，mySAP 财务管理解决方案可帮助用户快速实现投资回报：

1）降低收款成本，而此项成本最高可占企业财务运营成本的 60%。

2）加快资金周转，以解决付款和结算的矛盾。

3）减少获取重要财务信息和非财务信息的时间。

4）通过自动的报表功能、合并功能及预测功能，以及通过建立新的绩效考核体系和管理体系来提高企业报表和预算的效率。

5）减少处理和发送财务报表及各类经营报表的成本。

6）提高企业员工和经理的工作效率和生产能力。

7）根据总体规划、分步实施的策略，充分利用现有系统的投资，减少实施成本和风险。

8）维护多套孤立系统所需要的经营成本，由于采用无缝集成、一体化的解决方案而得以大大减少。

（四）mySAP 财务管理解决方案的性能与优势

通过 mySAP 财务管理解决方案，用户可加强企业内部和企业间的协作关系，促进企业由管理型向经济增长型转变，为客户和股东带来更大的利益，以适应新经济时代发展的需要。mySAP 财务管理解决方案的性能与优势见表 7-3。

表 7-3　mySAP 财务管理解决方案的性能与优势

性　　能	优　　势
企业战略管理和绩效管理	● 通过各类业务模拟制定战略计划 ● 运用平衡记分卡及设定企业内部和行业基准值，管理关键绩效指标及监控企业运行状况 ● 简化财务报表、财务合并和预测程序 ● 运用先进的分析工具，优化企业运作 ● 与大股东和投资人进行战略沟通
财务关账和报表准备	● 在既定时间内完成财务关账 ● 获取及时、完整、一致、准确的有关企业运行状况的财务数据 ● 自动生成与用户、产品、项目和服务相关的各项收益及成本信息 ● 支持国际和本地化会计标准
财务供应链管理	● 简化财务工作流程 ● 降低成本 ● 减少营运资金占用 ● 使用新型的协同财务服务模式 ● 通过 XML 方式进行业务数据交换
电子账单和付款	● 减少单据发生量，降低其处理成本，极大地改善现金流状况 ● 通过加强与用户之间的关系，并将其吸引到网站上来增加收益 ● 创造交叉销售的机会
资金和集团财务管理	● 加强对公司内部资金往来与结算的集中管理，减少外部借款 ● 理顺和改善从实际交易到财务记账的资金处理流程和会计处理流程 ● 监控及管理企业金融交易，控制相关风险 ● 从整体上有效地进行信用风险控制及管理
差旅管理	● 降低针对差旅费用的管理成本 ● 获取更优惠的打折票价 ● 严格执行企业有关差旅方面的政策 ● 通过网上预定来简化差旅安排方面的工作 ● 缩短报销周期，提高员工满意度
不动产管理	● 处理所有出租、租赁的不动产业务及进行相关风险管理 ● 缩短不动产销售周期 ● 获取最新的关于商机、市场、成本、收入方面的信息 ● 优化企业可用资源，减少相关管理成本

本章小结

面对企业供应链环境的要求，企业传统的成本会计技术与方法往往导致产品成本难以准确核算、产品定价不合理、企业绩效无法客观测度。当供应链竞争成为企业之间的重要形态，传统的成本控制手段已经越来越难以适应供应链成员企业成本测算、产品定价、财务控制及其他企业管理目标的实现。

供应链管理总成本主要包括订单管理成本、物料采购成本、库存持有成本和管理信息系统（MIS）成本。

基于作业的成本测度（Activity-based Costing，ABC）系统，又称 ABC 法或作业成本法，是基于商务活动由一系列产生或消耗成本的过程构成的概念。ABC 法是适应了供应链管理的需要，而提出的全新的成本测度核算观念和管理方法。ABC 法的产生，与企业内部供应链的集成及企业间供应链网络的形成紧密相关。

供应链管理的实施不仅直接影响到供应链的绩效，而且还影响到一系列的财务指标。在供应链设计构建与供应链运营这两个不同的阶段，供应链与财务的联系呈现不同的特点。在供应链设计构建阶段，要在供应链基础设施流程方面进行投资。例如，生产布局（包括工厂选址）、工厂产能，仓库位置、服务能力，运输工具自购或租赁等。在供应链运营阶段，供应链管理的核心是提高供应链的客户服务能力与市场竞争能力，在供应链运营阶段，要在动态满足不断变化的客户需求的同时，努力优化供应链的运营决策，以降低库存与运营成本，增加供应链的收益，从而提高股东权益。

思考题

1．ABC 法的原理是什么？

2．供应链管理总成本包括哪些内容？

3．分析供应链管理对于财务报表的影响。

4．MySAP 财务供应链管理的功能有哪些？

课后拓展案例

成功故事——可口可乐公司

可口可乐公司是世界最大的饮料企业。在全球五大顶级软饮料品牌中，有 4 种是可口可乐公司的产品，销售国家近 200 个，产品日销售量达 100 多万。

经营这样一家跨国企业不仅要完成繁重的生产任务，而且要处理堆积如山的财务信息。必须在对这些信息采集、合并和理解的基础上，生成财务报表、财务计划，并为这家200亿美元资产的公司决策提供支持。

可口可乐公司决定采用mySAP财务模块和mySAP业务智能模块组成的战略企业管理解决方案来处理财务工作。可口可乐公司在全球范围内部署了mySAP.com平台。作为这一企业信息战略的组成部分，SAP SEM解决方案与交易系统的紧密集成，实现了统一的财务流程，从而提高了财务工作的计划能力，并能够全面了解企业内部财务运转的整体状况。

1．财务合并与财务计划整合

这个财务解决方案的主要功能基于SAP SEM中的财务合并（SEM-BCS）和业务计划与模拟（SEM-BPS）模块，同时结合mySAP BI中的数据仓库用于信息的采集和分析。

财务信息由地区站点通过可口可乐企业内部网提交给SEM-BCS进行处理。合并处理可以在法定实体进行，也可以在业务实体（利润中心组）进行。这个信息可用于生成经过合并的财务报表和供管理部门使用的内部报表。用这个信息还可以生成法定要求的对外财务报表，进行业务分析时，可对信息做进一步挖掘。

系统可以自动导出当天实际的财务发生额，主要由mySAP控制模块（SAP CO）执行。这些实际发生额有助于制定当月财务预测。

这样，可口可乐公司可以在利润中心为财务计划员、财务部和地区财务经理生成财务报表，也可以利用这样的信息生成销售、销售成本、经营支出和赢利的当月预测。预测数据经过汇总，传给SEM-BCS进行合并。于是，可口可乐公司可以得出合并的预测结果，并且可以将经过合并的实际发生额与预测进行比较。

利用mySAP BI中的数据仓库，可口可乐公司的管理可以进一步实现条块化，并通过分析财务信息为决策提供支持。各解决方案是密切关联的。合并和计划解决方案可以相互传送数据，并且可以在不同的明细层共享同一个数据。

业务智能系统在上述两个解决方案环境下运行，将信息提炼为更加增值的形式，供查询、呈报和分析使用。

"最后是管理呈报工作。"Becky Glenn说，"SAP战略企业管理解决方案为我们提供了提交管理报告，以及季度财务报告和年度报告的工作平台。对于可口可乐公司来说，这是非常、非常重要的。它能够保证我们的管理人员在数据一致、准确的基础上，访问合并的结果和计划信息。这些信息是在累积财务科目和计算毛利，采取标准、一致的业务处理方法的基础上得出的。"

2．财务合并

SEM-BCS的功能实现了法定合并和管理合并流程的自动化，从而提高了可口可乐公司企业会计核算的速度。SEM-BCS生成合并的财务报表（包括资产负债表、现金流

量表及各种附表），可以为管理层和对外呈报及时提供信息。SEM-BCS 在遵照内部财务制度和法定会计条例的基础上，支持基于价值的会计核算、数据采集及确认、货币兑换、取消单位间交易、自动生成投资科目合并。

可口可乐公司采集的实际发生额在每月末开始合并。然后，用合并的结果生成所需的报表。一周后，公司采集并生成预测结果和营销数据。可口可乐公司按月维护主数据，包括整合新企业的数据。

可口可乐公司的 200 个全球站点通过公司的企业内部网提交数据，如损益表和资产负债表等信息。

“我们接收地区发来的这个数据。然后，在 SEM-BCS 中对其进行一系列处理，删除公司间交易，并做某些必要的调整。”Becky Glenn 介绍说，“这个解决方案的合并监控功能可显示我们执行合并过程的每一步骤。同时，根据管理的需要，我们还可以通过这个功能，查看哪个站点的工作已经完成，哪个站点尚未提交数据，等等。它是可口可乐公司全球财务合并工作监控的优异工具。”

合并信息从 mySAP BI 中的数据仓库提取出来生成报表。这些报表可供地区站点对日记账凭单做补充调整时使用。然后，可口可乐公司再次执行 SEM-BCS 处理（更新删除和调整），将新的信息传送到 mySAP BI。处理过程的关键（尤其是在月末结算时）在于能够进行快速合并。对于可口可乐公司来说，其优点是显而易见的。

“从会计核算的角度讲，我们真正实现了更加有效的控制。”Glenn 说，“SEM-BCS 使我们的财务合并工作更加有序。”

3．业务计划与模拟

合并数据为 SEM-BPS 提供主要的基准信息，可与 mySAP 财务模块当天给出的其他财务信息结合使用。SEM-BPS 为可口可乐公司提供全套计划功能，可用于建模、模拟、集成预算、目标设置、预测、远景规划、资源配置和风险评估，从而使可口可乐公司能够围绕销售、价格、员工人数、获利水平和财务状况等财务问题，从战略和运营两方面进行业务规划。

“财务计划人员通过 SEM-BPS 可以观察每个品牌过去几个月的销售走势。然后，为余下的计划期间制定方案。”Glenn 说，“结合报表，这个方案是一个与管理层互动的过程，以得出精确的预测。这些预测值连同其他汇总数据提交给 SEM-BCS，开始下一个月度周期的合并过程。”

“SEM-BPS 提供 Excel 界面。”Glenn 说，“我们的工作人员对这种环境十分熟悉。这样一来，可以最大限度地减小维护主数据时对业务的改变，并且提高了数据的处理能力。”

可口可乐公司采用 SEM-BPS 后，现在可以在年度预算和按月滚动预测过程中，结合实际数据进行计划。这是采用动态业务战略模型、分析、模拟工具的基础，用以识别可能采取的举措对损益、资产负债表和公司整体战略产生的影响。

“以前，我们依靠人的眼睛来‘目测’数据的行列和页面。”Glenn 介绍说，“SAP

解决方案为可口可乐全球企业提供了高质量的一致性信息。我们可以按照排他法，对地区、产品和账户进行比较。mySAP 财务模块结合 mySAP 业务智能模块一起使用，可以将世界的一个地区与另一地区、一个品牌的产品与另一品牌产品进行比较，发现业务中存在的严重问题，从而不断提高竞争地位。”

问题讨论：

1）为什么可口可乐公司采用 mySAP 会取得成功？

2）可口可乐公司取得了哪些现实与将来的成功？

3）供应链上中小企业能否应用 mySAP 取得财务领域的成功？需要哪些基本条件？如何实施？

第八章　供应链管理中的业务流程重组

导入案例

福特汽车公司北美财会部原有 500 多人负责账务与付款事项，改革之初，管理部门准备通过工作合理化和安装新的计算机系统将人员减少 20%。后来，当他们发现日本一家汽车公司的财会部只有 5 个人时，就决定采取更大的改革动作。他们分析并重新设计了付款流程。原付款流程表明，当采购部的采购单、接收部的到货单和供应商的发票，三张单据验明一致后，财会部才予以付款，财会部要花大量的时间查对采购单、接收单、发票上共计 14 个数据项是否一致。重新设计付款流程后，由计算机将采购部、接收部和财会部联成网络，采购部每发出一张采购单，就将其送入联网的实时数据库中，无须向财会部递送采购复印件。当货物到达接收部后，由接收人员对照检查货单号和数据库中的采购单号，相符后也送入数据库。最后由计算机自动检查采购记录和接收记录，自动生成付款单据。实施新流程后，财会部的人员减少了 75%，实现了无发票化，提高了准确性。

本章学习目标

学习：业务流程重组的定义，供应链管理业务流程重组的类型、原则、要点和方法，业务流程重组项目风险管理等内容。

了解：业务流程重组的相关概念与重组特点，对现代企业业务流程重组有较深刻的认识，供应链管理中业务流程重组的原则、方法等，对业务流程重组项目风险管理等知识有基本的认识。

掌握：业务流程重组的原则与要点，供应链业务流程重组的项目风险管理知识。

第一节　业务流程重组的产生

一、业务流程重组的发展历程

自从亚当·斯密在《国富论》中首次提出劳动分工的原理以来，这套商业规则指导企业的运行与发展长达两个多世纪。先是美国汽车业的先锋开拓者亨利·福特（Henry

Ford）一世将劳动分工的概念应用到汽车制造上，并由此设计出世界上第一条汽车生产流水线，大规模生产（Mass Production）从此成为人类历史上的现实。几乎与福特同时代的通用汽车公司总裁艾尔弗雷德·斯隆（Alfred Sloan）在福特的基础上将劳动分工理论再次向前推进一步，斯隆实际上树起了劳动分工理论发展的第三块里程碑。福特根据劳动分工原理化解汽车装配工作，把它拆成一系列毫不复杂的任务，使每个工人的工作都简单易学。然而，人员协调和工人工作成果的组合过程却因此而变得非常复杂，管理难度加大甚至跟不上高效率工厂系统的需求。斯隆正是在此基础上，将劳动分工的理论应用到管理部门的专业人员之中，并使之与工人的劳动分工呈平行发展之势，使汽车业真正走上"大规模生产"的道路。

在 20 世纪即将结束的 90 年代，这套劳动分工规则受到了挑战。大规模生产已越来越多地被大量定制（Mass Customization）所替代。Hammer 和 Champy 以思想家的口吻，在《公司重组：企业革命的宣言》一书中对人们所处时代的企业革命进行了描述："一整套两个多世纪之前拟订的原则在 19 世纪和 20 世纪的岁月里对美国企业结构、管理和实绩起了塑造定型的作用。现在应该淘汰这些原则，另制订一套新规则。对于美国公司来说，不这样做的另一条路是关门歇业。"这里，Hammer 和 Champy 所说的新规则就是当今风靡全球的业务流程重组（Business Process Reengineering,BPR）。

在如今的经济社会，已经很难想象会有一支管理队伍没有深深地贯注于企业的业务流程重组。这是因为，改变企业的现状并使之得到提升是管理人员工作的全部内容。在这个过程中，管理人员有意或无意地从事着业务流程重组的工作。业务流程的有效性由新的经济业务的绩效所决定。运营绩效，则由获利能力、客户满意、资产回报率、业务成长、市场份额等所决定。有些业务流程基于团队合作，有些由企业的战略计划推动，有些则根植于企业持续的业务过程提升，或是组织进步、目标管理等。业务流程重组在诸多的形式中有其独特的优势，它实际上开创了自亚当·斯密以来的现代企业管理的第二次革命。

知识拓展

"3C"概念

之所以说工业革命以来的商业规则已经不再适用于今天企业的发展，是因为一百多年来，企业所处的商业环境已经发生了根本变化。在如今的现实世界里，客户需求、产品生命周期、市场增长、技术更新速度、竞争规律或性质等，几乎没有一样是可以预料或保持不变的。现在有三股力量特别引起企业管理人员的关注，这也使得企业的管理人员对企业的商业环境有一种前所未有的陌生感。一方面是这三股力量本身有了根本变化，另一方面是这三股力量势头强劲，对企业的影响日益增大。影响企业的三股力量就是：顾客（Customer）、竞争（Competition）和变化（Change），简称 "3C"。

（1）顾客　20 世纪 80 年代初期至今，买卖双方的关系发生了重要变化，现在完全是买方市场，顾客主宰着买卖关系。亨利·福特一世要将黑色的 T 型车卖给整整一代美国人的时代早已结束了。甚至在市场营销领域，美国营销学家 E.J.麦卡西于 20 世纪 60 年代提出的营销组合“4Ps”也开始让位于“4Cs”。

（2）竞争　自第二次世界大战以来，世界经济从国际化（Internationalization）向全球化（Globalization）演变的趋势日益明显。东南亚经济危机能由一个国家引发而迅速波及整个东南亚，并进而对全球经济构成重大影响，就是这种全球经济一体化的具体反映。全球经济一体化使得原本激烈的市场竞争变得更加激烈。

（3）变化　上面提到的客户和竞争两股力量的演变，其背后其实就有变化的影响。信息时代更加推动了变化节奏。正如花旗银行公司总裁约翰·里德（John Reed）所说：“如果有谁认为今天存在的一切都将永远真实存在，那么他就输定了。”所以，杰里米·卡恩在最近一期《Fortune》上写到：“不管是微软公司，还是法国航空公司，抑或是诺基亚公司，它们都面临着越来越变化莫测的客户、市场以及日新月异的科技。”

正是由于这三股力量的影响，企业家们必须寻求获得突破的新的生存之路。

二、业务流程重组的概念

1. 业务流程重组的定义

由于上述三股力量对企业的影响深远，现代企业实际上已经很难再按照亚当·斯密制定的商业规则从事商业活动了。企业为了寻求持续的增长，势必借助于新的商业规则。于是，业务流程重组应运而生。根据 Hammer 与 Champy 的定义：“业务流程重组就是对企业的业务流程（Process）进行根本性（Fundamental）的再思考和彻底性（Radical）的再设计，从而获得可以用诸如成本、质量、服务和速度等方面的业绩来衡量的令人瞩目（Dramatic）的成就。”其中，“根本性”、“彻底性”、“令人瞩目”和“流程”是定义所关注的 4 个核心领域。

“根本性”表明业务流程重组所关注的是企业核心问题，如“我们为什么要做现在的工作”、“我们为什么要用现在的方式做这份工作”、“为什么必须是由我们而不是别人来做这份工作”等。通过对这些根本性的问题的仔细思考，企业可能发现自己赖以存在或运转的商业假设是过时的甚至是错误的。

“彻底性”的再设计意味着对事物追根溯源，对既定的现存事物不是进行肤浅的改变或调整修补，而是抛弃所有的陈规陋习以及忽视一切规定的结构与过程，创造、发明全新的完成工作的方法；它是对企业进行重新构造，而不是对企业进行改良或调整。

“令人瞩目”意味着业务流程重组寻求的不是一般意义的业绩提升或略有改善、稍有好转等，进行重组就要使企业业绩有显著的增长、极大的飞跃。业绩的显著增长正是 BPR 的标志与特点。

BPR 的“令人瞩目”的成就所设定的目标是将生产周期缩短 70%，成本降低 40%，客户满意度、产品质量和总收入均提高 40%。

最后，业务流程重组关注的是企业的业务流程，一切“重组”工作全部是围绕业务流程展开的。“业务流程”是指一组共同为客户创造价值而又相互关联的活动。哈佛商学院教授 Michael Porter 将企业的业务过程描绘成一个价值链（Value Chain），竞争不是发生在企业与企业之间，而是发生在企业各自的价值链之间。只有对价值链的各个环节（业务流程）实行有效管理的企业，才有可能真正获得市场上的竞争优势。

2．BPR 与 BPI

业务流程重组（BPR）不同于业务流程改进（Business Process Improvement，BPI）。虽然 BPR 与 BPI 都是“求赢”的工程，均具有以下共同的特性：强调客户满意；使用业绩改进的量度手段；关注于业务流程；强调团队合作；对企业的价值观进行改造；在组织中降低决策的层级；高层管理人员的参与。但是，BPR 与 BPI 仍然有着显著差别。BPR 关注于更大范围的、根本性的、全面的业务流程。因此，BPR 是不可能从组织的底层或中层开始或延续下去的，它是由位于组织的金字塔顶端的管理层（或管理者）推动。

3．三类企业需要重组

业务流程重组只有在企业需要重新确定一个强化的战略地位时才有可能真正实施，需要实施业务流程重组的战略指数有：

1）认识到竞争对手将在成本、速度、灵活性、质量以及服务等方面产生优势。

2）增强运营能力所需要的新的远景（Vision）或战略（Strategy）。

3）重新评估战略选择的需要，进入新市场或重新定位产品与服务。

4）核心运营流程基于过时的商业假设或技术建立。

5）企业的战略目标似乎无法实现。

6）市场上的改变，如失去市场份额、新的竞争对手、新的竞争规则、产品生命周期缩短、新的技术得以应用等。

从美国实施业务流程重组的经验看，进行重组的企业大体可分成以下三大类：

第一类企业：身陷困境，走投无路，迫于形势，准备背水一战。若能借助“重组”冲出困境，那就能使企业获得新生，柳暗花明又一村。这里所谓的“困境”，是指成本高出竞争对手几倍，产品次品率高出别人几倍，或者顾客对它们的产品已经怨声载道，到了忍无可忍的地步。“重组”是企业唯一的出路，关系到企业的生死存亡。

第二类企业：当前日子还过得去，暂时看来财务状况是令人满意的。换句话说，公司尚未遇到真正的麻烦，然而公司领导班子似乎有一种感觉，预见到即将有暴风骤雨来临，可能给他们带来严重的问题，甚至威胁他们成功的基业。这些公司有远见，未雨绸缪，把决心下在紧要关头，与其走下坡、入逆境，不如着手实施“重组”。

第三类企业：正处于巅峰时期，不要说眼前没有困难，即使是看得见或想得到的将来也不会有什么大问题。这些公司的领导班子不安于现状，雄心勃勃，勇于进取。“重组”被看做提高竞争优势的好机会。把竞争对手甩得更远，把竞争障碍筑得更高，使自身被市场紧随者赶超的可能变得更小。正如一句颇费思量的妙语所说：真正卓有成效的

公司，其标志是舍得丢弃长时间有成效的东西。

第二节　供应链业务流程重组的类型、原则和方法

一、供应链管理环境下的企业业务流程的主要特征

供应链管理环境下的业务流程有哪些特征，目前还是一个有待于进一步研究的问题。但是可以从企业内部业务的变化、制造商与供应商之间的业务关系的变化以及信息处理技术平台三个方面，讨论供应链管理给企业业务流程带来的变化。

1．制造商与供应商之间业务流程的变化

在供应链管理环境下，制造商与供应商，或者制造商与分销商、供应商与供应商之间一般要借助于互联网或 EDI 进行业务联系。由于实施了电子化商务交易，因此许多过去必须通过人工处理的业务环节，在信息技术的支持下变得更加简捷了，有的环节甚至不需要了，从而引起业务流程的变化。例如，过去供应商企业总是在接到制造商的订货要求后，再进行生产准备等工作，等到零部件生产出来，已消耗很多的时间。这样一环一环地传递下去，导致产品生产周期很长。而在供应链管理环境下，合作企业间可以通过互联网方便地获得需求方生产进度的实时信息，从而可以主动地做好供应或出货工作。例如，供应商企业可以通过互联网了解提供给制造商配件的消耗情况，在库存量即将到达订货点时，就可以在没有接到制造商要货订单前主动做好准备工作，从而大大缩短供货周期。由于这种合作方式的出现，原来那些为处理订单而设置的部门、岗位和流程就可以考虑重新设计。

2．企业内部业务流程的变化

供应链管理的应用，提高了企业管理信息计算机化的程度。从国外的成功经验看，实施供应链管理的企业一般都有良好的计算机辅助管理基础，不管其规模是大还是小。借助于先进的信息技术和供应链管理思想，企业内部的业务流程也发生了很大的变化。以生产部门和采购部门的业务流程关系为例，过去在人工处理条件下，生产管理人员制定出生产计划后，再由物资供应部门编制采购计划，还要经过层层审核，才能向供应商发出订货。这是一种顺序工作方式的典型代表。由于流程较长，流经的部门较多，因而不免出现脱节、停顿、反复等现象，导致一项业务要花费较多的时间才能完成。在供应链管理环境下，有一定的信息技术作为支持平台，数据可以实现共享，并且可以实现并发处理，因而使原有的顺序工作的方式有可能发生变化。举例来说，生产部门制定完生产计划后，采购供应部门就可以通过数据库读取计划内容，计算需要消耗的原材料、配套件的数量，迅速制定出采购计划，再通过查询数据库的供应商档案，获得最佳的供应商信息，就可以迅速向有关厂家发出要货单。更进一步地，可以通过互联网或 EDI 直接将采购信息发布出去，直接由供应商接受处理。

3．支持业务流程的技术手段的变化

供应链管理环境下企业内部业务流程和外部业务流程的变化也不是偶然出现的，至少有两方面的原因：一是“横向一体化”管理思想改变了管理人员的思维方式，把企业的资源概念扩展了，更倾向于与企业外部的资源建立配置联系，因此加强了对企业间业务流程的紧密性；二是供应链管理促进了信息技术在企业管理中的应用，使并行工作成为可能。在信息技术比较落后的情况下，企业之间或企业内部各部门之间的信息传递都要借助于纸质媒介，制约了并行处理的工作方式。即使能够复制多份文件发给不同部门，但一旦文件内容发生了变化则很难做到同步更新，难以保证信息的一致性。在这种落后的信息处理情况下，顺序处理就成了最可靠的工作方式。现在情况不同了，为了更好地发挥出供应链管理的潜力，人们开发了很多管理软件，借助于强大的数据库和网络系统，供应链企业可以快速交换各类信息。共享支持企业不同业务及其并行处理的相关数据库信息，为实现同步运作提供了可能。因此，实施了供应链管理的企业，其对内和对外的信息处理技术都发生了巨大的变化，这一变化直接促使企业业务流程也不同程度地产生了变化。

二、业务流程重组的类型

Hammer 在业务流程重组的方法中并没有为企业提供一种基本范例。不同行业、不同性质的企业，流程重组的形式不可能完全相同。企业可根据竞争策略、业务处理的基本特征和所采用的信息技术的水平来选择实施不同类型的 BPR。

根据流程范围和重组特征，可将 BPR 分为以下三类。

1．功能内的 BPR

通常是指对职能内部的流程进行重组。在旧体制下，各职能管理机构重叠、中间层次多，而这些中间管理层一般只执行一些非创造性的统计、汇总、填表等工作，计算机完全可以取代这些业务而将中间层取消，使每项职能从头至尾只有一个职能机构管理，做到机构不重叠、业务不重复。例如，物资管理由分层管理改为集中管理，取消二级仓库；财务核算系统将原始数据输入计算机，全部核算工作由计算机完成，变多级核算为一级核算等。

宝钢集团实行的纵向结构集中管理就是功能内 BPR 的一种体现。按纵向划分，宝钢集团有总厂、二级厂、分厂、车间和作业区 5 个层次。在 1990 年底的深化改革中，宝钢集团将专业管理集中到总厂，二级厂及以下层次取消全部职能机构，使职能机构扁平化，做到集中决策、统一经营，增强了企业的应变能力。

2．功能间的 BPR

功能间的 BPR 是指在企业范围内，跨越多个职能部门边界的业务流程重组。例如，北京第一机床厂进行的新产品开发机构重组，以开发某一新产品为目标，组织集设计、工艺、生产、供应、检验人员为一体的承包组，打破部门的界限，实行团队管理，以及

将设计、工艺、生产制造并行交叉的作业管理等。这种组织结构灵活机动、适应性强，将各部门人员组织在一起，使许多工作可平行处理，从而可大幅度地缩短新产品的开发周期。

又如宝钢集团的管理体制在横向组织结构方面实行一贯管理的原则。所谓一贯管理，就是在横向组织方面适当简化专业分工，实行结构综合化。凡是能由一个部门或一个人管理的业务，就不设多个部门或多个人去管；在管理方式上实现各种物流、业务流自始至终连贯起来的全过程管理，克服传统管理中存在的机构设置分工过细及业务分段管理的情况。

3．组织间的 BPR

这是指发生在两个以上企业之间的业务重组，如通用汽车公司（GM）与 SATURN 轿车配件供应商之间的购销协作关系就是企业间 BPR 的典型例子。GM 公司采用共享数据库、EDI 等信息技术，将公司的经营活动与配件供应商的经营活动连接起来。配件供应商通过 GM 公司的数据库了解其生产进度，拟定自己的生产计划、采购计划和发货计划，同时通过计算机将发货信息传给 GM 公司。GM 公司的收货员在扫描条形码确认收到货物的同时，通过 EDI 自动向供应商付款。这样，使 GM 公司与其零部件供应商的运转像一个公司似的，实现了对整个供应链的有效管理，缩短了生产周期、销售周期和订货周期，减少了非生产性成本，简化了工作流程。这类 BPR 是目前业务流程重组的最高层次，也是重组的最终目标。

从以上三种类型的业务流程重组可以看出，各种重组过程都需要数据库、计算机网络等信息技术的支持。ERP 的核心管理思想是实现对整个供应链的有效管理，与 ERP 相适应而发展起来的组织间的 BPR 创造了全部 BPR 的概念，是全球经济一体化和 Internet 广泛应用环境下的 BPR 模式。

三、业务流程重组的原则

BPR 是对现行业务运行方式的再思考和再设计，应遵循以下基本原则。

1．以企业目标为导向调整组织结构

在传统管理模式下，劳动分工使各部门具有特定的职能，同一时间只能由一个部门完成某项业务的一部分。而 BPR 打破了职能部门的界限，由一个人或一个工作组来完成业务的所有步骤。随着市场竞争的加剧，企业需要通过重组为客户提供更好的服务，并将 BPR 作为发展业务和拓宽市场的机会。

2．让执行工作者有决策的权力

在 ERP 系统的支持下，让执行者有工作上所需的决策权，可消除信息传输过程中的延时和误差，并对执行者有激励作用。

3．取得高层领导的参与和支持

高层领导持续性的参与和明确的支持能明显提高 BPR 成功的概率。因为 BPR 是一项跨功能的工程，是改变企业模式和人的思维方式的变革，必然对员工和他们的工作产生较大影响。特别是 BPR 常常伴随着权力和利益的转移，有时会引起一些人，尤其是中层领导的抵制，如果没有高层管理者的明确支持，则很难推行。

4．选择适当的流程进行重组

在一般情况下，企业有许多不同的业务部门，一次性重组所有业务会超出企业的承受能力。所以，在实施 BPR 之前，要选择好重组的对象。应该选择那些可能获得阶段性收益或者是对实现企业战略目标有重要影响的关键流程作为重组对象，使企业尽早地看到成果，在企业中营造乐观、积极参与变革的气氛，减少人们的恐惧心理，以促进 BPR 在企业中的推广。

5．建立通畅的交流渠道

从企业决定实施 BPR 开始，企业管理层与职工之间就要不断进行交流。要向职工宣传 BPR 带来的机会，如实说明 BPR 对组织机构和工作方式的影响，特别是对他们自身岗位的影响及企业所采取的相应解决措施，尽量取得职工的理解与支持。如果隐瞒可能存在的威胁，有可能引起企业内部动荡不安，从而使可能的威胁成为现实。

BPR 思想是一种着眼于长远和全局、突出发展与合作的变革理念，在具体实施过程中，还应注意如下几个方面：

1）组织结构应该以产出为中心，而不是以任务为中心。这条原则是说，应该由一个人或一个小组来完成流程中的所有步骤，围绕目标或产出而不是单个任务来设计人员的工作。

2）让那些需要得到流程产出的人自己执行流程。过去由于专业化精密分工，企业的各个专业化部门只做一项工作，同时又是其他部门的客户。例如，会计部就只做会计工作，如果该部门需要一些新铅笔就只能求助于采购部，于是采购部需要寻找供货商，讨价还价，发出订单，验收货物然后付款，最后会计部才能得到所需的铅笔。这一流程的确能完成工作，并且对于采购贵重货物的确能显示出专业化采购的优势，但是对于铅笔这类廉价的非战略性物品，这一流程就显得笨拙而缓慢了，并且往往用以采购的各项间接费用也许会超过所购产品的成本。

现在有了信息系统，一切变得容易了。通过数据库和专家系统，会计部可以在保持专业化采购所具优势的条件下，自己作出采购计划。

当与流程关系最密切的人自己可以完成流程时，大大消除了原有各工作组之间的摩擦，从而减少了管理费用。但是，这并不意味着要取消所有的专业部门的专业职能，例如，对于企业主要设备和原材料，还是需要由采购部门来专门完成的。具体如何安排，还是要以全局最优为标准的。

3）将信息处理工作纳入产生这些信息的实际工作中去。过去，大部分企业都建立了这样一些部门，它们的工作仅仅是收集和处理其他部门产生的信息。这种安排反映了一种旧思想，即认为低层组织的员工没有能力处理自己产生的信息。而今伴随着 IT 的运用和员工素质的提高，信息处理工作完全可以由低层组织的员工自己完成。

福特公司就是个很好的例子。在旧流程中，验收部门虽然产生了关于货物到达的信息，但却无权处理它，而需要将验收报告交至付款部门。在新流程下，由于福特公司采用了新的计算机系统，实现了信息的收集、储存和分享，使得验收部门自己就能够独立完成产生信息和处理信息的任务，极大地提高了流程效率，使得精简75%员工的目标成为可能。

4）将各地分散的资源视为一体。集权和分权的矛盾是长期困扰企业的问题。集权的优势在于规模效益，而缺点是缺乏灵活性。分权，即将人、设备、资金等资源分散开来，能够满足更大范围的服务，但却随之带来冗员、官僚主义和丧失规模效益的后果。有了数据库、远程通信网络以及标准处理系统，人们不再为“鱼和熊掌不可兼得”而伤透脑筋，企业完全可以在保持灵活服务的同时，获得规模效益。总部与各制造单位使用一个共同的采购软件系统，各部门依然是自己订货，但必须使用标准采购系统。总部据此掌握全公司的需求状况，并派出采购部与供应商谈判，签订总合同。在执行合同时，各单位根据数据库，向供应商发出各自的订单。

5）将并行工作联系起来，而不是仅仅联系它们的产出。存在着两种形式的并行，一种是各独立单位从事相同的工作；另一种是各独立单位从事不同的工作，而这些工作最终必须组合到一起。新产品的开发就属于后一种的典型例子。并行的好处在于将研究开发工作分割成一个个任务，同时进行，可以缩短开发周期。但是传统的并行流程缺乏各部门间的协作，因此，在组装和测试阶段往往就会暴露出各种问题，从而延误了新产品的上市。现在配合各项信息技术，如网络通信、共享数据库和远程会议，企业可以协调并行的各独立团体的活动，而不是在最后才进行简单的组合，这样可以缩短产品开发周期，减少不必要的浪费。

6）使决策点位于工作执行的地方，在业务流程中建立控制程序。在大多数企业中，执行者、监控者和决策者是严格分开的。这是基于一种传统的假设，即认为一线工人既没有时间也没有意愿去监控流程，同时他们也没有足够的知识和眼界去作出决策。这种假设就构成了整个金字塔式管理结构的基础。而今，信息技术能够捕捉和处理信息，专家系统又拓展了人们的知识，于是一线工作者可以自行决策，在流程中建立控制，这就为压缩管理层次和实现扁平组织提供了技术支持。而一旦员工成为自我管理自我决策者的时候，金字塔式组织结构以及伴随着它的效率低下和官僚主义也都会消失。

7）从信息来源地一次性地获取信息。在信息难以传递的时代，人们往往会重复采集信息。但是，由于不同人、不同部门和组织对于信息有各自的要求和格式，不可避免地造成企业业务延迟、输入错误和额外费用。今天，当人们采集一条信息之后，可以将它储存于在线数据库中，与所有需要的人实现共享。

四、供应链管理环境下企业业务流程重构的几个问题

一般而言，BPR 就是抛开现状，在打破原来职能分工的基础上，按业务流程重新考虑管理模式。它不是对原来的不足加以修修补补，而是从“零”开始重新设计，因此，原有的结构与职能分工在 BPR 的过程中已没有意义。为此，在企业着手实施变革之前，

首先要以企业的流程为中心，重组管理部门；然后再以现代计算机技术作为 BPR 的技术手段和物质基础。这样，就可以使先进的信息技术与先进的管理流程相匹配，最大限度地发挥出企业的竞争潜力。要使企业组织变革能达到这样的效果，就要在 BPR 指导下实施如下的企业业务流程重新设计的战略。

1．从整体上把握工作流程的重新设计

过去企业在进行组织变革的过程中，往往把注意力放在提高某个瓶颈环节的效率上，很少从整体上考虑整个流程是否合理。BPR 则不同，它一切从"零"开始，从企业整体来考虑流程的再设计。因此，以 BPR 为指导的企业组织变革设计策略强调首先在人们头脑中树立起对整体流程重新设计的概念。供应链管理理念的核心是将资源配置从一个企业扩展到多个企业，因此，在这种环境下的工作流程设计不仅要考虑企业内部的部门重组，而且要把流程的工作特征考虑到相关企业中去。

2．确定首要的企业流程重构的项目

企业中有各种各样的作业流程，结构十分复杂，全面铺开势必分散力量，难以取得成功。应该首先选择一些关键性的作业流程作为实施 BPR 的项目，以关键流程带动一般流程的重构。福特汽车公司北美财会部就是一个例子。它抓住付款流程的重构，带动采购和接收部门的工作流程的变化。实施供应链管理后，企业与合作企业之间的信息沟通与共享方式将发生变化。因此，原来需要多个人、多个部门处理的业务，现在只由一个人就能胜任。在部门的选择上，可以考虑以销售部门（接受订单）或供应采购部门（发出要货订单）为核心展开 BPR。

3．分析和评价现行作业流程

分析现行作业流程是为了找出存在的问题，以免在将来的流程中重新出现；评价现行作业流程是为了对将来的改进找到一个"比较"的基准。例如，如果重组的目标是缩短生产周期和降低成本，就要测出现行作业流程下生产周期和成本的准确值，作为将来评价供应链管理模式实施后在这两个目标上取得绩效的基准。

4．选择合适的信息技术手段

现行的作业流程都是在传统管理模式下设计出来的，因而企业在工作流程上并没有与供应链管理及其信息支持体系有多大的关系。现在，在引入信息技术时，首先要明确定义企业职能部门和作业流程的实体，明确企业在供应链管理模式下运作的要求，然后再选择计算机系统和管理软件的开发环境。BPR 强调在作业流程设计的初始阶段就考虑信息技术的作用，根据信息技术的能力确定新的作业流程。因此，信息技术不仅是供应链管理的支持系统，而且还影响着新流程的构成。当前许多人都认为电子商务是 21 世纪企业经营的一个理想信息平台，因此在对供应链管理企业流程的重新设计时也要考虑这一问题。

5．设计和建立作业流程的原型系统

在对作业流程进行分析的基础上，用现代计算机辅助软件工具建立原型系统。这里所

说的原型系统既包括软件原型系统，也包括组织原型系统。软件原型系统是指为支持新作业流程而开发的软件；组织原型系统是指为了使新作业流程正常运作而重新组织起来的人员和岗位。经过一段时间的运作，会发现新流程中存在的问题，获得对新流程应有的认识和技术。企业便可以此为基础，建立更好、更完善的作业流程，为实施供应链管理模式打下基础。

6．取得合作伙伴的支持和配合

供应链管理下的企业业务重构不同于单个企业内部的流程重构。企业除了要对其内部流程改造外，还必须改造与合作伙伴共同进行的业务，如与供应商企业的业务联系、与分销商企业的业务联系等。因此，在理想的情况下，供应链管理业务流程重构应该从整个系统出发，所有节点企业同步进行重构。退一步说，由于各个企业的情况千差万别，允许有个先后顺序，但是应该着重做好有接口关系企业的协调工作，首先得到它们的配合，否则供应链的整体协调性就难以保证。

五、供应链中业务流程重组的要点

1．面向企业流程

面向企业流程，即指面向企业的作业流程。作业流程是指这样一系列活动：即进行一项或多项投入，以创造出客户所认同的有价值的产出。

在传统劳动分工的影响下，作业流程被分割成各种简单的任务，管理者将精力集中于个别任务效率的提高上，而忽略了最终目标，即满足客户的需求。而实施 BPR，就是要有全局的思想，从整体上确认企业的作业流程，追求全局最优，而不是个别最优。企业的作业流程可分为：

1）核心作业流程，包括各项作业活动、管理活动和信息系统。各项作业活动包括识别客户需求、满足这些需求、接受订单、评估信用、设计产品、采购物料、制作加工、包装发运、结账、产品保修等。管理活动包括计划、组织、用人、协调、监控、预算和汇报等，以确保作业流程以最小的成本及时、准确地运行。信息系统是指通过提供必要的信息技术以确保作业活动和管理活动的完成。

2）支持作业流程，包括设施、人员、培训、后勤、资金等，以支持和保证核心流程。

2．面向客户与信息技术

除前面已经论述的面向企业流程之外，实施 BPR 还必须面向客户，并合理运用信息技术。

1）面向客户。当前客户的选择范围扩大，期望值提高，如何满足客户需求，解决“个性化（Customization）提高”和“交货期（Responsiveness）缩短”之间的矛盾，已成为困扰企业发展的主要问题。实施 BPR 如同“白纸上作画”，这张白纸应是为客户准备的，首先应当由客户根据自己的意思填满，其中包括产品的品种、质量、款式、交货期、价格、办事程序、售后服务等，然后企业围绕客户的意愿，开展重建工作。这是成功的关键，因此必须投入大量的精力。例如，有的企业为了能充分了解客户和市场，甚至在其 BPR 小组中吸纳几名客户，作为一个整体开展工作。通过这些客户的反馈信息，企业可以及时调整重建方向，以避免 BPR 的结果与意愿相违背。

2）合理运用信息技术。BPR 与信息技术（IT）密切相关，但是两者决非等同。它们的关系可以概括为：①BPR 是一种思想，而 IT 是一种技术；②BPR 可以独立于 IT 而存在；③这种独立是相对的，在 BPR 由思想到现实的转变中，IT 起了一种良好的催化剂的作用。

实施 BPR 不是单纯的技术问题，更是一种思维方式的转变。而多数企业却将信息技术镶嵌于现有的经营过程中，它们想的是“如何运用 IT 来改善现有流程”，却没有从根本上考虑“我们要不要沿用现有的流程”。而后者才是 BPR 的观点，它不是单纯地搞自动化，不是单纯地用技术来解决问题，而是一种管理创新。

那么，有没有不需要 IT 的 BPR 项目呢？理论上应该是可以的，但由于：一方面，随着国际互联网（Internet）、企业内部网（Intranet）和电子商务（Electronic Business）的飞速发展，信息技术正广泛而深入地进入我们的生活，改变着我们的生活方式和思维模式，在这种情形下，想脱离 IT 而完成 BPR 几乎是不可能的；另一方面，若把 BPR 比作一种化学反应，那么 IT 就是催化剂，离开了它，反应虽可进行，但却难以达到理想的结果。正因为此，合理运用信息技术成为 BPR 的难点和要点所在。

六、实施业务流程重组的方法

根据 BPR 的思想精髓，人们可以将 BPR 的实施结构设想成一种多层次的立体形式，整个 BPR 实施体系由观念重建、流程重建和组织重建三个层次构成，其中以流程重建为主导，而每个层次内部又有各自相应的步骤过程，各层次也交织着彼此作用的关联关系。

1. BPR 的观念重建

这一层次所要解决的是有关 BPR 的观念问题。即要在整个企业内部树立实施 BPR 的正确观念，使企业的员工理解 BPR 对于企业管理、应用 ERP 的重要性。它主要涉及三个方面的工作：

1）组建 BPR 小组。由于 BPR 要求大幅度地变革基本信念、转变经营机制、重建组织文化、重塑行为方式和重构组织形式，这就需要有很好的领导和组织的保证。所以，在企业内部要成立专门的领导小组负责 ERP 应用中的业务流程重组。

2）前期的宣传准备工作。它可以帮助企业的员工从客观的和整个企业发展的角度，来看待并理解业务流程重组及其对本企业带来的重要意义，以避免由于员工的不理解，造成企业内部的人心恐慌和对 BPR 的抵触情绪。

3）设置合理目标。这是为了给业务流程重组活动设置一个明确的、要达到的目标，以便做到“心中有数”。常见的目标有降低成本、缩短时间、增加产量、提高质量、提高客户满意度等。

2．BPR的流程重建

流程重建是指对企业的现有流程进行调研分析、诊断，再设计，然后重新构建新的流程的过程。它主要包括三个环节：

1）业务流程分析与诊断。它是对企业现有的业务流程进行描述，分析其中存在的问题，并进而给予诊断。

2）业务流程的再设计。针对前面分析诊断的结果，重新设计现有流程，使其趋于合理化。流程在设计上可以表现为：①经多道工序合并，归于一人完成；②将完成多道工序的人员组合成小组或团队共同工作；③将串行式流程改为同步工程等。

3）业务流程重组的实施。这一阶段是将重新设计的流程真正落实到企业的经营管理中来。

3．BPR的组织重建

组织重建的目的，是要给业务流程重组提供制度上的维护和保证，并追求不断改进。

1）评估BPR实施的效果。与事先确定的绩效目标进行对照，评价是否达到既定的目标。例如，在时间、成本、品质等方面的改进有多少，流程信息管理的效率如何等。

2）建立长期有效的组织保障。这样才能保证流程持续改善的长期进行。具体可以包括：建立流程管理机构，明确其权责范围；制定各流程内部的运转规则与各流程之间的关系规则，逐步用流程管理图取代传统企业中的组织机构图。

3）文化与人才建设。企业必须建立与流程管理相适应的企业文化，加强团队精神建设，培养员工的主人翁意识。同时，新的业务流程也对员工提出了更高的要求，这也要求企业注重企业内部的人才建设，以培养出适应于流程管理的复合型人才。

第三节　业务流程重组项目风险管理

尽管BPR会对企业的管理绩效产生巨大的影响，但是，BPR项目不可避免地要受到来自管理、组织和产品风险的影响。必须考虑“项目成本是多少”、“项目收益是多少”、“项目风险是什么”等问题。由此看来，对BPR项目实施有效的风险管理，有利于提高BPR项目的成功率。

风险管理是对项目风险进行识别、分析和应对的系统过程，包括风险识别、风险分析、风险化解和风险控制4个过程。

一、业务流程重组项目的风险识别

风险无时不在，为了有效控制项目风险，首先必须能够识别风险。风险识别通常在项目开始、项目中间阶段、主要范围变更批准之前进行，实际上，风险识别伴随着整个项目的生命周期。

在风险识别过程中，首先应对BPR项目制定衡量成败的标准。在制定衡量具体的衡量指标时，可以围绕时间、成本和绩效这些衡量标准，运用其他计划和历史信息，结合绘制的流程图、访问调查的结果和专家经验的交流过程，建立识别风险征兆的指标体系。在项目实施过程中，一旦发现以下迹象，如生产不稳定、产量下降、员工士气消沉、人力资源管理成本上升、企业的近期利润不足等，企业就应该提高警觉，反思重组的全部过程，对风险进行分析和控制。

尽管业务流程重组形成了世界性的浪潮，但仍有超过一半的 BPR 项目走上失败或达不到最初设定的目标，期间最大的三个障碍是：①缺乏高层管理人员的支持和参与；②不切实际的项目范围；③组织对变革的抗拒和缺乏项目管理经验。在 BPR 项目实践中，应该采取有效措施，跨越这三大障碍，降低 BPR 项目失败的风险。

风险识别的输入和输出过程如图 8-1 所示。

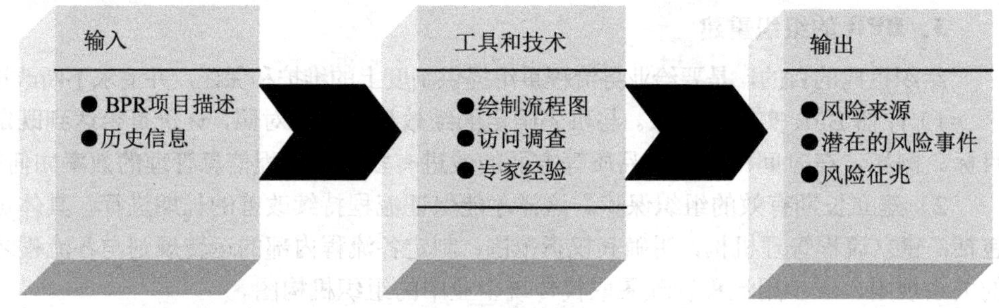

图 8-1　风险识别的输入和输出过程

二、业务流程重组项目的风险分析

1．风险分析的基本因素

在风险分析过程中，以风险量化为基础，综合比较和评估各种选择方案，客观地衡量风险的影响。在这一过程中，主要分析 4 个风险因素：

（1）风险事件　即可能对项目产生影响的离散事件。在 BPR 项目生命周期内，各个阶段都会出现不同的风险事件，见表 8-1。

表 8-1　BPR 项目生命周期的风险事件

BPR 项目生命周期			
立项阶段	开发阶段	实施阶段	收尾阶段
●缺少领域专家 ●问题界定不清 ●缺乏可行性研究 ●目标不明确	●没有风险管理计划 ●缺乏管理层支持 ●职能界定差 ●项目队伍缺乏经验	●劳动力技能不够 ●材料短缺 ●环境及要求变化 ●项目范围变化 ●缺乏适当的控制体系	●项目质量差 ●客户不能接受 ●现金流量出现问题

（2）风险概率　风险事件发生的可能性有多大？发生的频率是多少？存在于 BPR

项目生命周期不同阶段的风险事件，针对不同的环境，风险概率也会有所不同。

（3）得失量　用于衡量事件的影响程度，以及可能造成的损失程度。风险和得失量在 BPR 项目生命周期内发生着变化，主要具有如图 8-2 所示的规律。

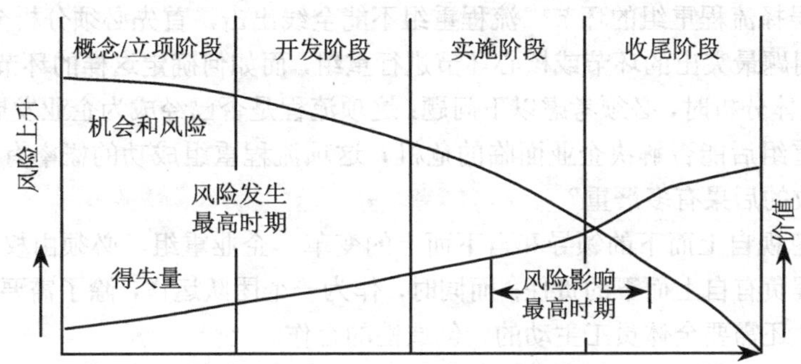

图 8-2　典型项目周期内风险与得失量的变化

（4）预期货币值　预期货币值（Expected Monetary Value，EMV）是对风险影响的度量。随着项目的进展，风险与机会逐步减少。得失量随时间的推移而增加，因为 EMV=风险概率×得失量，所以当项目从实施阶段结束到收尾阶段开始，风险影响预期达到最大值（见图 8-2）。

风险分析的输入和输出过程如图 8-3 所示。

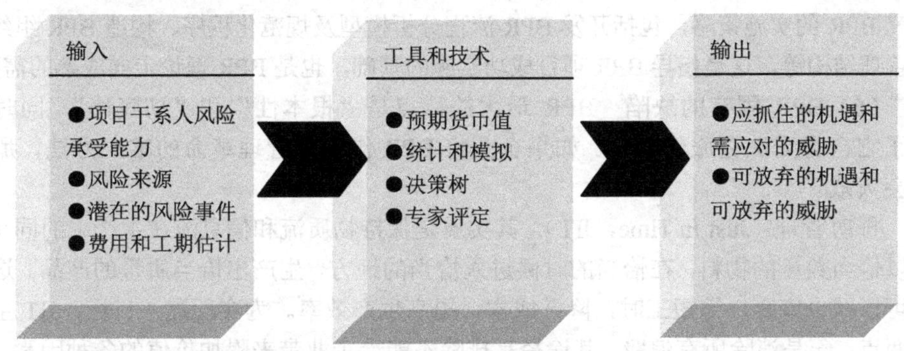

图 8-3　风险分析的输入和输出过程

2．业务流程重组失败的原因分析

总的看来，BPR 失败的原因有以下几方面

（1）误择重组的时机和条件　实施 BPR 虽是高收益的项目，但也伴随着巨大的风险，因此必须明确企业重组的动机，选择好企业重组的最佳时机。重组的最佳时机通常有以下三种情况：

1）企业陷入困境，营业额和市场占有率大幅度下降，产生严重的亏损现象，面临生存危机。这时，员工配合意愿强，愿意为重组承担额外的工作负担。

2）企业预感到某项新科技的产生足以改变市场的竞争规则时，运用此项新规则，进行流程重组，以创造竞争优势。

3）企业正处于巅峰时期，领导班子不安于现状，雄心勃勃，勇于进取，“重组”被看做提高竞争优势的好机会，能把竞争对手甩得更远。

（2）误择流程重组的环节　流程重组不能全线出击，首先必须分析全部作业流程，选择存在问题最突出的环节或核心环节进行重组，而如何确定这样的环节，是件艰苦的工作。在具体分析时，必须考虑以下问题：这项流程是否已经成为企业发展的“瓶颈”？这项流程重组后能否解决企业面临的危机？这项流程重组成功的概率有多大？这项流程重组失败的后果有多严重？

（3）忽视自上而下的领导和自下而上的变革　企业重组，必须由权威领导，由他对整个过程负有自上而下的责任；而同时，作为一个团队运作，除了需要有最高主管的领导之外，还需要全体员工主动的、创造性的合作。

（4）错误理解 IT 在 BPR 中的角色　将 BPR 等同于 IT 是错误的，而忽视 IT 的作用也是错误的。信息技术的真正价值在于它提供了必要的工具和手段，使得人们有能力打破传统的管理规则，创造出新的工作方式，从而给企业带来活力。

（5）BPR 的不成熟　至今，BPR 只是一种思想，而不能称之为理论。因为作为一种革新理论，BPR 还远未成熟，对 BPR 内在机理和本质规律的深入认识还远未建立。而且，先进的理论、革命性的思想并不足以带来实践的成功。方法体系不健全，分析工具不得力，都是阻碍 BPR 在实践中取得成效的因素。因此，目前迫切需要建立 BPR 的方法体系，研究 BPR 的实施策略，包括开发 BPR 流程分析模型及规范化程序、构造 BPR 组织体系与管理结构等，这是指导 BPR 项目成功实施的基础，也是 BPR 理论走向成熟的需要。

（6）BPR 固有的缺陷　BPR 最大的特点是“根本性”和“彻底性”，同时也构成了它自身无法克服的缺陷。如果企业将 BPR 作为其管理革命的唯一方法，那它往往会失败。

即时管理（Just In Time，JIT），其实质是保持物质流和信息流在生产中的同步，实现以恰当数量的物料，在恰当的时候进入恰当的地方，生产出恰当质量的产品。这种方法可以减少库存，缩短工时，降低成本，提高生产效率。为实现这一目标，JIT 主要强调两点：一是消除所有浪费。其途径是排除不能给企业带来附加价值的各种因素，如生产过剩、在制品积压、废品率高、人员利用率低、生产周期长等。JIT 认为只有在必要的时候，按必要的数量生产必要的产品才能消除上述生产中形成的各种浪费。二是强调在现有基础上持续地强化与深化，不断地进行质量保持和质量改进工作，逐步实现不良品为零、库存为零、浪费为零的目标。尽管绝对为零是不可能达到的，但是 JIT 就是要在这种持续改进中逐步趋近这一目标。

其实，BPR 和 JIT 的目的都是为使企业获得全面质量提高。一方面，企业不能单纯地实施 JIT，因为在给定的时点上，当量变达到一定的数量级时，再进一步地持续性改进所花费的成本将是巨大的。这时，企业就必须实施彻底的流程重组。另一方面，企业在实施 BPR 的同时也必须注意持续性改进。这是因为：

1）流程重组之后，必须经过一段时间的调整与改进，才能达到和谐统一。实施 BPR 的企业犹如完成一次质的飞跃，如何巩固这一成果，还需要量的积累。

2）JIT 的作用不可低估。尽管在一个特定的时间内，持续性的改进只能获得 5%～10%的提高，但正是由于它的“持续性”，这种看似不起眼的改进，经过一次次的积累，其结果将是惊人的。

3）一个企业中有不同层次的雇员，他们的素质和位置不同，企业对他们的要求也有所不同。对于处于企业决策层的高级职员来说，BPR 的思想将带来大规模的重新设计（Large-scale Redesign）；而对于企业的多数员工而言，BPR 思想则转化为小规模的逐步改进（Small-scale Improvement）。

三、业务流程重组项目的风险化解

BPR 项目与其他项目一样是不可能完全消除所有风险的，但是人们可以采用一定的方法化解风险的威胁。在风险管理过程中，常用的化解方法有三个。

1．规避

即通过消除起因来消除某一特定威胁。例如，筛选项目的承包商、更换缺乏经验的项目经理等。

2．减轻

即降低预期货币价值。由于 EMV=风险概率×得失量，所以可以通过降低概率或得失量来降低 EMV。此外还可以采用成熟的技术来降低成本或进度方面的风险，或者将风险向对方或第三方转移，如购买保险、担保、分包等。

3．接受

即采取积极的方式或消极的方式接受后果。应急计划就是一种积极的反应，接受当前 BPR 重组的现状就是一种消极的方式。

风险化解的输入和输出过程如图 8-4 所示。

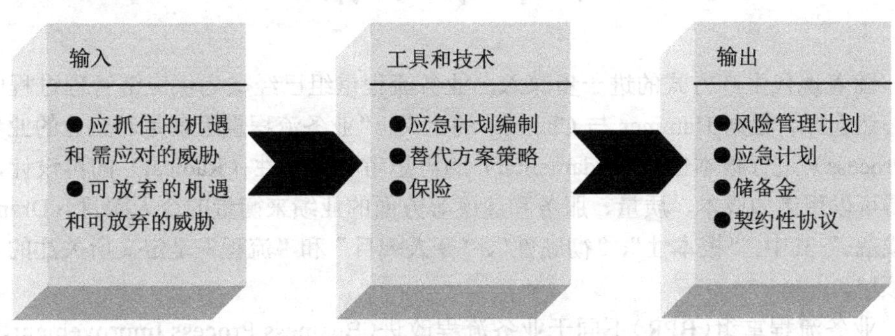

图 8-4　风险化解的输入和输出过程

四、业务流程重组项目的风险控制

BPR 项目风险管理的根本目的在于实施有效的风险控制，确保 BPR 项目的成功。当风险发生时需要采取应急措施对风险进行有效的控制，特别是权变措施的运用。权变措施是对负面风险事件未经筹划的应对措施。实际上，未经筹划仅是指在风险事件发生之前没有规定应对措施。在风险控制过程中，主要根据风险管理计划，针对实际的风险事件，决策相应的纠正行为，如图 8-5 所示。

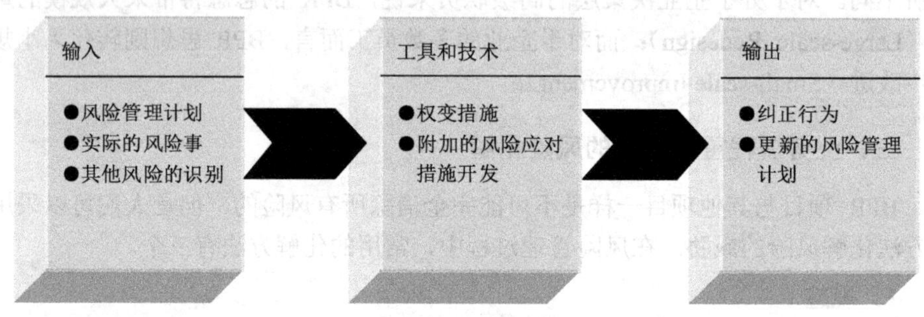

图 8-5　风险控制的输入和输出过程

在风险控制过程中，应该严格控制那些关键的成功因素（Key Success Factors，KSF）。创造性地管理 KSF，有助于企业在竞争环境中有效地进行业务流程重组。在 BPR 实践中，KSF 主要有核心管理层的优先关注）企业的战略方向、可以度量的重组目标、可行的实施方法、循序渐进的重组过程、持续的资金支持、依据业务流程设置组织机构、将客户与供应商纳入业务流程重组范围、遵循一致性优先于完善性的重组原则等。

掌握了这些关键的成功因素，就可以在企业业务流程重组时抓住主要矛盾，总揽全局。在风险管理的支持下，BPR 项目增加了成功的概率。

本 章 小 结

随着现代生产方式的进一步深入，业务流程重组已经成为供应链管理过程中的一种必然选择。根据 Hammer 与 Champy 的定义："业务流程重组就是对企业的业务流程（Process）进行根本性（Fundamental）的再思考和彻底性（Radical）的再设计，从而获得可以用诸如成本、质量、服务和速度等方面的业绩来衡量的令人瞩目（Dramatic）的成就。"其中，"根本性"、"彻底性"、"令人瞩目"和"流程"是定义所关注的 4 个核心领域。

业务流程重组（BPR）不同于业务流程改进（Business Process Improvement，BPI）。虽然 BPR 与 BPI 都是"求赢"的工程，均具有以下共同的特性：强调客户满意；使用业绩改进的量度手段；关注于业务流程；强调团队合作；对企业的价值观进行改

造；在组织中降低决策的层级；高层管理人员的参与。但是，BPR与BPI仍然有着显著差别。BPR关注于更大范围的、根本性的、全面的业务流程。因此，BPR是不可能从组织的底层或中层开始或延续下去的，它是由位于组织的金字塔顶端的管理层（或管理者）推动。

在供应链管理环境下，企业业务流程呈现出三个方面的变化：企业内部业务的变化、制造商与供应商之间的业务关系的变化以及信息处理技术平台的变化。同时，根据流程范围和重组特征，可将BPR分为以下三类：功能内的BPR、功能间的BPR和组织间的BPR。在供应链中，业务重组要针对面向企业流程、面向客户与信息技术等方面。在实施业务流程重组时，整个BPR实施体系由观念重建、流程重建和组织重建三个层次构成，其中以流程重建为主导，而每个层次内部又有各自相应的步骤过程，各层次也交织着彼此作用的关联关系。

在业务流程重组中应注意项目风险管理。风险管理是对项目风险进行识别、分析和应对的系统过程，包括风险识别、风险分析、风险化解和风险控制4个过程。

思考题

1. 如何理解业务流程重组的含义及其特征？
2. 业务流程重组有哪些类型？
3. 如何理解业务流程重组的原则和要点？
4. 业务流程重组有哪些方法？
5. 如何进行业务流程重组项目风险管理？

课后拓展案例

明尼苏达州奥克代尔的伊梅申公司是一家年产值25亿美元，主要生产软磁盘、专用胶片、数据储存产品和其他影像制品的企业，它所面临的挑战与惠尔浦公司大不相同。1996年从3M公司分离出来后，它的业务仍与原先的母公司紧密联系。伊梅申公司没有运输部门，也没有仓库，只能使用3M公司7个相距遥远的公司内部有限的空间。它也没有值得一提的仓储和运输软件，只是与3M公司有20年历史的老式计算机系统联机，编排流程表和规划的能力相当有限。伊梅申公司还面临可怕的期限，即到1998年年底，3M公司将不再允许伊梅申公司继续使用它的设施和计算机系统。

伊梅申公司一开始就想把工作重点放在“主业”上，把后勤服务工作留给专业公司去做。于是，它开始物色第三方公司处理它在北美地区的仓储、分拨以及货运业务。无论谁接手这份工作都得组建一个后勤供应系统，建立新型的Oracle计算机网络，把价值25亿美元的货物从3M公司的仓库里有条不紊地运出来，所有这些工作都得在1998年年底之前完成。最严重的问题就是时间。

伊梅申公司全身心地投入了挑选后勤伙伴的进程之中，并根据3M以及惠普等公司与后勤服务公司合作的情况，最终选择了门罗后勤服务公司。门罗后勤服务公司为伊梅申公司建造的第一个设施位于俄勒冈州怀特城的原材料仓库。到1996年12月1日那天开始运营，17天后两家公司签订了合同。如今，门罗公司派了225名雇员为伊梅申公司工作，其中一些人的工作地点在母公司CNF运输公司俄勒冈州波特兰技术中心，负责在伊梅申公司、门罗公司、供应商、用户和负责运输的卡车公司之间传递信息。这类信息目前主要通过计算机网络，利用电子数据交换（EDl）系统来传递。门罗公司协调卡车分配，这很像赖德公司为惠尔浦公司做的管理加利福尼亚州安大略、密苏里州堪萨斯城、宾夕法尼亚州米德尔敦、墨西哥城以及多伦多（不久之后）的货物分拨设施。

伊梅申公司与门罗公司之间的合作计划仍在进行之中，双方都说它们对合作感到满意。由于实施了先进的质检流程，并用本公司的仓储管理和运输规划系统改进了伊梅申公司的计算机系统，伊梅申公司的订货准确率达99.9%。门罗公司高级后勤经理杰里·凯尔（Jefry Kyle）说，所有这些“与双方开始合作前相比是一个意义重大的改进”。门罗公司在安大略中心的一名雇员详细叙述道：“我参观3M设施的时候，发现箱子上都贴着内装何物的即时贴标签。”

凯尔说，这个计划甚至把仓库也省了下来，在那里建了一个新的生产线。伊梅申公司在西弗吉尼亚州米德韦工厂有一位办事谨慎的经理，他不相信门罗公司能在规定期限内交货，于是他就储备了额外的8万平方英尺㊀的胶片和印材。不久前他确信该系统将发挥作用，于是就清除了原材料，腾出地方生产新系列的印刷和出版产品。

虽然门罗公司擅长的是货运，但它也已证明自己能够节省开支，如改进包装，尽管这些不是那么起眼。它敦促伊梅申公司把商标印在所有即将运出的箱子的显著位置，并设计了能够使胶片边不打折的新箱子。门罗公司还把运往同一个目的地的小包裹用塑料胶带捆在一起再让联合包裹运输公司承运，这看起来似乎微不足道，但仅这一项革新就使伊梅申公司每年付给联合包裹运输公司的运费节省80%。在把包裹捆在一起交付运输之前，联合包裹运输公司可能会按照昂贵的小件包裹向伊梅申公司收取费用。

当然，有了门罗公司意味着伊梅申公司有较好的研究数据。负责商务处理的副总裁戴夫·梅尔（Dave Mell）说：“以前，我们没有能力追踪交货的全部过程。因为整个交货过程没有非常准确地划分开来。”

伊梅申公司现在不再为制定期限而操心了，它的目标是节省开支。梅尔说：“让我感到非常吃惊的是，门罗公司给我们带来了多么能干的员工。如果我们自己进行这样的改革，肯定达不到现在这样的效果。”伊梅申公司和门罗公司打算在将来采取更严格的手段控制运费、继续减少库存以节省开支。伊梅申公司在1998年完全脱离3M公司以前，把每年北美地区仓储、运输和库存开支减少1.3亿美元。它已经节支7000万美元。

㊀ 1英尺（ft）=0.30458m

这家公司还与门罗公司和俄亥俄州哈德逊的卡利伯后勤服务公司（Caliber Logistics）等合作，处理占其收入近50%的海外业务。

问题讨论：

1）伊梅申公司走出困境的关键是什么？

2）业务流程重组为伊梅申公司带来了什么？

第九章　供应链管理中的网络优化

IBM 公司高级管理层和 Moffat 本人对于现有业绩并不满足，他又下达了在 2003 年再压缩 50 亿美元费用的令人咋舌的目标。

在刚开始的 6～9 个月里，ISC 把工作重心放在了流程流水化改造和压缩成本等内在方面。当 ISC 小组把客户服务部门包括进来以后，ISC 有了新的任务和角度。

Moffat 说："只通过节约开支、压缩成本单条腿走路，不能促进业务的发展。

IBM 公司上上下下对其在业界排名第三的顾客满意率十分明了。排行榜第三的位置 IBM 公司已经坐了三年，它同时知道进一步提高的益处。测算表明，客户满意度每提高一个百分点，IBM 都将会得到 20～30 亿美元的营业收入增加。

尽管在客户服务上指定确切的目标还为时过早，但是 Moffat 确信能在提高服务质量的同时在 IBM 内部再压缩 50 亿美元的费用开支。现在在 IBM 公司的供应链上，有 200 多个机构正在改革。Moffat 把它们分为市场培育、销售、制造和运输交货 4 个层面。

1）在市场培育层面，约 35 000 名销售代表把 IBM 公司的产品、技术向消费者讲解、演示，保持 IBM 产品的曝光度，同时有助于 IBM 公司集中市场力量和更有效地管理需求。

2）在销售方面，Moffat 力求部门、流程协同化，为 IBM 公司提供通道中货物的实时可视度。

3）在制造方面，IBM 公司期望继续谋求和外包合作伙伴的同盟关系。

4）在交货方面，ISC 实施了订单履约一体化项目，每单货物可以任意选择出货的工厂。这个系统给 IBM 提供了在遇到供应中断、市场需求突然转换时的灵活性，如 2002 年秋天西海岸的封港事件。

近来，IBM 公司和 Sanmina-SCI、Solectron 达成两个外包合约，这是随需应变策略的重要组成部分。Sanmina-SCI 接手 IBM 公司设在墨西哥和苏格兰的工厂，成为 IBM eServer、xServer 系统和 IntelliStation 工作站的重要供应商。它同时可以生产与 IBM NetVista 桌面系统、ThinkPad 笔记本和 eServer、xServer 系统有关的个性化订单货物。这个为期 3 年的合同价值 36 亿美元。

Solectron 将收购 IBM 公司在北卡莱罗那州 Research Triangle Park 的再供给中心，

用于支持 IBM 公司全球金融部门的资产价值恢复业务。这个同样为期 3 年的项目价值 1.2 亿美元，要求 Solecron 收回出租期届满的计算机和其他 IT 用品，用于 IBM 公司转租。

Moffat 说这两个合约有助于 IBM 公司提高效率，集中资源到设计和制造上。很显然，投资者认同这样的做法。根据 Francis 统计，和 Sanmina-SCI 的笔记本生产合约推高股票价格 2.9%，为 IBM 增加了 41 亿美元的市值。

本章学习目标

学习：SCOR 模型结构与应用，基于产品的供应链设计策略、设计步骤以及设计技术等，供应链价值基准、供应链基础设施流程的改进等相关内容。

了解：SCOR 供应链结构模型的组成，不同的供应链设计策略，供应链价值基准，以及供应链基础设施流程的改进等。

掌握：供应链的 SCOR 结构模型及相关的设计策略。

第一节　供应链模型

一、SCOR 的概念与功能

在供应链管理过程中，不断优化供应链似乎是个永恒的主题，但产业界一直缺乏描述供应链流程、评估供应链的性能的标准方法。企业投资开发的软件产品往往注重供应链流程的修补，而不能帮助企业解决其在竞争中遭遇的特殊的问题与困难。

（一）SCOR 的产生

1996 年 11 月，美国 Pittiglio Rabin Todd & McGrath（PRTM）和 AMR Research（AMR）两个研究咨询公司倡导并成立的供应链协会（Supply Chain Council，SCC），开发并于当年底发布了供应链运作参考模型（Supply Chain Operations Reference -model，SCOR），2000 年 10 月升级为 4.0 版本。

（二）SCOR 的功能

SCOR 是供应链的诊断工具，可以涵盖几乎所有的行业。SCOR 是第一个标准的供应链流程参考模型，可用来描述与满足用户需求的各个相关联的业务活动，使企业间能够准确地交流供应链问题，客观地评测其性能，确定性能改进的目标，并影响今后供应链管理软件的开发。

SCOR 的主要功能有以下几点：

1）提供一组理解供应链和快速建模的工具。

2）提供一组评价供应链的工具。

3）发布供应链的“最佳实施”（Best practices）及其指标，作为供应链改造的追随目标。

4）提供评价企业外部供应链性能的手段。

5）提供实现“最佳实施”的供应链软件。

二、SCOR 的模型结构

（一）SCOR 的组成与层次

SCOR 的模型由以下 4 个部分组成：

1）应链管理流程的一般定义。

2）应用这些流程的性能指标基准。

3）供应链“最佳实施”的描述。

4）选择供应链产品的信息。

（二）SCOR 的三个层次

SCOR 模型按流程定义可分为三个层次，它的每一层都可用于分析诊断企业供应链的运作状况。在第三层以下的第四～六层，是更详细的专属于各企业特有的流程描述层次，在 SCOR 模型中不包括这些具体层次的流程定义。

SCOR 模型的第一层包含 5 个基本活动：计划（Plan）、采购（Source）、生产（Make）、发运（Deliver）和退货（Return），如图 9-1 所示。

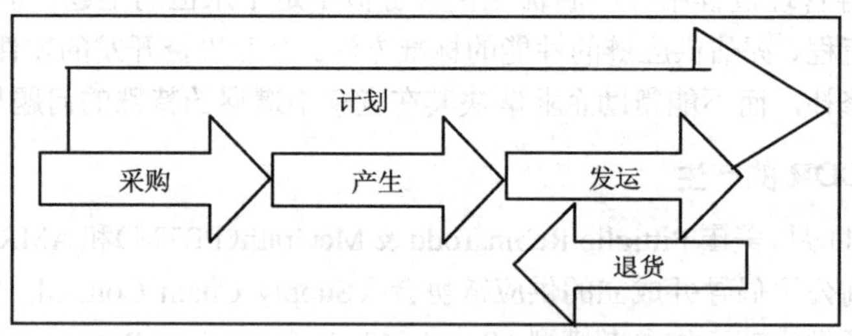

图 9-1　SCOR 第一层流程定义

SCOR 模型第一层界定了供应链运作参考模型的范围和内容，确定了企业竞争性能目标的基础。企业通过对第一层 SCOR 模型的分析，可根据若干供应链运作性能指标作出基本的战略决策，这些性能指标包括：交付性能（按时或提前完成订单/计划的比率）、发运速度（成品库接到订单 24h 内发运的比率）、完成订单性能、订单完成提前期、全部订单完成率、供应链响应时间、生产的柔性、供应链管理总成本、增值生产率、保修返修成本、资金周转时间、存货供应天数、资金周转次数等 13 项。

企业应努力在上述所有供应链性能指标上达到最优，但是全面达到最优却很困难。所以，合理地选择那些对企业实现经营目标至关重要的指标，来评测其供应链性能，不失为一种捷径。

SCOR 模型的第二层称为配置层，包含了 26 种核心流程类型。企业可根据具体产品特性，选用配置层中定义的标准流程单元来构建供应链，如图 9-2 所示。

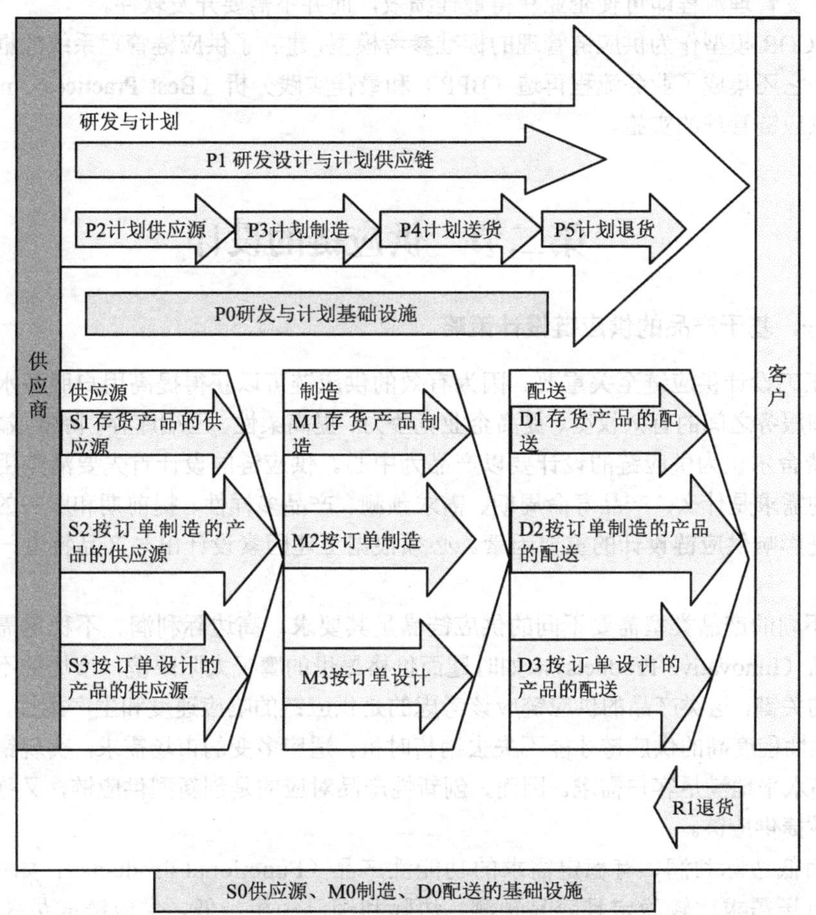

图 9-2　SCOR 第二层流程定义

在 SCOR 第二层流程定义中，存在着三种不同的流程类型：①计划流程，即调配资源满足预期需求的流程；②执行流程，即进行工作排序、传输并改变物料状态，创造产品与服务价值的一系列的有计划的活动；③基础设施流程，即准备、维持或管理信息或合作关系的流程，它是计划、执行过程的基础。

SCOR 模型中所有的流程元素都包括：综合定义；循环周期、成本、服务/质量和资金的性能属性；与这些性能属性相关的评测尺度；软件特性要求。

三、SCOR 的应用

SCOR 模型是一个基于流程管理的工具，选择使用该模型的通用标准流程单元构建供应链模型，可以跨行业地描述任何供应链，并提供供应链优化的基础。

SCOR 是业务流程指南，但它也可作为供应链管理软件开发商的参考。在许多情况下，改变管理流程即可使企业获得最佳绩效，而并不需要开发软件。

SCOR 模型作为供应链管理的标准参考模型，建立了供应链管理系统的框架与业务流程，它还集成了业务流程再造（BPR）和最佳实践分析（Best Practices Analysis）来指导供应链管理的实施。

第二节　供应链的设计

一、基于产品的供应链设计策略

正确设计供应链至关重要。因为有效的供应链可以获得提高用户服务水平、达到成本和服务之间的有效权衡、提高企业竞争力、提高柔性、压缩库存、降低成本的目标。

费舍尔认为供应链的设计要以产品为中心。供应链的设计首先要清楚用户对企业产品的需求是什么，产品寿命周期、需求预测、产品多样性、提前期和服务的市场标准等都是影响供应链设计的重要因素。必须根据上述因素设计出与产品特性一致的供应链。

不同的产品类型需要不同的供应链满足其要求。高边际利润、不稳定需求的创新性产品（Innovative Products），如时髦而价格昂贵的鹰视太阳眼镜，市场的不确定性是问题的关键，这类产品的供应链应该考虑的是供应链的响应速度和生产柔性，响应速度快、柔性程度高的供应链才能不失去销售时机，适应多变的市场需求，实现销售量与利润，高水平地满足客户需求。因而，创新性产品对应的是创新型供应链，又称高速供应链或敏捷供应链。

而低边际利润、有稳定需求的功能性产品（Functional Products），如可口可乐，由于市场需求比较稳定且容易预测，边际利润已经相当低，供应链成员关心的是供应链总成本最低，即提高效率，降低供应链各环节的采购、生产、运输、库存、配送等方面的费用。所以，功能性产品对应的是功能型供应链，又称高效供应链或精益供应链。

两种供应链因其产品要求不同，供应链设计所采取的策略也迥然有异。供应链的运营管理者应该根据产品类型及流程要求来决定供应链的类型和设计供应链。

二、基于产品的供应链设计步骤

基于产品的供应链设计，一般性步骤如图 9-3 所示。

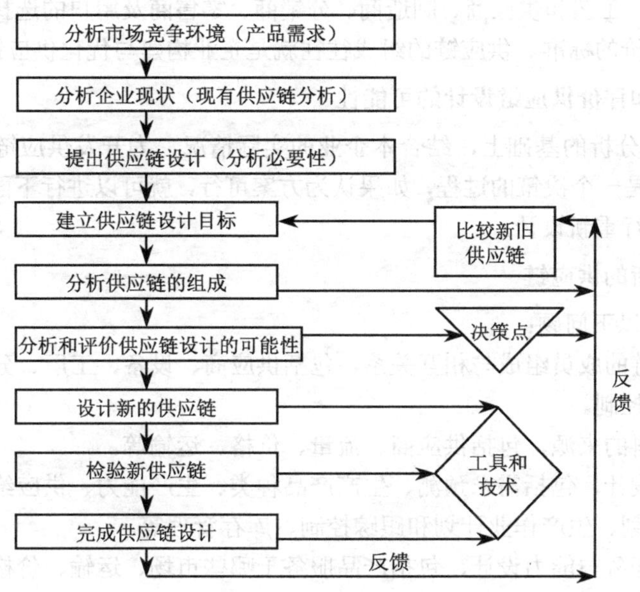

图 9-3 基于产品的供应链设计步骤

1．分析市场竞争环境

即向用户进行调查，以确认用户的需求；向供应商、竞争对手进行调查，确认来自供应商、竞争对手的竞争状况。这一步骤的完成将会获得每一件产品按重要性排列的市场特征，同时对于市场的不确定性要有尽可能准确的分析和评价。

2．分析企业现状

主要分析企业供需管理的现状（如果企业已经有供应链管理，则分析供应链的实施现状）。其目的不在于评价供应链设计策略的重要性和合适性，而是着重于研究供应链开发的方向，分析、寻找、总结企业存在的问题及影响供应链设计的阻力等因素。

3．提出供应链设计

针对存在的问题提出供应链设计项目，分析其必要性。

4．建立供应链设计目标

主要目标在于获得高客户服务水平和低库存投资、低单位成本两个目标之间的平衡（这两个目标往往有冲突），同时还应包括以下目标：①进入新市场；②开发新产品；③开发新分销渠道；④改善售后服务水平；⑤提高用户满意程度；⑥降低成本；⑦通过降低库存提高工作效率等。

5．分析供应链的组成

即提出供应链组成的基本框架与主要的成员企业。供应链的组成分析主要包括制

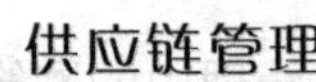

造工厂、设备、工艺和供应商、制造商、分销商、零售商及用户的选择及其定位，以及确定选择与评价的标准。供应链的组成往往就是企业构建与优化供应链的对象。

6．分析和评价供应链设计的可能性

在可行性分析的基础上，结合本企业的实际情况，为开发供应链提出技术选择建议和支持。这是一个决策的过程，如果认为方案可行，就可以进行下面的设计；如果不可行，就要进行重新设计。

7．设计新的供应链

主要解决以下问题：

1）供应链的成员组成与相互关系，包括供应商、设备、工厂、分销中心的选择与定位、计划与控制。

2）原材料的来源，包括供应商、流量、价格、运输等。

3）生产设计，包括需求预测、生产产品种类、生产能力、供应给哪些分销中心、价格、生产计划、生产作业计划和跟踪控制、库存管理等。

4）分销任务与能力设计，包括产品服务于哪些市场、运输、价格等。

5）信息管理系统设计。

6）物流管理系统设计。在供应链设计中，要用到许多工具和技术，包括归纳法、流程图、模拟和设计软件等。

8．检验供应链

供应链设计完成以后，应通过一定的方法、技术进行测试、检验或试运行，如果存在问题，返回第 4）步进行重新设计。如果不存在什么问题，就可以实施供应链管理了。

三、惠普产品供应链的优化再设计

（一）惠普原先的供应链

惠普喷墨打印机于 1988 年上市，此后销售稳步上升，1990 年销售 60 万台。但是，随着销售的上升，库存也不断上升，因为为了保证各种产品的供货，让各地用户满意，需要进一步增加库存水平。惠普原先的供应链如图 9-4 所示。

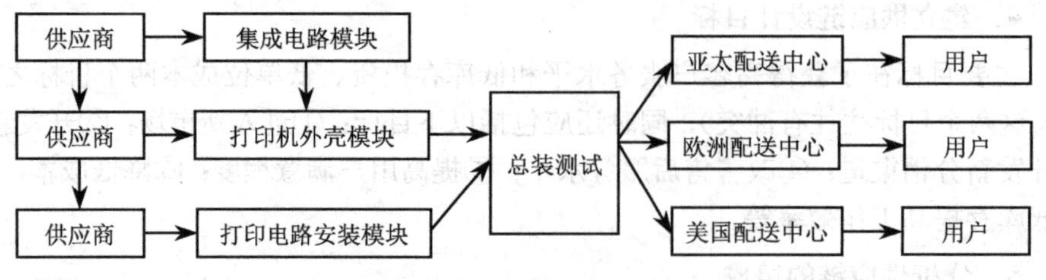

图 9-4　惠普原先的供应链

（二）问题主要集中在欧洲分部

在欧洲，要求对打印机实现定制化，以满足当地语言和电源供应的要求。具体地讲，就是打印机在不同的国家要安装适用于当地的电源供应模块和使用当地的语言模块。从温哥华把产品海运送到欧洲大约需要4～5周时间，提前期太长。

基于上述原因，产生了以下一系列问题：

1）需求预测难度较大，因此要维持对客户的服务，欧洲配送中心必须维持大量库存。

2）不同的当地化选择方案过多，使库存难以管理。

3）许多当地市场的不确定性使预测困难。

4）维持惠普各分部的合作有很大的难度。

（三）惠普重新设计供应链

首先把打印机按照通用化的原则进行生产，运送到欧洲的配送中心。欧洲配送中心集中考虑欧洲总体需求水平，制订合理的安全库存（总体需求信息比单个数据精确）。因此，欧洲配送中心只有在了解各地区的需求后才进行打印机的差异化，实现了产品制造流程的重新排序，生产流程只在最后一步才是不同的，如图9-5所示。

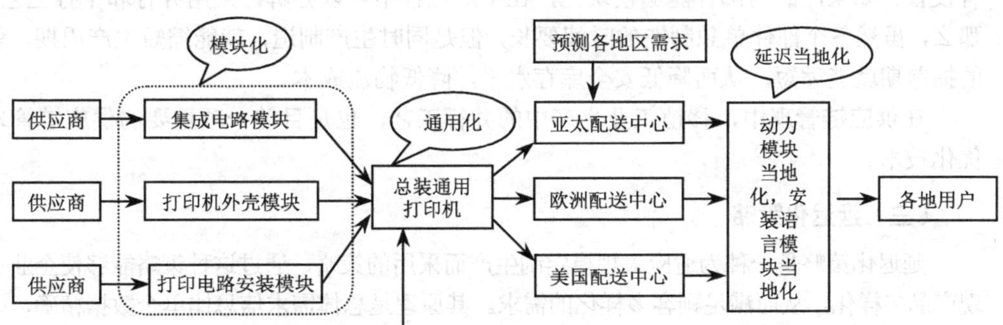

图9-5 惠普优化后的供应链

四、基于产品的供应链设计技术

（一）包装和运输的设计

产品包装得越紧凑，运费越便宜，特别是当空间原因而不是重量原因限制了运输设施的运输能力时，产品的包装带来的经济性就格外重要。通常，可以大批量运送货物，并且直到仓库甚至零售商处才进行包装。而直接转运要求对包装进行特别的设计。传统的家具业务主要在百货店和小商店销售，通常的程序是客户发出订单，商店在收到订单后再运送家具到客户手中。

全球知名的瑞典家具零售商宜家（IKEA）改变了这种旧模式，在家具业务中采用包装和运输设计策略。

宜家在郊区类似仓库的大型商店里，陈列其全部的10 000种产品，这些产品往往是未装配的家具。这些家具的设计模块化，包装紧凑，客户从商店购买后，可以在家里装配。于传统模式相比，宜家强调包装后形成的立方体最小化，因而把家具设计成块状。这些模块包装紧凑，方便运输，能实现运输的规模效益，运费较便宜。另一个好处是这些模块化的产品可以高效地在少数工厂里大量制造，然后便宜地配送到各个商店。这种供应链管理策略，使得宜家能够以更低的价格出售同样质量的家具，大大提升了宜家家具供应链的竞争力。

一些专家认为提高立方体的利用率是包装的最大机遇，并预言包装立方体体积还将减少 50%，这会使运输效率提高一倍。立方体最小化对于重量轻的商品尤为重要。宜家采用的包装和运输设计这一战略，在全球应用得相当成功，并一再为对手所仿效。

（二）并行工艺

并行工艺是指对生产工艺进行修改，把原来依次运行的步骤改为同时完成，从而缩短生产提前期，以减少安全库存量，降低库存成本。

并行工艺的关键是模块化和分解概念。生产工艺是由按顺序进行的工序组成的。为了缩短产品的生产周期，就要求一定的生产步骤在不同的地点进行，以便充分利用现有设备。如果产品的部件能够模块化，在生产过程中可以分解，采用并行和平行工艺，那么，虽然各个部件单独制造的时间要长，但是同时生产制造，就能缩短生产周期，总的提前期就能缩短，从而降低安全库存水平，降低物流成本。

在供应链管理中，移植工业生产中的并行工艺，也是目前一项重要的供应链管理优化技术。

（三）延迟化策略

延迟化策略是一种为适应大规模定制生产而采用的策略，通过这种策略能够使企业实现产品多样化，从而满足顾客多样化的需求。其原理是总体需求信息比单个数据精确，因此利用总体信息进行预测，进行大量化的生产，把产品差异化的生产工艺尽可能延迟。

例如，某大型 PC 生产与销售厂商，它所采用的电源和插件等 PC 外围设备，都是由总部生产好后再运送到世界各地，这种做法使得生产部门存货不断增加。后来，该公司采取了延迟化策略，将 PC 外围设备直接在当地定制生产，采用即插即用件，大大降低了存货与成本，提高了市场份额。

采取延迟化策略的企业须具备较强的生产能力、及时而有品质保证的外部供应、配套的信息技术系统。一般应做好以下三个方面的整合工作：

1）流程重整（Realignment of Processes）。对接收订单——采购——生产——库存——运输流程上的每一个环节，逐环节、逐作业地进行审核，根据企业的具体情况采取延迟化策略。

2）资源的重整（Realignment of Resources），包括对人力资源的重整和对供应商资源的调整，特别是企业外部及供应链内部合作资源的整合。

3）企业基础设施的重整（Realignment of Infrastructure）。

延迟化策略的目标就是减少预测风险。延迟化策略的具体应用通常有三种形式，即生产延迟、包装延迟和物流延迟。

1）生产延迟，即通过设计产品和生产工艺，把制造何种产品和差异化的决策延迟到开始进行生产时，即把产品最后一道制造工艺延迟到接到客户订单，按照某个顾客对产品的特殊要求集中进行。其目标在于使产品尽量保持中性及非个性化状态，制造相当数量的标准产品或基础产品以便实现规模经济效益，实行大批量生产，而将产品最后的特点如颜色等延迟到收到客户订单之后，再补加工序完成。

2）包装延迟，即把最终包装延迟到零售商处或产品实际销售时，以获得战略灵活性。例如，对于奶粉、大米、面粉等商品，供应商一般实施大批量运输，以发挥干线运输的规模效益，当商品运到物流配送中心或零售商店时，再进行分装、贴标签，以适合客户需要，降低库存成本与物流成本。

3）物流延迟，是指在一个或多个战略地点对全部产品进行预测，而将进一步的库存计划延迟到收到顾客订单为止，一旦收到订单，就尽快将产品直接运送给客户。物流延迟实施库存集中控制，关键的、高成本的部件保存在中央一级仓库，以快速的订单和配送代替在当地市场二级仓库中的库存，从而减少总的库存水平，在保持规模经济效益的同时，使用直接装运能力来满足客户服务的要求。

直接转运最能代表物流延迟策略。在直接转运系统中，产品从制造商处运到中心仓库，在仓库的停留时间很短，然后尽快运送给零售商，通过缩短储存时间而降低库存成本和缩短提前期。

（四）大量化定制

大量化定制是指以低成本快速、高效地向顾客运送各种定制化的产品和服务。这样，它同时具备了大量生产和单件生产的优点。大量化定制的目的是建立一个能够快速、高效地对各种顾客需求作出反应的动态的、柔性的组织。

让大量化定制成功的关键是自治且技能高的工人、流程及模块单元，从而管理者可以通过对模块重新配置、协调，满足顾客具体地需求。包括以下几个属性：

1）即时性，即模块和工艺流程必须快速连接起来。

2）无成本性，即尽量降低模块和流程的连接所增加的成本。

3）无缝隙性，即不能让顾客察觉到模块之间的连接，保证顾客服务水平。

4）无摩擦性，即形成网络模块所带来的间接费用要低，沟通必须瞬时进行。

松下自行车（National Bicycle）是日本松下的分公司，以 Panasonic 和 National 的商标销售自行车。在大量化定制前，自行车在仓库积压严重。实施大量化定制后，公司把油漆、部件安装、调试等独立功能改为由生产厂的其他“模块”实施，开发出一个非常柔性化的自行车架生产设备，把生产流程无缝隙地、基本上无成本地分解为独立的生产模块。在零售商处安装了“松下订单系统”，特制了一个机器，可以测量顾客体重和身材，从而确定车架的合适尺寸、座位位置和横杆长度。零售商的信息实时传给工厂，计算机辅助设计系统就可以生产具体技术细节，两周后，自行车就可交付给顾客。企业在增加客户满意度的同时没有加重成本负担，解决了客户满意度与成本之间的效益背反问题。

大量化定制和延迟战略实际上是推动式供应链和拉动式供应链的结合，即无差异化地产品按照长期预测进行生产和运送，而差异化则根据市场需求作出反应，因此，供应链从差异化开始的部分就是拉动供应链。

第三节　供应链网络优化

供应链的核心能力是客户服务能力，供应链网络优化是基于客户需求，寻找、解决供应链上薄弱环节，有效集成供应链，实现供应链绩效提升和成本降低，从而实现供应链价值最大化的过程。

一、供应链价值基准

（一）供应链上价值的内涵

供应链的运营，将产业链实现为增值链，将产品与服务提供给最终用户，最终用户通过购买消费行为，程度不同地实现了供应链所传承的“价值”。根据客户对于产品与服务的期望价值，来判定供应链各个流程与诸环节有无价值增值。

供应链实现的产品或服务价值，是通过最终客户愿意支付货币购买来体现的，可以用以下公式来表示：

$$价值=\frac{质量\times 服务}{价格\times 时间}$$

客户对于高新技术产品的价值评估，除了考虑产品质量与价格以外，还需考虑服务与时间这两个必要变量。

服务包括客户支持、产品服务、满足客户需求的灵活性、满足市场变化的灵活性等方面。

时间包括交货概念、输入订单到交货时间的前置期（Lead Time）。

价值在供应链上由各个伙伴企业共同创造，在供应链末端由最终消费者通过购买来证明。企业供应链的运营过程，其实就是统一价值定义，实现价值增值的过程。

（二）价值链

美国学者波特（Michael E. Porter）教授于20世纪80年代提出价值链的概念。他认为制造企业的运营流程包含：①入厂物流；②加工制造；③出厂物流；④市场营销；⑤售后服务。通过4项支持作业活动，分析找出：①自己每一个作业活动与对手比较的优劣势；②企业的成本优势；③企业的特色优势；④企业的市场定位优势。

供应链网络优化，是运用及时制（JIT）、标杆管理（Benchmarking）与精益生产LP）

的思想，努力消除任何一项不增值的活动，使用标杆方法，比照行业最先进企业，以提高供应链的核心竞争力。具体活动有：①分析绩效；②发现问题；③分析原因。确定供应链基准的步骤为：①收集分析数据，聚焦在企业绩效落后的活动或环节上；②确定标杆企业相关数据；③分析发现上述两类数据的差异；④指定改进计划，缩小差异；⑤实施该计划。

（三）标杆管理

标杆管理在供应链网络优化方面的应用，主要侧重于供应链网络结构与运作流程层面上。标杆法是许多世界著名企业经常使用的分析优化供应链的方法，也是企业培养供应链竞争优势的有效方法之一。标杆管理由施乐公司首创，起源于20世纪70年代末80年代初，当时美国为应对日本威胁而展开学习日本的运动。1976年，一直在世界复印机市场上独占鳌头的施乐公司遇到了来自日本企业的挑战，市场份额直线下降。面对威胁，施乐公司开始了针对日本公司的标杆管理，重新夺回了失去的市场。目前，标杆管理已经成为全球通行的有效管理方法。

美国生产力与质量中心对标杆管理的定义是：标杆管理是一个系统的、持续性的评估过程，通过不断地将企业流程与世界上居领先地位的企业相比较，以获得帮助企业改善经营绩效的信息。标杆管理是一个确立具体先进榜样，解剖其各个指标，不断向其学习，发现并解决企业自身的问题，最终赶超先进企业的持续渐进的学习、变革和创新过程。

标杆法包括如下要素：①确定标杆的内容；②确定把谁作为标杆企业；③对本企业关心的方面做研究；④对作为标杆企业的相关方面做研究；⑤把研究结果进行对比分析；⑥制订企业的改进方案。

二、约束理论与供应链优化

供应链的某个薄弱环节，往往决定了整个供应链的运作水平与绩效水平。

（一）约束理论的基本思想

由以色列 Eliyahu M. Goldratt 博士提出的约束理论（Theory of Constraints，TOC）指出任何一个多阶段的生产系统，如果任一个阶段的产出取决于前一个或几个阶段的产出，于是，产出能力最低的那个阶段决定整个系统的产出能力。

TOC 可以运用到供应链领域。供应链网络上的任何一个节点企业，由于其在产出能力、成本或运作水平方面落后，形成了约束整个供应链的“瓶颈”。当然，供应链的整体运作水平与绩效水平，受限于这个“瓶颈”。

（二）约束理论的原则

1. 强调物流平衡

追求生产能力平衡，还是追求物流能力平衡，往往是企业面临的关键且容易犯错的两难选择。

单个工厂或单个物流中心仓库，往往不假思索地追求运作过程中的各环节生产能力的平衡。但是，市场与客户需求在时刻变动，而企业的生产能力是相对稳定的，那么，企业生产能力饱和利用了，是否一定就自然而然地满足了市场需求？当然，答案是否定的。

在供应链网络系统中，要以市场为导向，提高客户服务水平，就必须放弃生产能力平衡，面对变动的市场与客户需求，注重各个阶段与“瓶颈”环节同步，追求供应链的总提前期最短、库存最小。

2．“瓶颈”环节决定其他环节

供应链上的“瓶颈”环节，作为生产能力的瓶颈，决定了供应链的产出能力，如果不考虑瓶颈，盲目加大其他环节的产出能力，结果一定是在供应链的环节间制造积压、库存。

3．“瓶颈”环节要充分利用

在“瓶颈”环节上浪费时间或不充分利用，直接导致供应链的总提前期延长与产出能力降低。

4．不要进行非“瓶颈”环节的优化

在一个供应链上，如果运输配送是“瓶颈”环节，单纯将装卸器具设备与人员的准备时间调整提前 30 min，只会增加 30 min 的等待时间。当然，调整压缩装卸器具设备与人员环节、车辆调度环节、运输配送环节、与客户交接环节 30 min，则会压缩总提前期与库存，提高供应链的运作水平。

在供应商、制造商、分销商、零售商以及最终客户形成的供应链网络上，“瓶颈”环节是动态地显性或隐性的。要保持寻找约束、解决约束、寻找新约束、解决新约束动态地连续地工作，以提升供应链运作水平与绩效水平。

“瓶颈”环节往往存在于供应链的网络中的某一节点企业上，供应链网络运用约束理论优化，可以表现为该节点企业内部功能的调整，但更多地表现为供应链网络节点企业的取舍的组织优化。

三、供应链库存优化

作为供应链网络重点绩效驱动因素的库存成本，一般占到供应链总成本的 30%以上，它以原材料库存、在制品库存和产品库存等形式存在。在供应链网络上，每个节点企业都有再订货点、临界库存量和下游企业的订单执行率，供应链库存优化，就是给供应链网络每个企业确定再订货点、最佳订货批量，最小化供应链网络的系统库存费用。

目前，通过建立多级库存控制模型是实现供应链库存优化的一个常用方法。

四、JIT 思想与技术的运用

供应链产品从市场调研、研发设计一开始就采用 JIT 方式。JIT 是在精确测定各生产工艺环节作业效率的前提下按订单准确地计划，以消除一切无效作业与消费为目标的一种管理模式。它一直贯穿到 JIT 供应源、JIT 制造、JIT 配送，以消除各个流程中的任何的浪费环节与活动，消除复杂过程，质疑、考察企业原有流程，从而简化流程、简化操作。Dell 公司的供应链就体现出“简化”这一鲜明特点。

五、存货设置点的定位与生产模式选择

在供应链上，应考虑存货设置点的定位及与之紧密相关的生产模式的选择。例如，考虑到客户对产品需求时间的限制，如果客户采购前置期短，且缺货成本高昂，甚至会影响到合约，存货设置点的定位就应以成品库存，设在供应链末端的配送中心，生产模式应是以产品库存为前提的生产与配送模式（Make and Delivery to Stock），从而满足客户的需要。但是这种选择对于生产商而言，风险非常大。当然，企业希望存货设置点的定位沿供应链上溯定位，以减少风险。例如，零部件库存应设在供应链核心制造企业与上游的供应商之间，避免了库存风险与资金占压，生产模式应是按订单生产的模式（Make to Order）。

六、供应链基础设施流程的改进

在基础设施流程方面至少有两个方面的工作要做。

1．供应链管理信息系统的构建、维护与升级

本田（美国）汽车公司副总裁 Dan Bonawitz 于 1996 年开始推出一套网络化供应链解决方案——“本田以市场为导向的汽车环境”（简称“MOVE”），由加州电子商务顾问公司 Syncata 提供技术支持。“MOVE”的实施，使得本田一马当先，成为汽车制造行业反应行动最迅捷的制造商。

“MOVE”的工作流程是：经销商通过私人网络登录到本田公司的网络，使用类似于视窗的简单界面，经销商可以参考本田销售部门和生产部门每个月在网上公布的可行订单，还可以根据实际需要随时更改订单情况。例如，如果带有自动机械动力传送器的银色本田协和汽车最近非常畅销，经销商就可以通过网络追加订货数量。“MOVE”到 2000 年 10 月已经基本开发完善，并在经销商和本田总部得到热烈响应。迄今为止，美国本田汽车的订货至交货时间从原来的 120 天减少到 30～60 天，经销商 95%的需求都可以得到满足。

2．与供应商的合作关系

企业在运营中自始至终必须努力提高其供应链管理的效率。在提高其自身运作效率的同时，企业必须同供应商和客户一道发展被称为“扩展企业”（Extended Enterprise）的一种供应链成员间的关系。

改善和建立与供应商及客户的战略伙伴关系，目标包括：①长期稳定的合作关系与长期合同；②数量精简的供应商队伍；③持续高品质的产品；④可靠的有保证的交货时间；⑤及时、有效和顺畅的信息沟通；⑥良好的行业关系。

七、基于 SCOR 优化供应链网络

针对 IT 制造企业 ACME，基于 SCOR 模型与存货设置点相结合来优化供应链。为了使用 SCOR 这个供应链诊断工具，第一步应从企业供应链的物理布局（Physical Layout） 开始构建供应链的工作，如图 9-6 所示。

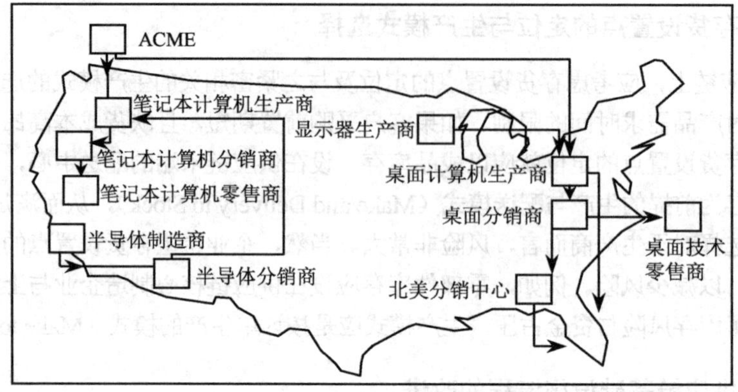

图 9-6　供应链的物理布局

第二步就是根据节点企业自身流程的特点，适当选择 SCOR 模型第二层中定义的标准流程元素，来刻画其供应链，如图 9-7 所示。

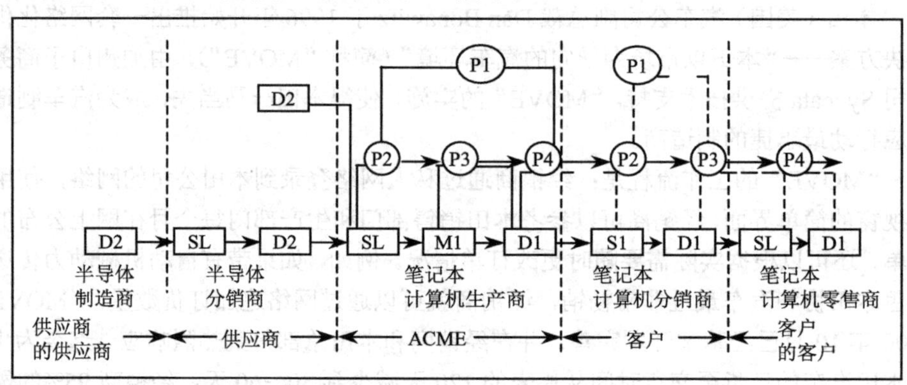

图 9-7　用 SCOR 模型第二层流程元素描述的供应链流程

企业通过使用 SCOR 模型可以了解每一个流程元素需要哪些信息输入，并期望哪些信息输出，如图 9-8 所示。

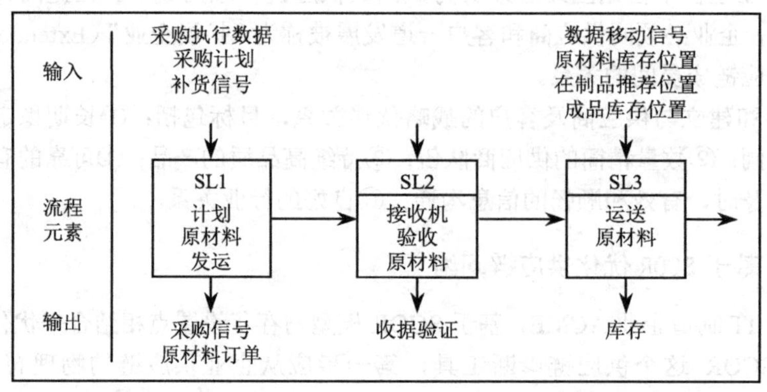

图 9-8　流程元素所需要的输入和可能的输出

本 章 小 结

在供应链管理过程中，不断优化供应链似乎是个永恒的主题，但产业界一直缺乏描述供应链流程、评估供应链的性能的标准方法。SCOR 模型是目前广泛采用的一种供应链网络诊断工具，几乎可以涵盖所有的行业。

SCOR 模型是一个基于流程管理的工具，选择使用该模型的通用标准流程单元构建供应链模型，可以跨行业地描述任何供应链，并提供供应链优化的基础。

SCOR 是业务流程指南，但它也可以作为供应链管理软件开发商的参考。在许多情况下，改变管理流程即可使企业获得最佳绩效，而并不需要开发软件。

SCOR 模型作为供应链管理的标准参考模型，建立了供应链管理系统的框架与业务流程，还集成了业务流程再造（BPR）和最佳实践分析（Best Practices Analysis）来指导供应链管理的实施。

不同的产品类型需要不同的供应链满足其要求。对高边际利润、不稳定需求的创新性产品（Innovative Products）而言，市场的不确定性是问题的关键。对这类产品的供应链应该考虑的是供应链的响应速度和生产柔性，响应速度快、柔性程度高的供应链才能不失去销售时机，适应多变的市场需求，实现销售量与利润，高水平地满足客户需求。因而，创新性产品对应的是创新型供应链，又称高速供应链或敏捷供应链。

而低边际利润、有稳定需求的功能性产品（Functional Products），由于市场需求比较稳定且容易预测，边际利润已经相当低，供应链成员关心的是供应链总成本最低，即提高效率，降低供应链各环节的采购、生产、运输、库存、配送等方面的费用。所以功能性产品对应的是功能型供应链，又称高效供应链或精益供应链。

两种供应链因其产品要求不同，供应链设计所采取的策略也迥然有异。供应链的运营管理者应该根据产品类型及流程要求来决定供应链的类型和设计供应链。基于产品的供应链设计技术主要有：包装和运输的设计、并行工艺、延迟化策略、大量化定制等。

供应链的核心能力是客户服务能力，供应链网络优化是基于客户需求，寻找、解决供应链上薄弱环节，有效集成供应链，实现供应链绩效提升和成本降低，从而实现供应链价值最大化的过程。对供应链的优化主要有：供应链价值基准（包括价值、价值链、标杆管理等）、约束理论、供应链库存优化、JIT 思想与技术、存货设置点的定位与生产模式选择、基础设施流程改进以及基于 SCOR 进行优化的供应链网络等。

思考题

1．如何理解 SCOR 的结构与功能？

2．简述基于产品的供应链设计技术有哪些。

3．什么是延迟化策略？

4．叙述基于SCOR进行优化供应链网络的步骤与要点。

课后拓展案例

Dell精益供应链

Dell的品牌、直销模式众所周知。Dell公司作为核心企业，构建运作的Dell精益供应链，是其制胜的关键。

1．按订单生产

Dell公司的经销方式是直销模式，称为“零库存、高周转”。但支持直销模式的是“根据订单生产（Make to Order）的生产模式”。

Dell公司是在接到订单后，再将计算机部件组装成整机，而不是像很多企业那样，根据对市场预测制订生产计划，批量制成成品。真正按顾客需求定制生产，存货设置点在供应链网络中向上游移动，完全消除了Dell公司的成品库存风险。

但是，这需要在极短的时间（至少是客户容忍的订购提前期）内完成，采购与生产的速度和精度是Dell供应链的两大关键。

IT行业零部件库存持有一个月，价格就要下降1%～2%。所以零部件库存的持有未必明智。

2．高度集成的Dell供应链

Dell供应链力求高度集成，体现在流程优化与信息技术的使用上。

Dell公司利用信息技术全面管理生产过程。通过互联网，Dell公司和其上游配件制造商能迅速对客户订单作出反应：当订单传至Dell公司的控制中心，控制中心把订单分解为子任务，并通过网络分派给各独立配件制造商进行生产。各制造商按Dell的电子订单进行生产组装，并按Dell公司控制中心的时间表来供货。Dell公司所需要做的只是在成品车间完成组装和系统测试，剩下的就是客户服务中心的事情了。

供应链经过优化后，Dell公司供应链每20s汇集一次订单。

通过各种途径获得的订单被汇总后，供应链系统软件会自动地分析出所需原材料，同时比较公司现有库存和供应商库存当然，DELL公司也要求部分供应商进行供应商管理库存（VMI），创建一个供应商材料清单（BOM）。而Dell公司的供应商仅需要90min的时间用来准备所需要的原材料，并将它们运送到Dell公司在厦门的工厂。一般情况下，Dell公司要求供应商管理库存的地点，在距Dell公司工厂15min的车程的地理范围以内，零部件到厂后，Dell公司再花30min时间卸载货物，并严格按照制造订单的要求将原材料放到组装线上。

由于Dell公司仅需要准备手头订单所需要的原材料，因此工厂的库存时间仅有7h。

这一切取决于 Dell 公司的雄厚技术基础——装配线由计算机控制，条形码使工厂可以跟踪每一个部件和产品。在 Dell 公司内部，信息流通过自己开发的信息系统，和企业的运营过程及资金流同步，信息极为通畅。

精确即时的信息、精细优化的流程，使得 Dell 公司承诺给客户的交货安排更为准确，提高了客户满意度，从而持续地提高了 Dell 供应链的市场竞争力。

问题论论：

1）Dell 公司是如何优化供应链的？

2）Dell 公司优化供应链的效果如何？

3）你有没有进一步改进优化的设想？请说出优化的具体内容。

第十章　供应链管理中的绩效评价

导入案例

某汽车企业生产的机器上有一种零件需要从供应链上的其他企业购进，年需求量为10 000件。有A、B、C三个供应商可以提供该种零件，他们的价格不同，质量也有所不同。另外，这三个供应商的交货提前期、提前期的安全期和要求的采购批量也都不同。该企业分别对三个供应商按照价格水平排序、按价格和质量成本的绩效排名，最后考虑价格、质量、交货时间和订货批量等因素，综合评价各供应商的供货运作绩效，并选择了在各方面都具备优势的C企业作为供应链的合作伙伴。

本章学习目标

学习：供应链中的委托代理、协作关系，供应链绩效评价评价的含义及其框架结构，供应链绩效评价评价指标，供应链管理成熟度。

了解：供应链中的委托代理关系及协作关系的构建，供应链绩效评价的含义与基本框架，对供应链绩效评价的指标体系有较广泛的了解。

掌握：重点掌握供应链中的委托代理关系与协作关系的构建，掌握供应链绩效评价的指标体系的建立等。

第一节　供应链管理中的委托代理关系

从供应链管理的角度，要求各节点企业相互合作、协调行动、利益共享、风险共担，实现供应链整体利益的最大化，最终实现各个节点企业自身的经营目标。但是，目前我国供应链管理中突出的问题之一，就是各节点企业之间缺乏有效的绩效评价体系以及完善的激励与约束机制，难以形成长期稳定的、真正意义上的利益共同体。由于缺乏有效的绩效评价体系，无法对供应链各节点企业的运作进行客观的评价；缺乏完善的激励与约束机制，造成各节点企业积极性下降，从而给供应链整体的协调运作带来负面的影响。能否建立有效的供应链绩效评价体系以及激励与约束机制，关系到能否成功地解决供应

链合作中的委托与代理问题、建立并发展供应链合作伙伴关系以及实现企业战略联盟。

一、供应链中形成的委托代理关系

供应链管理强调成员企业之间的合作与协调，当供应链中的企业以企业战略联盟的形式开展合作、追求共赢时，由于信息的不对称，他们之间就形成了一种委托代理关系。交易中拥有信息优势的一方是代理人，而处于信息劣势的一方则成为委托人。

在信息不对称的情况下，通常会产生两个方面的问题："逆向选择"和"败德行为"。前者往往出现在供应链合作的建立过程中。企业在选择供应链合作伙伴时会面临诸多的可选企业，但是由于信息的不对称，它无法准确地对可选目标进行判断。在这种情况下，目标企业出于自身利益的考虑，往往会夸大自己的优势而隐藏自己的劣势，以假乱真、以次充好。这种行为就是供应链中的"逆向选择"。另一方面，由于供应链是一个企业联合体，成员企业之间只是动态的合作关系而没有任何产权上的联系，在供应链合作的过程中，占据优势信息的一方（代理人）为了实现自身利益的最大化，很可能会利用另一方（委托人）的信息劣势采取某些损害对方的行为，这就是供应链中的"败德行为"。

信息不对称造成的"逆向选择"和"败德行为"，是供应链合作伙伴之间互不信任、相互猜疑的重要原因。而供应链合作关系的失败，从很大程度上说是源于合作伙伴之间的信任危机。当一个企业拥有其他企业所不知而且难以验证的信息时，其他企业无法逼迫其透露出真实的信息，除非给予适当的激励；当一个企业控制着某个决策变量，而该变量又无法为其他企业所监督时，其他企业就无法命令该决策者采纳某种特定的决策，除非给予相应的报酬。为了解决供应链管理中的委托代理问题，必须通过供应链协议建立有效的绩效评价体系，对各节点企业的经营行为、产出贡献度、用户满意度等一些关键指标进行客观合理的评估。并依据绩效评价体系制定有效的激励机制，以充分调动各节点企业的积极性，同时通过约束机制，防止企业之间出现"败德行为"。

二、供应链协议

供应链协议是指在一系列标准支持下的许多条款，是固化于一个网络系统中的文本。实际上，供应链协议就是将供应链管理工作程序化、标准化和规范化。它为供应链绩效评价和激励的实施提供了一个有利平台。

供应链协议一般包括供应链协议文本、供应链协议标准和供应链协议网三方面的内容。供应链协议文本是供应链协议的主体部分，包括：定义，语法规范，文本规范，供应链关系的确立与解除，企业加入供应链的条件、可享受的权利、应承担的风险以及应尽的义务，信息的收集、传递、共享与发布，供应、分销与生产的操作，资金结算，纠纷的解决以及责任追究等。供应链协议标准包括产品标准、零部件标准、质量标准、标准合同、标准表单、标准指令、标准数据、标准文本以及供应链协议网标准等。供应链协议网包括 Internet/Intranet/Extranet、客户机、工作站、网管中心等硬件以及数据库、网络系统、支撑软件等。

建立与维持供应链协议，必须考虑交易成本的问题。与供应链协议相关的交易成本包括达到双方满意的协议的成本、使协议适应预期不到的突发事件的成本、实施协议条件的成本、终止协议的成本等。供应链管理的最终目标是在保证客户服务水平的前提下降低整个供应链总成本，从而降低最终用户的成本，这是供应链管理的最终目标。

三、供应链激励方法

在实施企业联盟、进行供应链管理的过程中，要实现供应链高效运作并达到整体效益最优化，就必须建立有效的供应链激励机制。供应链激励的方法多种多样，最常见的有以下几种。

1．价格激励

供应链管理是一种基于供应链企业间的相互合作，达到风险共担、利益共享的管理模式。由于“效益背反”现象的存在，要达到供应链的整体优化，有时不得不牺牲供应链部分节点的利益。供应链管理就是要通过协作而获得整体优化，然后再将供应链利润在供应链节点企业之间进行合理的分配。

价格正是分配供应链利润、平衡企业间利益的具体手段与方法。价格激励的作用是显而易见而且立竿见影的。合理的价格能够增强企业的积极性，促进供应链合作的稳定与运行的顺畅，而不合理的价格则会严重挫伤企业的积极性，从而直接导致供应链合作的失败。供应链内部利润的分配应该根据供应链各节点企业贡献的大小和绩效的高低来进行。价格的制定应该符合以下原则：运营绩效高的企业应该给予采购的低价或销售的高价，而运营绩效较低的企业则应该给予采购的高价或销售的低价。通过这种价格激励，促使各节点企业以供应链整体优化为目标，改善经营管理，加强相互合作，从而达到共赢的目的。

2．订单激励

和价格相类似，订单也是一种行之有效的激励方式。一般来说，一个制造商往往拥有多个供应商。供应商之间是相互竞争的关系，它们通过自己的实力努力争取从客户手里获得更多的订单。在市场竞争日益激烈的今天，一个企业能否生存与发展，取决于它是否具有竞争优势，能否在市场上占有一定的市场份额。换句话说，企业能否从客户手中获得足够订单是衡量其能力的重要标志。以运作绩效为标准，给不同供应商分配不同数量的订单，合理利用订单来充分调动各供应商的主动性与积极性，促使它们改善经营管理，提高运作效率，并为供应链整体优化服务。

3．淘汰激励

为了促进供应链整体运作水平的不断提高，必须建立对所有供应链成员企业的优胜劣汰机制。一方面，市场本身也对供应链实施优胜劣汰机制，即运作效率好的供应链占领市场，而运作效率低业绩较差的供应链则必然失去市场机会，最终逐渐被市场所淘汰。保持优胜劣汰机制无论对企业还是对供应链都是一种激励，它让供应链成员企业都

产生危机感与团体感，使它们意识到，当今的市场竞争不再仅仅是单个企业之间的竞争，而是供应链与供应链之间的竞争了。企业要在激烈的市场竞争中获得生存与发展的机会，就必须保持整个供应链的竞争优势，同时企业自身也要不断提高效率，改善经营管理，以提高企业的市场竞争力。为此，供应链成员企业就必须承担一定的责任与义务，它们不得不更多地从供应链整体的角度出发来进行运作与管理，而不是像过去那样仅仅考虑本企业的利益。此外，淘汰机制的实施，还对防止各成员企业的短期行为给供应链整体带来的危害起到了重要的作用。危机感促使供应链成员企业之间必须相互信任，相互依赖，逐渐建立供应链战略合作伙伴关系。

第二节　供应链管理绩效的概念及其框架

一、供应链绩效评价的概念

关于供应链绩效的概念，目前虽然还没有统一的界定，但大多数人认为，供应链的绩效是指在所有供应链成员企业资源的支持、信息协调和共享下，通过物流管理、生产操作、市场营销、顾客服务、信息开发等活动增加和创造的价值总和。而为了达到增加和创造价值的目标，供应链成员采取的各种活动，则为过程绩效。

这里所指的价值总和包括顾客价值和供应链价值两个部分。顾客价值是指消费者通过购买产品或者接受服务所获得的价值，供应链价值则是供应链各成员企业通过各种生产经营活动增加和创造的价值，包含由各种活动单独产生的价值和共同产生的价值以及供应链满足市场需求的能力。

供应链管理绩效的定义具有如下特点：

（1）静态性和动态性相结合　供应链绩效既可以是一个静态的评价结果，也可以是产生该结果的活动及其过程。两者既可以单独地评价，也可以一起作为考核指标，充分体现了应用灵活的特点。

（2）可组合性和可分解性　供应链的绩效是供应链成员通过各种活动增加和创造的价值总和，该价值由顾客价值和供应链价值两部分组成，而且每一部分又可进一步分解成不同的价值组合。在实际应用中，使用者可以根据评价目的和具体需要自由地选取各种组合，充分体现了简洁、方便的特点。

（3）完整性　供应链绩效的定义在强调信息的重要性的基础上，完整地阐述了供应链增加和创造价值的条件和方式，形成一个系统的整体。

二、供应链管理绩效评价的必要性

供应链管理的潜力已经越来越被企业所重视，但是由于缺乏有效的绩效评估策略及指标，因此难以形成一套完整的供应链体系。传统的供应链各个部分独立地追求各自的目标，是不可能达到提高生产率的目的。

首先，许多企业已经意识到财务指标和非财务指标对绩效评估的重要性，但是不能在评估框架范围内很好地对两者进行平衡。而有些企业只注意财务绩效指标，另一些企业则专注于经营操作性指标，这种指标的片面性是很难清晰地了解企业的经营效果的。财务绩效指标对于战略性决策非常重要，而非财务指标对日常的生产控制和销售非常有帮助，企业必须综合考虑这两方面的因素。当然也并不是说绩效评估指标越多越好，只有使用关键的指标才会获得更好的效果。

其次，缺乏一套在战略、战术和操作层次上有明显差别的评估指标。绩效评估指标会对企业在战略、战术和操作三个层次上的决策产生影响。需要对供应链管理中的三个层次指标进行区分，根据三个层次的特点选用适合各层次的评估指标。例如，库存清单的处理最合适的评估策略是从实际操作的角度去评估，使得日常库存水平可以得到监控。

因此，供应链绩效的评估必须考虑到供应链所有层次的目标及相应的评估标准。这就要求有一套在战略、战术和操作层次上有所区别，在财务和非财务指标上都能够平衡的指标体系。

三、供应链管理绩效评价框架

供应链绩效定义了顾客价值和供应链价值。这两种价值分别从外部和内部定义了供应链整体应该达到的绩效水平，因而对供应链整体的绩效进行评价时也必须从这两个方面入手。供应链是一个大系统，该系统由供应商（包括供应商的供应商）、核心企业和分销商（包括分销商的分销商）等子系统组成。要评价供应链的整体绩效，根据投入产出模型，人们可以把它看做一个黑箱，只要知道该黑箱的两端（即输入和输出）以及财务成果即可。至于内部运作状况如何，则还要进一步考核各个子系统。严格地说，上述的产出是一种供应链“内部产出”，外部产出是顾客价值。研究表明，顾客满意是顾客价值的集中体现。因而可以采用顾客满意作为衡量顾客价值的一级指标，如图 10-1 所示。

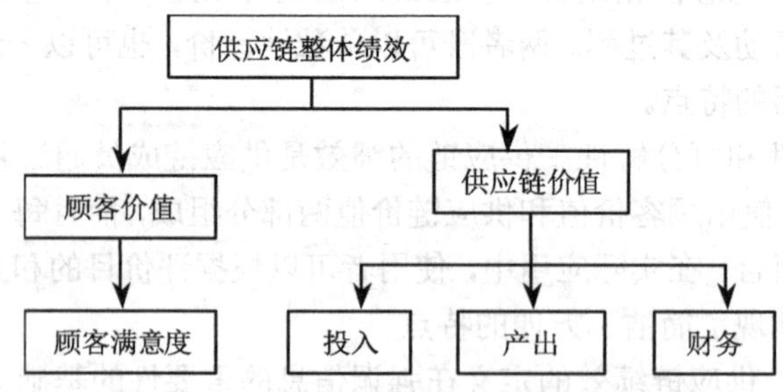

图 10-1　供应链整体绩效评价的框架体系

1．顾客价值评价

顾客价值是供应链整体绩效的外部体现，而顾客满意则是顾客价值的集中反映。顾客满意一般可以采用柔性、可靠性、价格和质量 4 个二级指标来具体描述。但是从实用的角度看，这 4 个指标还不够具体，缺乏可操作性，还必须引入更为详细、能够直接利用客观数据评价的三级指标。

（1）柔性　柔性是指对环境变化的适应能力。企业或者供应链之所以要具有一定的柔性，原因就在于环境的不确定性。但是在顾客眼里并没有所谓的“不确定性”，他们唯一关心的就是供应链能够把正确的产品（或者服务）在正确的时间以正确的数量送到他们手中。这就为评价供应链的柔性提供了依据，即供应链应具有产品柔性、时间柔性和数量柔性三种柔性。产品柔性反映了供应链（零售业）在一定时间内引进新产品的能力，可以用新产品数量与产品总量之比来表示；时间柔性反映了供应链对顾客需求的响应速度，具体到零售业，时间柔性包含两个方面：售前和售后服务的响应速度（简称响应速度）和售中改变交货时间的能力（简称交货柔性）；数量柔性主要是顾客需求的不确定性引起的，它反映了供应链对顾客需求数量变化的适应能力。该指标可以采用供应链能够获利的产品数量范围进行描述。

（2）可靠性　该指标反映了供应链以及节点企业履行合同的能力。可靠性的高低会影响顾客对供应链的信赖程度。可靠性越高，信赖度越强，越容易培养顾客的忠诚度；反之，则容易导致顾客的不满意。从消费者的角度看，如果是自己购买，则要求每次都能买到自己需要的产品；如果是送货上门，则希望按时收到供应商的送货。但无论是哪种情况，消费者在产品的使用过程中，都希望没有令人不满意之处。这样，就可以采用失去销售百分比、准时交货率和顾客抱怨率来描述供应链的可靠性。失去销售百分比反映了供应链无法满足既定需求的情况；准时交货率反映了供应链在规定的时间内准时交货的情况，可用准时交货次数与总交货次数的百分比来表示；顾客抱怨率反映了供应链提供的产品或者服务不符合顾客要求的程度，可用顾客抱怨次数与总交易次数的百分比来表示。

（3）价格　价格是影响顾客满意的重要因素之一，而且价格和顾客满意之间存在着无法割舍的依赖关系。针对零售业的特点，可以选择同比平均价格优势和平均单品促销频率两个指标来评价价格对顾客满意的影响。同比平均价格优势反映了目标供应链与其他供应链各单品综合平均价格的比较；平均单品促销频率反映了企业营销政策的导向，可以采用一定时间段内每种单品的平均促销数量来衡量平均单品促销频率。

（4）质量　质量包括产品质量和服务质量，一直被视为影响顾客满意的重要因素。大量的实证分析验证了质量与顾客满意之间的关系。其中绝大部分是探讨中间顾客对质量的满意程度，对最终用户（或者消费者）的研究大多采用问卷调查的方法，通过对顾客主观判断结果的分析来研究其满意程度。这样做不仅成本高、时间长，而且效果也不是十分理想。因此，应该采用那些容易度量、数据采集方便的客观指标来评价顾客对质量的满意度。具体包括报修退货比率和顾客抱怨解决时间。报修退货比率可采用一段时间内累计报修退货数量占产品总销售数量的比例表示；顾客抱怨解决时间是指从顾客发出抱怨时刻起到抱怨得到满意解决时刻止的一段时间，顾客抱怨解决时间段越短，说明顾客的满意程度越高。

2．供应链价值评价

供应链价值体现了集成化供应链的内部绩效，是供应链发展和获取竞争优势的原动力，具体由投入、产出和财务评价三个方面来描述。

（1）供应链投入的评价　供应链整体要保持正常的运行，首先必须投入足够的有效资源。为了使供应链创造出高于平均水平的绩效，所投入的资源还必须具有价值性、稀缺性和不可模仿性。由于供应链运行过程中投入的资源在数量、种类和性质等方面存在巨大的差异，人们一般采用会计指标即供应链总成本来衡量资源的投入大小。所谓供应链总成本，是指为了保证供应链正常运作而支付的各种成本、费用的总和。尽管供应链总成本并不能完全体现各种资源的所有特性，但其有效性却得到了广泛的认可。供应链总成本由人力成本、资产成本、信息成本和物流成本所组成。

1）人力成本，包括直接人力成本和间接人力成本。前者主要是指员工的收入，具体包括与生产直接相关的成本和各种福利费用、津贴、奖金等；后者主要包括招聘费用、培训费用和遣散费用等。

2）资产成本，由固定资产成本和流动资产成本组成。固定资产成本是指为保证采购、生产、销售等基本运作流程的正常运行而做的大额投资；流动资产成本包括物料取得成本、制造费用及各种管理费用。当然，供应链作为一个系统，它只有一个物料取得成本，成员企业之间的物料转移只能看做内部交易，否则将视为重复计算。

3）信息成本，可分为固定信息成本和变动信息成本。固定信息成本是指为建立信息系统而做的一次性支出，具体包括硬件费用和软件费用；变动信息成本包括为保持信息系统正常运行而支付的维护费用和信息取得成本。

4）物流成本，主要包括运输成本、存货成本、仓储成本和管理费用。运输成本包括供应链成员企业之间的物料转移成本和系统外部的配送成本；存货成本是指物料、在制品、半成品和产成品所占用的资金成本，因而又可以看做一种机会成本；仓储成本主要包括存储成本和缺货成本；管理费用即为维护仓储和运输的正常运行而支付的维护费用，通常可与仓储费用合并在一起。

（2）供应链产出（输出）的评价　所谓产出，是指供应链运用投入的各种资源，经过生产、加工、存储、包装、运输等一系列操作后获得的成果。产出是供应链效益的集中体现，也是供应链得以健康发展的前提条件，为供应链的持续改进指明了方向。产出绩效评价指标可以分为两类：效益型指标和非效益型指标。

1）效益型指标。是指那些能够反映供应链收益大小的指标，并不包含效率指标（如净资产收益率等比率指标）。从这个角度看，收入、利润和经济附加价值（EVA）三个指标基本反映了效益型指标的主要内容。收入即供应链的总销售额；利润是指收入与供应链总成本的差额，它反映了供应链的盈利状况；经济附加价值是指企业收益与资本成本的差额，具体计算公式为：经济增加值=税后经营利润-投资成本×加权平均资本成本。其特点在于用经济利润代替了会计利润，将研究开发费用、顾客与市场开发、人力资源培养等方面支出由费用化转变为资本化，并在受益年限内摊销。同时，向管理者灌输了新的资本增值理念，即强调只有当投资于现有资产上的实际收益大于资本供应者的预期收益时，资本才得到了增值。

2）非效益型指标。是指那些能够体现供应链内部和外部效率的指标，它虽然没有反映供应链的收益情况，但是对供应链的稳定发展具有重要意义。具体地说，非效益型

指标主要包括缺货比率、平均延迟交货订单比率、平均提前交货订单比率和平均等待订单比率。缺货比率反映了供应链以现有库存水平满足顾客需求的能力，可以采用缺货天数与该产品的销售天数之比来表示；平均延迟交货订单比率即迟于规定时间交货的订单数占总订单数的百分比，反映了供应链的交货能力；平均提前交货订单比率是指提前交货的订单数占总订单数的百分比，它与延迟交货订单比率一样共同反映了供应链交货的准时性；平均等待订单比率是缺货比率和提前期的综合反映，可以采用等待订单数占总订单数的百分比表示。

（3）供应链财务评价　企业绩效的财务评价很早就得到了广泛的重视，并一度在企业绩效评价中占有重要地位。尽管如此，由于供应链和企业在很多方面存在较大的差异，因此并不能简单地将企业绩效的财务评价体系应用到供应链绩效评价，还需要根据供应链自身的特点，按照一定的原则选择恰当的指标组成供应链绩效的财务评价体系。供应链的财务评价指标可以从供应链自身角度和股东角度两个方面进行评价。

1）从供应链的角度看，财务指标应能反映供应链的财务收益状况、资产运营状况和发展能力状况。财务收益状况的评价指标为总资产报酬率；资产运营状况的评价指标包括总资产周转率和库存周转率；发展能力状况的评价指标包括销售增长率和利润增长率。

2）从股东的角度看，财务指标应能反映供应链净资产的盈利状况，因而可以选择净资产收益率和资本保值增值率作为其评价指标。

四、供应链管理绩效评价体系的特点

在供应链管理环境下，供应链激励机制有着与传统的企业激励机制不同的特点，主要表现在：

1）供应链激励的主体与客体的变化。激励主体是指激励者；激励客体是指被激励者，即激励对象。供应链激励的主体不再是企业主、企业管理者委托人，而是供应链中的核心企业；供应链激励的客体相应地也从蓝领、白领、代理人转变为整个供应链中的上下游成员企业。

2）供应链激励的目标的变化。传统的企业激励目标是实现企业自身利益的最大化。而供应链激励则追求供应链整体效益的最大化，也就是通过激励充分调动供应链成员企业的积极性，兼顾合作双方的共同利益，消除信息不对称情况下的逆向选择和败德行为，从而使供应链的运作更加流畅，实现供应链企业共赢。

3）供应链激励的绩效评价指标的变化。传统的企业绩效评价指标主要是基于职能部门的，不适用于对供应链整体的运营绩效的评价。供应链绩效评价指标则是基于业务流程，它从供应链整体出发，可以对整个供应链的运作情况进行有效的评估。它们之间的差异如图 10-2 和图 10-3 所示。

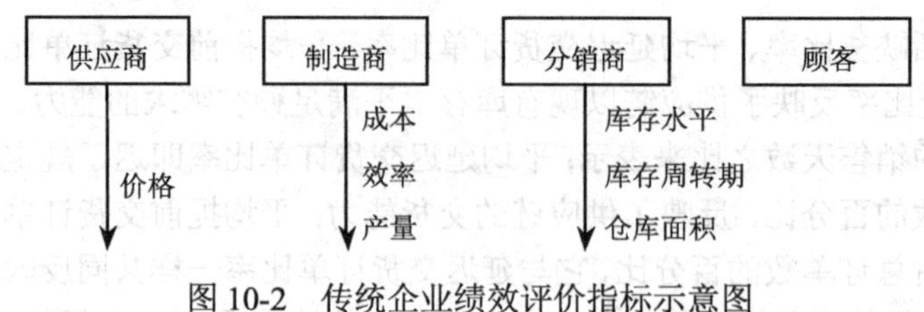

图 10-2　传统企业绩效评价指标示意图

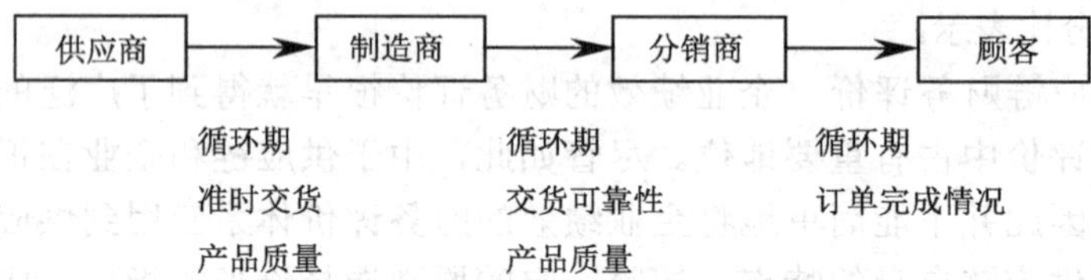

图 10-3　供应链绩效评价指标示意图

在传统的绩效评价体系中，每个企业、每个部门甚至每个员工都习惯于关注系统中单一部分的效率，而没有考虑到供应链整体效益。例如，运输部门追求低运输费用，采购部门愿意增加订购批量以减少单价，而销售部门则希望提高库存以减少缺货损失，这些部门自身的利益追求与供应链的整体利益常常发生冲突。较小的包装容器的使用问题就是一个具体的例子。在现有的绩效评价体系下，使用小容器几乎没有什么市场：因为会提高人工成本，工厂管理者不愿意；因为会增加包装费用，产品管理者也不愿意；不仅如此，这样还会提高人工成本，因此批发仓库管理者也不愿意。但是，从整体上看，如果将货物包装容器的尺寸减半，预计可以将平均零售库存降低 30%～40%左右。由于零售环节由此节约的成本将远远高于其他步骤中浪费的成本，所以从整个供应链的角度来看，系统的效益是增加的。又如生产商与零售商，从目标上看，他们都希望扩大销售利益，加速资金周转。但是，由于长期以来受市场和观念等因素的影响，零售商往往不重视改善与供应商的关系，甚至有时还会处于长期欠款进货的恶性循环之中。从表面上看，零售商大大改善了资金使用和周转状况，他们可能也因此而沾沾自喜。但事实上，这种运作方式大大损害了供应商的利益，从而破坏零售商与供应商的合作关系，损害了供应链整体的稳定性和运作效率。

供应链管理需要一个新的绩效评估系统。为使整个供应链的效益最大，有时需要牺牲某个企业或某个部门的局部利益。新的绩效评价体系应该能够对每个成员企业、每个职能部门在优化供应链中所起的作用作出正确的评估，在此基础上进行利益的分配与激励。

五、供应链绩效评价应遵循的原则

随着供应链管理理论的不断发展和供应链实践的不断深入，客观上要求建立与其相适应的供应链绩效评价方法，并确定相应的绩效评价指标，以科学客观地反映供应链的运营情况。供应链绩效评价指标有其自身的特点，其内容比现行的企业评价指标更为

广泛，它不仅代替会计数据，同时还提出一些方法来测定供应链是否有能力及时满足用户或市场的需求。根据供应链绩效评价指标的特征，理想的供应链绩效评价指标应遵循如下原则：

1）能够反映客户、企业和供应链自身的需求。

2）容易理解。

3）适用性广。

4）使用简便，而且使用成本低。

5）能够作出前后一致的解释。

6）能够综合反映所评价对象的真实价值。

7）可以作为一个标准的、通用的衡量尺度。

第三节　供应链管理绩效评价指标体系

一、供应链管理绩效评价指标

由于供应链是指从最初供应商开始直至最终用户为止的整条供应链，一般来说，供应链管理绩效可以从以下几方面进行评价。

（一）订单阶段的绩效评价指标

对任何企业来说，首先面临的任务是努力获得订单。订单的生成和计划安排决定了接下来各项活动的效果和库存水平。因此，绩效评价的第一步是分析与订单相关的活动，如订单生成方法、订单到货周期和订单流程路径。

1．订单生成方法

订单生成方法决定了将客户的要求转换成可利用的信息，并沿着供应链向下传递的程度。这些信息与供应链的各个层次相联系，并且影响全部经营活动的安排。只要生成的订单能够为各个层次提供及时、准确和有效的信息，就可以对订单进行恰当的控制，因而是绩效评价的指标之一。

2．订单到货周期

订单处理所需的时间称为“订单到货周期”，即收到用户订单至货物交付之间所需要的时间。它包括的时间要素有：订单生成时间（对客户的预测以及得到订单的时间）；订单计划时间（含设计、沟通和计划所用的时间）；原料定购、装配和测试时间；制成品交货时间。

缩短订单到货周期可以减少供应链的反应时间，这是获取竞争优势的主要措施，它直接影响客户的满意度。同样重要的是订单到货周期的可靠性和一致性。由于一些无效程序以及订单数量波动等方面原因，会使整个过程完成的时间产生变化，其后果可能是大幅降低供应链的可靠性和客户服务水平。为了解决这些问题，可以通过跨功能团队的协作有效地缩短订单到货周期，减少冗余活动。因此，对订单到货周期的评估不仅与客户服务有关，还可以作为日常运作控制情况的反馈。

3．订单流程路径

订单流程路径是另一个重要的评估指标，它可以发现不同路径所花费的时间量，以及没价值的活动，以采取合适的措施来消除它们。

（二）生产水平绩效评价及其指标

一旦安排了订单和购买了原料，接下来就是组织生产和装配产品。“生产和装配”这部分对于产品成本、质量、交付速度、交付的可靠性都有着重要影响。作为供应链的一个重要部分，生产过程的性能也需要评估和改进，需要建立恰当的评价指标。

（1）产品和服务覆盖范围　研究表明，产品覆盖范围越大的公司比覆盖小的公司推出新产品的速度要慢一些。根据《英国最佳企业数据库》的统计资料，产品覆盖范围大的公司中每个员工创造的附加价值、生产速度和交货的可靠性都要差一些，在产品创新上的表现也比较差。这充分表明产品和服务覆盖范围大小会影响到供应链的绩效，应该作为绩效评价的内容。

（2）生产能力利用率　所有经营计划都应该在生产能力的前提下进行。生产能力决定了供应链活动的水平，直接影响对客户需求的反应速度。

（3）计划安排绩效　生产活动的计划安排决定了企业资源在整个运作系统中的流动方式，会对采购周期、生产周期和每次定购数量产生影响。因为供应链的计划安排很大程度上依赖于客户要求和供应商的绩效，计划安排所采用的技术和方法要视情况而定，评价和改进计划安排技术将会改善供应链的绩效。

除此以外，还包括其他的绩效评价，如人力资源生产率、计划用时与实际用时的比较、库存水平和生产成本等。

（三）交付环节的绩效评价

在供应链中最直接与客户联系的部分就是所需产品或服务的传送，它被誉为客户满意度的驱动器。由于产品或服务的传送是在一种动态和变化的环境里运作，要对一个分销配送体系进行分析和改进非常困难，因此很难确定一种分销结构某个关键部分的改变会对整个供应链系统产生何种影响。解决的方法之一就是利用系统的观点来理解和评价供应链系统整体的绩效，同时了解该系统及其各个组成部分之间的关系。

在典型的分销配送模式里，配送渠道、车辆安排及仓储位置都起着重要作用。通过选择适当的渠道、车辆安排和仓储位置来提高配送的绩效是可能的。

1）分销配送绩效的一个重要指标是准时配送，这是客户服务水平的一个度量指标。包括要求交货日期、交货承诺日期、订货交货间隔时间。

2）配送分销活动依赖于信息交流的质量。例如，一旦做好了安排，通过提供和收集不同分销渠道的信息，就可以实现持续的监控。因此，信息的质量和获得方式在相当

程度上决定了配送的绩效。此外，无差错配送清单数量，配送系统满足特殊客户需要的灵活性都会影响客户满意度。

3）配送总费用。物流管理中最重要的是设计一个符合成本效益的配送系统，对总配送成本有一个完善的绩效评价系统。构成配送成本的各个部分应当全部列出，作为配送分销体系计划和评价的基础，以便对交易费用进行恰当控制，达到成本效益目标。

（四）客户服务及满意度评价

因为客户可能和供应链企业距离较远，甚至在地球的另一端，如果客户不满意，会使得整个供应链的实施变得非常困难。一个有效的供应链绩效评价体系，必然要考虑到客户满意度。

（1）灵活性　灵活性指产品和服务符合客户个性化需求的程度。随着灵活制造系统、成组技术和计算机集成制造技术等新技术的开发，满足客户个性化的特殊要求已经成为可能。另外，信息技术和通信系统可以提供在线信息，更进一步促进控制系统的快速响应。把灵活性作为评价指标，会使公司达到迅速满足客户个性化要求的目标。

（2）客户询问时间　客户询问时间是指一家公司向客户提供其所需信息所花费的时间。在某些情况下，客户会询问或者要求告知订单状况或库存和配送等方面的信息。这些信息能帮助客户安排他们的活动，帮助公司留住客户，因此提供在线信息是客户服务的重要部分。

（3）交接后的客户服务评价　供应链的功能并不是把产品交给客户就结束了，交接后的活动对客户服务是很重要的。例如，及时获得备用品、追踪保修期间的各种问题，都能够使企业提供更好的客户服务。另外，还需要考虑与竞争者相比较的客户服务水平、客户对服务的认同满意程度等因素。

（五）供应链财务和物流成本

供应链的财务绩效可通过总的物流费用来评估。在供应链中为了使物料流和信息流顺畅地流动，所有的决策都必须建立在整体战略的层面上。由于物流职能是跨部门的，所以决策时要留意某个环节的费用是否会影响其他环节的费用。例如，生产能力的变化会对库存和订单处理程序的费用造成影响。基于物流导向的成本会计系统需要将每项活动的费用及其对另一项活动的影响确定下来。

1）资产和投资回报。供应链资产包括应收账款、工厂、设备和库存等。随着通货膨胀及流动性的降低，使公司对于资产处理有很大压力，迫使其改进资本的回报率。

2）总库存成本。资料研究表明，许多公司有近一半的资产都是被困在库存里，库存包括所有原材料、半成品、成品以及运转过程的中间产品。随着客户对服务的要求不断提高，有效地对库存进行管理也变得越来越关键。在供应链中，与库存相关的成本包括：仓库、资本的机会成本；劳务成本；配送中的制成品成本；由失窃、耗损、损坏组成的风险成本；废品和返工产生的成本；由于缺少库存的会计信息而滞销的成本等。

3）在处理转运库存时，运输方式的不同会明显影响库存投资和服务的绩效。另一个与库存有关的因素就是库存预测技术的准确性。很多行业的供应链都因为不能准确地预测需求而受到库存问题的困扰。因此，在供应、生产、销售阶段评估预测技术的准确性，有利于对成本效益更加了解和降低供应链中订货与交货间隔周期。

（六）供应链合作伙伴及相关评价指标

一项对美国食品工业的研究显示，由于供应链合作伙伴之间不协调而导致的浪费每年高达300亿美元，这更清楚地说明合作伙伴在供应链管理过程中的重要性。要想尽快推出一项产品，在很大程度上取决于供应商的可靠性和快速响应能力，这将有助于评估企业竞争力的水平。显然，单纯对采购商或供应商进行绩效评价是不够的，同时也需要对他们的合作程度进行评价和改进。对供应链伙伴关系的评价指标包括信息共享的层次和程度、买卖双方降低成本的动力、相互协作使质量提高的程度、问题解决方面相互协助程度等。

（七）反映整个供应链业务流程的绩效评价指标

1．产销率指标 *Rps*

Rps 指在一定时间内生产的已销售出去的产品与已生产的产品数量的比值，即：

$$Rps=S/P$$

式中，S 表示一定时间内生产的已销售出去的产品数量；P 表示一定时间内已生产产品数量。因为 $S\leqslant P$，所以 $Rps\leqslant 1$。

产销率指标 *Rps* 又可分成如下三个具体的指标：

(1) 供应链节点企业的产销率指标 R_{JPS}　该指标反映供应链节点企业在一定时间内的经营状况，其表达式为：

$$R_{JPS}=S_J/P_J$$

式中，S_J 表示一定时间内节点企业已销售产品的数量；P_J 表示一定时间内节点企业已生产产品的数量。

（2）供应链核心企业的产销率指标 R_{HPS}　该指标反映供应链核心企业在一定时间内的经营状况，其表达式为：

$$R_{HPS}=S_H/P_H$$

式中，S_H 表示一定时间内核心企业已销售产品的数量；P_H 表示一定时间内核心企业已生产产品的数量。

（3）供应链产销率指标 R_{GPS}　其表达式为：

$$R_{GPS}=S_G/P_G$$

式中，S_G 表示一定时间内供应链各节点企业已销售产品的数量之和；P_G 表示一定时间内供应链各节点企业已生产产品的数量之和。该指标反映供应链在一定时间内的经营状况，其时间单位可以是年、月、日。随着供应链管理水平的提高，时间单位可以取得

越来越小，即可以以天为单位。该指标也反映供应链资源（包括人、财、物、信息等）的有效利用程度，产销率越接近 1，说明资源利用程度越高。同时，该指标也反映了供应链库存水平和产品质量，R_{GPS}的值越接近 1，说明供应链成品库存量越小，产品质量越好，生产出来的产品都容易销售出去。

2．平均产销绝对偏差指标 *D*

平均产销绝对偏差指标 D 的表达式为

$$D=\sum(P_i-S_i)/n$$

式中　n——供应链节点企业的个数；

P_i——第 i 个节点企业在一定时间内生产产品的数量；

S_i——第 i 个节点企业在一定时间内已生产的产品中销售出去的数量。

该指标反映在一定时间内供应链总体库存水平，其数量越大，说明供应链成品库存量越大，库存费用越高；反之，说明供应链成品库存量越小，库存费用越低。

3．产需率指标 R_{PQ}

产需率是指在一定时间内，节点企业已生产的产品数量与其上层节点企业（或用户）对该产品的需求量的比值。具体分为如下两个指标：

(1) 供应链节点企业产需率指标 R_{JPQ}　其表达式为

$$R_{JPQ}=P_J/Q_J$$

式中，P_J 表示一定时间内节点企业已生产产品的数量；Q_J 表示一定时间内节点企业已销售产品的数量。该指标反映上、下层节点企业之间的供需关系。产需率越接近 1，说明供应链上、下层节点企业之间的供需关系越协调，准时交货率越高；反之，则说明下层节点企业准时交货率低或者生产管理水平低下。

(2) 供应链核心企业产需率指标 R_{HPQ}　其表达式为

$$R_{HPQ}=P_H/Q_H$$

式中，P_H表示一定时间内核心企业已生产产品的数量；Q_H表示一定时间用户对该产品的需求量。该指标反映供应链整体生产能力和快速市场响应能力。若该指标数值大于或等于 1，说明供应链整体生产能力较强，能快速响应市场需求，具有较强的市场竞争力；若该指标数值小于 1，说明供应链生产能力较差，不能快速响应市场需求。

4．供应链产品出产（或投产）循环期 *Tc*（Cycle Time）指标

当供应链节点企业生产的产品为单一品种的产品时，Tc 是指产品的出产节拍；当供应链节点企业生产的产品品种较多时，Tc 是指生产线上同一种产品的出产间隔。由于供应链管理是在市场需求多样化经营环境中产生的一种崭新的管理模式，其节点企业（包括核心企业）生产的产品品种较多，因此，Tc 一般是指节点企业生产线上同一种产品的出产间隔期，如图 10-4 所示。其中 J_i 表示第 i 种产品。

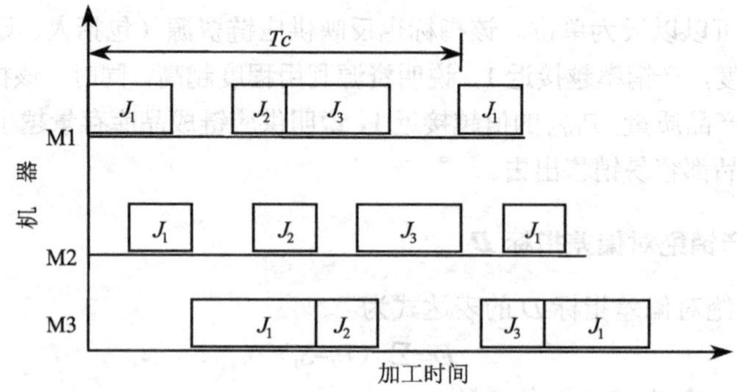

图 10-4　T_C示意图

供应链产品出产循环期指标，是一种能动的绩效评价指标。在供应链运营过程中，为了更好地满足市场的需求，要求平衡供应链生产量与客户需求量，即要求供应链产品出产循环期与市场需求相适应。

循环期指标 Tc 又可以分为两个具体的指标：

（1）供应链节点企业（或供应商）零部件出产循环期 T_{C1}　指标 T_{C1} 反映了节点企业库存水平以及对其上层节点企业需求的响应程度。该循环期越短，说明整个供应链管理水平比较高，能够快速响应市场需求。

（2）供应链核心企业产品出产循环期 T_{C2}　指标 T_{C2} 反映了整个供应链的在制品库存水平和成品库存水平，同时也反映了整个供应链对市场或用户需求的快速响应能力。T_{C2} 决定着各节点企业产品出产循环期，即各节点企业产品出产循环期必须与核心企业产品出产循环期相适应。

该循环期越短，说明整个供应链的在制品库存量和成品库存量都比较少，总的库存费用都比较低；另一方面也说明供应链管理水平比较高，能快速响应市场需求，并具有较强的市场竞争能力。

缩短核心企业产品出产循环期，应采取如下措施：一是使供应链各节点企业产品出产循环期与核心企业产品出产循环期协调，而核心企业产品出产循环期与用户需求协调；二是可采用优化产品投产计划或采用高效生产设备，或加班加点来缩短核心企业（或节点企业）产品出产循环期；三是既不需要增加投资，又不需要增加人力和物力的好方法。

5．供应链总运营成本指标 C_T

供应链总运营成本包括供应链通信成本、供应链库存费用及各节点企业外部运输总费用。它反映供应链运营的效率。

1）供应链通信成本 C_1。供应链通信成本包括各节点企业之间通信费用、供应链信息系统开发和维护费用等。

2）供应链总库存费用 C_2。供应链总库存费用包括各节点企业在制品库存和成品库存费用、各节点之间在途库存费用。

3）各节点企业外部运输总费用 C_3。各节点企业外部运输总费用等于供应链所有节点企业之间运输费用总和。

6．供应链核心产品成本指标 C_H

供应链核心产品成本包括核心产品的变动成本和固定成本。供应链核心产品成本实际上是供应链管理水平的综合体现。供应链核心产品的价格是由市场决定的。根据核心产品市场价格确定核心产品目标成本，只有当目标成本小于或等于市场价格时，核心企业才能获得利润，供应链才能得到发展。

7．供应链产品质量指标

供应链产品质量是指供应链各节点企业（包括核心企业）生产的产品或零部件的质量。主要包括合格率、废品率、退货率、破损率和破损物价值等指标。

二、供应链管理成熟度

1．供应链管理成熟度定义

根据供应链管理的定义，供应链管理是有效实现从源头供应商到最终消费者价值增值的集成业务流程。供应链的价值增值能力充分反映了供应链的价值，也应该成为衡量供应链管理成熟度的重要指标。供应链管理成熟度（Supply Chain Management Maturity，SMM）是衡量供应链管理水平和能力的一项重要指标，它能从不同的管理角度、管理层次分析和描述供应链，形成一个综合的管理评价体系。

在一个管理层次上，供应链管理成熟度可以应用管理结构、管理策略和管理环境三方面指标来描述，从而形成一个具有价值增值能力的指标体系。

供应链管理成熟度作为一项综合管理指标，可以用管理回报率（Return of Management，ROM）进行量化。管理回报率表达了管理者单位时间和精力所获得的生产性组织能量，它是管理价值的具体体现。管理回报率可用如下公式进行计算：

管理回报率=释放的生产性组织能量/投入的管理时间和精力

供应链管理成熟度和管理回报率存在正比关系（SMM∝ROM）。一个优化的供应链管理体系能够释放更多的生产性组织能量（包含采购、生产和销售环节）。

2．供应链管理成熟度的指标

Douglas M. Lambert 和 Martha C. Coorper 通过对近百个企业进行研究，获得了将供应链管理引向成功的几个管理组件：规划与控制方法、工作流/活动结构、组织结构、产品流设施结构、沟通与信息流设施结构、管理方法、权力与领导结构、风险与回报结构以及文化与态度。所有这些管理组件应该成为衡量供应链管理成熟度的重要指标，因此，可以将这些指标集成到管理结构、管理策略和管理环境中，形成一个指标体系。

1）在供应链管理成熟度的管理结构中，主要包含工作流、组织结构、产品流设施结构、沟通与信息流设施结构、权力与领导结构、风险与回报结构。

工作流描述了企业完成任务的业务流程，需要实现跨节点企业的供应链业务流程的优化。面向供应链业务流程重组水平的高低是对组织结构的一种度量。

组织结构可以参照单一企业和供应链节点企业跨功能集成的结构，有效地运用业务流程重组技术来设计，从简单的功能集成向过程集成发展，创建更加优化的组织结构。

产品流设施结构是集成了供应商、制造商和分销商的资源而形成的网络结构，它实现了跨供应链节点企业的物流资源的共享。

沟通与信息流设施结构描述了信息沟通和传递的渠道。在供应链管理体系中，信息流是非常关键的，在渠道成员中传递的信息种类以及信息刷新频率都对供应链的效率产生非常大的影响。

供应链的权力与领导结构直接影响着供应链的结构和运营效率，一个强有力的渠道领导能够驾驭整条供应链的运营。

跨供应链的风险与回报结构影响着供应链渠道成员长期的合作关系，将形成并促进供应链合作关系的可持续发展。

2）在供应链成熟度的管理策略中，主要包含规划与控制方法和管理方法。其中，规划与控制方法是推动供应链向着提高客户满意度方向发展的关键因素，动态联盟计划从单一企业向供应链体系的延伸成为成功构筑供应链关系的基础；管理方法则融合了企业的管理理念和管理技术，借助于管理方法能够实现管理思想自上游而下游和自下游而上游的贯穿和集成。在供应链节点企业中，管理方法和管理水平是有差异的，但是这种差异并不影响供应链管理方法的完善。

3）在供应链成熟度的管理环境中，主要包含文化与态度。在整个供应链成员企业管理中，文化与态度也是非常重要的，跨供应链节点企业的企业文化的兼容性不能低估。融合文化和个人态度不仅是必需的，而且在某种程度上也需要一定时间。企业文化方面包括企业员工如何确定价值取向以及他们如何将自己融合在企业的管理之中。

3．供应链管理成熟度的特点

供应链管理成熟度充分展现了供应链管理体系的魅力，对于评价供应链管理体系的完善程度提供了可行的方法。供应链管理成熟度的特点主要表现在：

（1）管理思想的渗透程度　供应链管理更多地体现了管理思想、管理理念和管理方法的集成，特别是管理思想的渗透。供应链管理成熟度，成为分析和评价管理思想渗透程度的一项重要指标。

（2）综合的管理评价体系　供应链管理成熟度综合反映了供应链评价体系的结构，分别从活动、组织、产品、信息、权力和风险 6 个方面描述了供应链的管理结构，从规划、控制和方法 3 个方面描述了供应链的管理策略，从文化和态度 2 个方面刻画了供应链的管理环境。

（3）交叉的管理体系结构　供应链管理成熟度模型描述了一个交叉的管理体系结构，横向由物理与技术组件和管理与行为组件构成，纵向由管理结构、管理策略和管理环境构成，形成了一个管理层次和管理体系交叉的结构。

（4）可量化的指标体系　构成供应链管理成熟度的各项指标都是可以量化的，便

于对供应链体系的分析，从而形成一个科学的管理体系，

4．供应链管理成熟度的应用

供应链管理成熟度从不同的侧面，全方位、多角度地反映了供应链管理体系信息集成、知识集成和过程集成的程度，因此，供应链管理成熟度可以作为一项综合的评价指标来反映供应链的整体绩效。供应链管理成熟度的应用如下：

（1）绩效评价　包括对整个供应链体系运营能力进行综合评价，分析供应链的管理绩效，分析管理投入所带来的效率、效益和效能。应用供应链管理成熟度对供应链进行绩效评价，能够及时、准确地获得供应链运营状况的信息，及时采取有效措施，调控供应链体系中所有节点企业的运营方式，加快运营效率。

（2）供应链管理决策分析　在供应链管理体系中，主要包含物流决策、关系决策和整合决策，供应链管理成熟度将成为各项决策的重要基础。供应链管理成熟度分析的结果能够综合反映是否应该强化某类决策行为，是否应该关注某类决策结果，是否应该跟踪某类决策进程。供应链管理成熟度在决策分析中具有举足轻重的作用。

（3）寻找约束　在由供应链节点企业构成的动态联盟中，企业间和流程间存在着各种类型的衔接关系，成为制约整个供应链运营的瓶颈因素。这些瓶颈因素只有在供应链管理成熟度分析的基础上才能显现出来。借助于供应链管理成熟度分析，可以及时发现供应链体系中的约束，并进行调整，以保持供应链的动态优化。寻找约束的过程，也就是供应链管理成熟度分析的过程。将获得的信息进行综合分析，可以重新平衡和配置各类资源，实现资源的最大化应用。

（4）建立标杆　随着市场竞争的加剧，供应链将成为企业之间竞争的焦点，因此，面向供应链体系的管理成熟度分析将会获得反映供应链核心能力的参数，从根本上分析供应链面临的问题和解决问题的方法。供应链标杆的建立，将形成一个具有较高供应链管理成熟度的标准体系。这个标准体系的建立和完善是以供应链管理成熟度为依据的，从不同的角度反映标杆的价值。

本章小结

供应链管理强调成员企业之间的合作与协调，当供应链中的企业以企业战略联盟的形式开展合作、追求共赢时，由于信息的不对称，他们之间就形成了一种委托代理关系。交易中拥有信息优势的一方是代理人，而处于信息劣势的一方则成为委托人。

供应链协议是指在一系列标准支持下的许多条款，是固化于一个网络系统中的文本。实际上，供应链协议就是将供应链管理工作程序化、标准化和规范化。它为供应链绩效评价和激励的实施提供了一个有利平台。

在实施企业联盟、进行供应链管理的过程中，要实现供应链高效运作并达到整体效益最优化，就必须建立有效的供应链激励机制。供应链激励的方法多种多样，最常见的有价格激励、订单激励和淘汰激励。

供应链的绩效是指在所有供应链成员企业资源的支持、信息协调和共享下，通过物流管理、生产操作、市场营销、顾客服务、信息开发等活动增加和创造的价值总和。而为了达到增加和创造价值的目标，供应链成员采取的各种活动，则为过程绩效。

供应链绩效定义了顾客价值和供应链价值。这两种价值分别从外部和内部定义了供应链整体应该达到的绩效水平，因而对供应链整体的绩效进行评价时也必须从这两个方面入手。供应链是一个大系统，该系统由供应商（包括供应商的供应商）、核心企业和分销商（包括分销商的分销商）等子系统组成。

思考题

1．传统绩效评价指标存在哪些缺陷？
2．绩效评价指标具有哪些特征？
3．一个理想的评价指标应满足哪些原则？
4．分析供应链绩效评价的作用、原则和特点。
5．什么是循环期指标？描述循环期指标在供应链管理中的意义是什么？
6．什么是供应链管理成熟度？

课后拓展案例

该案例是关于三个供应商总运作成本的比较评价。总运作成本包括价格、质量、交货期等方面的要素。

（1）案例背景　该企业生产的机器上有一种零件需要从供应链上的其他企业购进，年需求量为 10 000 件。有三个供应商可以提供该种零件，他们的价格不同，质量也有所不同。另外，这三个供应商的交货提前期、提前期的安全期及要求的采购批量均不同。详细的数据见表 10-1。

表 10-1　三个供应商的详细数据

供 应 商	价格（元/件）	合格品率（%）	提前期/周	提前期的安全期/周	采购批量/件
A	9.5	88	6	2	2 500
B	10	97	8	3	5 000
C	10.5	99	1	1	200

如果零件出现缺陷，需要进一步处理才能使用。每个有缺陷的零件处理成本为 6 元，主要是用于返工的费用。

为了比较分析评价的结果，共分三个级别评价供应成本和排名：

第一级：仅按零件价格排序。

第二级：按价格和质量成本排序。

第三级：按价格、质量成本和交货时间排序。

（2）供应商供货绩效及排序分析

首先，按第一个级别即价格水平排序。排出的结果见表10-2。

表10-2　按价格排序结果

供　应　商	单位价格（元/件）	排　名
A	9.5	1
B	10	2
C	10.5	3

其次，按第二级别即价格和质量成本的绩效排名。有缺陷零件的处理成本可根据不同供应商的零件质量水平来计算。排出的结果见表10-3。

表10-3　按价格和质量成本排序结果

供　应　商	缺陷率（%）	缺陷费用（元/年）	缺陷处理成本（元）	质量成本（元/件）	总成本（元/件）	排　名
A	12	1 200	7 200	1.7	10.22	2
B	3	300	1 800	0.18	10.18	1
C	1	10	600	0.06	10.56	3

最后，综合考虑价格、质量和交货时间的因素，评价供应商的运作绩效。交货期长短的不同主要会导致库存成本的不同。主要考虑下列因素：交货提前期、提前期的安全期、允许的最小采购批量、考虑缺陷零件增加的安全量（补偿有缺陷零件的额外库存）。该企业用下列方式计算考虑提前期和安全的库存数量

$$\text{安全库存（}SS\text{）}=K\cdot S\cdot\sqrt{LT+LTS}$$

式中　K——根据质量可靠性（95%）确定的系数，取K=1.64；

S——标准偏差，在这里取S=80，即每周的零件数量偏差为80件；

LT——交货提前期；

LTS——交货提前期的安全期。

下面以供应商A为例计算库存相关费用。给供应商A设定的安全库存为

$$SS=1.64\times8\times\sqrt{6+2}=371\text{（件）}$$

则库存物资的价值为

$$371\times9.5=3\,575\text{（元）}$$

供应商A要求的订货批量为2 500件，由订货批量引起的成本按下面的方法计算

$$(2\,500/2)\times9.5=11\,875\text{（元）}$$

用于预防有缺陷零件的成本是根据缺陷率和零件的总的库存价值计算的，即

$$(3\,575+11\,875)\times12\%=1\,848\text{（元）}$$

综合以上结果，得到实际总库存成本，见表 10-4。

表 10-4　实际总库存成本

供　应　商	提前期引起的库存价值/元	批量引起的库存价值/元	总库存价值/元	年缺陷零件造成的费用/元	实际总库存成本/元
A	3 525	11 875	15 400	1 848	17 248
B	4 352	25 000	29 532	881	30 233
C	1 377	1 050	2 427	24	2 451

与零件库存有关的维持费用，如库房租赁费、货物保险费等，按库存价值的 25% 计算（这个系数根据企业的不同而不同）。计算结果见表 10-5。

表 10-5　单位零件成本

供　应　商	实际总库存价值/元	维持费用/元	单位零件成本（元/件）
A	17 148	4 312	0.43
B	30 233	7 558	0.76
C	2 451	612	0.06

那么，根据价格、质量成本和交货期的综合评价结果见表 10-6。

表 10-6　综合评价结果

供　应　商	价格（元/件）	质量成本（元/件）	交货期成本（元/件）	总成本（元/件）	排序
A	9.5	0.72	0.43	10.56	2
B	10	0.18	0.76	10.94	3
C	10.5	0.06	0.06	10.62	1

问题讨论：

（1）你认为应选择哪一个供应商作为供应链上的合作伙伴，为什么？

（2）文中的三种排序法各有何优缺点？

参 考 文 献

[1] 郜振廷，等．海尔物流创新模式—— 一流三网[M]．北京：中国时代经济出版社，2002．

[2] 马士华，等．供应链管理[M]．北京：机械工业出版社，2000．

[3] 霍佳震．供应链管理环境下的库存研究[M]．石家庄：河北人民出版社，2001．

[4] 刘伟．供应链管理[M]．成都：四川人民出版社，2002．

[5] 现代物流管理课题组．供应链管理[M]．广州：广东经济出版社，2002．

[6] 骆温平．物流与供应链管理[M]．北京：电子工业出版社，2002．

[7] 赵林度．供应链与物流管理理论与实务[M]．北京：机械工业出版社，2003．

[8] 侯书森，孔淑红．企业供应链管理[M]．北京：中国广播电视出版社，2002．

[9] 沈文，云俊，邓爱民．物流与供应链管理[M]．北京：人民交通出版社，2003．

[10] 菊池康也．物流管理[M]．丁立言，译．北京：清华大学出版社，1999．

[11] John Coyle，等．物流管理[M]．文武，等译．北京：电子工业出版社，2003．

[12] 霍佳震，等．集成化供应链整体绩效评价体系构建[J]．同济大学学报，2002（4）．

[13] 夏文汇．供应链管理与企业再造过程[J]．中国流通经济，2000（1）．

[14] 刘永胜．供应链库存管理面临的挑战与对策[J]．经济问题，2003（3）．

[15] 骆温平．第三方物流：理论、操作与案例[M]．上海：上海社会科学院出版社，2001．

[16] 骆温平．物流供应链发展趋势的分析[J]．物流技术，2000（1）．